ファンドビジネス

FUND BUSINESS

の法務

第4版

伊東　啓
本柳祐介 ［著］
内田信也

一般社団法人 金融財政事情研究会

第4版はしがき

　第3版の刊行からすでに4年以上が経過した。2016年の適格機関投資家等特例業務に関する大規模な改正の後、実務の定着も見られるところである。また外国為替および外国貿易法上の対内直接投資等に関する大きな改正が2020年5月に施行されたほか、金融商品取引法（高速取引行為の届出義務など）、犯罪による収益の移転防止に関する法律、個人情報の保護に関する法律の改正も行われ、ファンド実務にも少なからず影響を与えている。さらには「新型コロナウイルス感染症等の影響による社会経済情勢の変化に対応して金融の機能の強化及び安定の確保を図るための銀行法等の一部を改正する法律」（令和3年5月26日法律第46号）による金融商品取引法の改正もなされ、2021年11月22日に施行された。これにより、海外投資家等特例業務および移行期間特例業務が導入されたほか、マスター・フィーダーファンドに関するものなど注目すべきパブコメ回答が公表されている。

　本書ではこれらの改正等をふまえたアップデートを行っている。また、金融商品取引法に登場する「適格機関投資家」、「特定投資家」、「適格投資家」および「特例業務対象投資家」という特に整理が必要と思われる投資家の種類についても、とりまとめて第4章に1つ項目を加える形で解説をしている。これらを含め、よりわかり易くなるよう構成も改めており、読者各位に役立つものとなれば幸いである。

　第4版の刊行に際しては、きんざい出版部の赤村聡氏に多大なご尽力をいただいた。厚く御礼申し上げる次第である。

2022年1月

執筆者一同

第3版はしがき

　本書の初版を発刊したのは、いまから8年前の2009年のことである。その後、多くの読者を得たことで版を重ねることができた。第2版の発刊からも約4年が経過し、投資ファンドに関連する規制についても、適格機関投資家等特例業務に関する大規模な改正、犯罪による収益の移転防止に関する法律の改正などの各種の見直しがなされた。

　本書ではこれらの改正や実務の発展をふまえた情報の更新を行うとともに、ファンドの運営の具体的な場面と規制との関係がイメージしやすいようにいくつかの箇所で表現を大きく改めた。また、特に適格機関投資家等特例業務に関する記述を増やしたことなどに伴い、章の構成も新たにした。これらによって、ますます読者各位に役立つものとなれば幸いである。

　第3版の刊行に際しては、きんざい出版部の堀内駿氏に多大なご尽力をいただいた。厚く御礼申し上げる次第である。

2017年7月

執筆者一同

第2版はしがき

　2009年10月の本書初版の発刊後、2011年に適格機関投資家等特例業務に関する改正、投資助言・代理業を行う場合の人的構成要件の追加があったほか、適格投資家向け投資運用業が導入され、プロのみを顧客とする場合には一部の規制が緩和された。2012年にはAIJ事件の影響により年金基金を相手方とする場合の禁止行為等が追加された。また、これらの大きな改正のほかにも、2013年4月に犯罪による収益の移転防止に関する法律が改正されるなど、法令やガイドライン等について、初版発刊後ほぼ4年が経過するなかで度重なる見直しがなされた。

　本書は、これらの改正を反映するなど全般的に情報をアップデートしている。本書は投資ファンドの運営に関する法令上の知識の整理を目的としているが、最新の情報の反映によってますます読者各位に役立つものとなれば幸いである。

　第2版の刊行に際しても、一般社団法人金融財政事情研究会出版部の伊藤洋悟氏に多大なご尽力をいただいた。厚く御礼申し上げる次第である。

　2013年7月

執筆者一同

は じ め に

　「証券取引法等の一部を改正する法律」（平成18年法律第65号）により、2007年9月に金融商品取引法が施行され、いまでは実務上の定着もみられてきた。改正の柱の1つである、いわゆる「投資サービス規制」の目指すところに、「横断化」があげられている。すなわち、投資性の強い金融商品・サービスに、隙間なく規制を及ぼすことにより、法令の隙間をなくし、新種のファンド・組合にも対応がなされ、集団投資スキーム（ファンド）が包括的に対象とされた。

　「ファンド」の語は、複数の投資家の資産を運用者が運用する資産運用の仕組みを広く指す概念として用いられることが一般的であるが、本書では、上記のとおり金融商品取引法で新たに包括的な規制の対象となった、いわゆる集団投資スキーム、言い換えると組合型の投資ファンドのうち主に有価証券投資を目的とする投資ファンドを対象とする。投資ファンドの運営者の、投資ファンドへのかかわり方は多様であるが、金融商品取引法上の、登録義務をはじめとする開業規制、登録した金融商品取引業者に課せられる各種行為規制、経理・監督上の義務、その他の法令による義務等、制約は多岐にわたる。投資ファンドの運営にあたっては、こうした各種法令の知識が欠かせない。他方、登録を行わずに投資ファンドにかかわる形態もありうるが、登録免除の制度にもいくつかの類型があり、また、登録の要否をめぐる論点も存在する。そこで第1章では、投資ファンドの類型と、投資ファンドの運営への関与形態を概観する。

　投資ファンドの運営への関与形態にかかわらず、投資ファンドの持分はみなし有価証券として金融商品取引法の適用されるところとなるケースが多いと思われる。第2章では、投資ファンド持分の有価証券該当性、第3章では、有価証券該当性が認められる場合の金融商品取引法上の開示義務に関す

る議論に触れる。そして第4章および第5章では、金融商品取引法の規制対象となる行為および金融商品取引業者の登録について概説し、第6章以下では、投資ファンドの運営者に適用ある金融商品取引法その他の法令による規制について行為規制を中心に詳述する。

　リーマンショック後の資本市場の状況から、投資ファンドによる新規投資案件やファンド組成など、ひと頃と比べると沈静化している感があるものの、昨今の投資ファンドに関する税制改正（ファンドの運営者の恒久的施設該当性に関する税制改正および事業譲渡類似課税に関する税制改正）により、税制上の障害は多少なりとも緩和されたため、市場の回復とともに投資ファンドに関するビジネスが拡大していくことが期待される。本書が投資ファンドの運営にかかわるうえで法令上の知識の整理に役立てば幸いである。

　最後に、本書の発行にあたり、ご尽力いただいた㈳金融財政事情研究会出版部の伊藤洋悟氏に厚く御礼申し上げる次第である。

　2009年9月

執筆者一同

著 者 略 歴

◆**伊東　啓**（Kei Ito）

東京大学法学部／ニューヨーク大学ロースクール（LL.M）各卒業

西村あさひ法律事務所パートナー弁護士

第一東京弁護士会所属／米国ニューヨーク州弁護士

【主な職歴等】

1997年8月～1998年7月　Sidley Austin法律事務所（シカゴ）勤務

2008年4月～現在　　　　一橋大学法科大学院非常勤講師

【主な著書・論文等】

『Hedge Funds：A Practical Global Handbook to the Law and Regulation Second Edition』（Globe Law and Business Ltd、共著。2019年）

『ファイナンス法大全（上）（下）［全訂版］』（商事法務、共著。2017年）

『FinTechビジネスと法 25講』（商事法務、共著。2016年）

『The Private Equity Review—Third Edition』（Japan Chapter, Investing・Fund-raising）（Law Business Research、共同執筆。2014年）

『中国ファンド投資への外資参入に関する考察（上）（下）』（国際商事法務、共同執筆。2013年）

『投資事業有限責任組合の契約実務』（商事法務、共著。2011年）

◆**本柳　祐介**（Yusuke Motoyanagi）

早稲田大学法学部／コロンビア大学ロースクール（LL.M）各卒業

西村あさひ法律事務所パートナー弁護士

第一東京弁護士会所属／米国ニューヨーク州弁護士

【主な著書・論文等】

『ファンド契約の実務Q&A（第3版）』（商事法務、2021年）

『有価証券の電子化についての論点整理』（金融法務事情2153号、2021年）

『STOの法務と実務Q&A』（商事法務、2020年）

『株式関連事務におけるブロックチェーンの活用』（NBL1168号、2020年）

『ファイナンス法大全（上）（下）［全訂版］』（商事法務、共著。2017年）

『株式投資型クラウドファンディング業者に関する法的論点と実務』（旬刊商事法務 No.2122、2016年）

『FinTechビジネスと法 25講』（商事法務、共編著。2016年）
『投資信託の法制と実務対応』（商事法務、共著。2015年）

◆内田　信也（Shinya Uchida）
中央大学法学部／一橋大学法科大学院／カリフォルニア大学バークレー校ロース
クール（LL.M）各卒業
外資系金融機関　Head of Compliance（アジア担当）
第一東京弁護士会所属
【主な職歴等】
1999年4月〜2004年3月　東京金融先物取引所（現東京金融取引所）
2007年12月〜2015年4月　西村あさひ法律事務所
【主な著書・論文等】
『Getting the Deal Through—Private Equity 2013』（Japan Chapter, Fund Forma-
　　tion）（Law Business Research、共同執筆。2013年）
『International Survey of Investment Adviser Regulation—Third Edition—』（Ja-
　　pan Chapter）（Kluwer Law International、共同執筆。2012年）

---------- 凡　例 ----------

【法令等】（50音順）	【略称】
外国為替及び外国貿易法	外為法
外国為替令	外為令
株券等の大量保有の状況の開示に関する内閣府令	大量保有府令
企業内容等の開示に関する内閣府令	企業内容開示府令
金融商品取引業者等向けの総合的な監督指針	金商業者等監督指針
金融商品取引業等に関する内閣府令	金商業等府令
「金融商品取引業等に関する内閣府令」等改正案に対するパブリックコメント「コメントの概要及び金融庁の考え方について」（平成24年12月13日）	2012年12月金融庁パブコメ
金融商品取引法	金商法
金融商品取引法施行令	金商法施行令
金融商品取引法制に関する政令案・内閣府令案に対するパブリックコメント「コメントの概要及びコメントに対する金融庁の考え方」（平成19年7月31日）	2007年金融庁パブコメ
金融商品取引法第2条に規定する定義に関する内閣府令	定義府令
金融サービスの提供に関する法律	金サ法
金融サービスの提供に関する法律施行令	金サ法施行令
金融分野における個人情報保護に関するガイドライン	保護法ガイドライン
金融分野における個人情報保護に関するガイドラインの安全管理措置等についての実務指針	実務指針
国際的な協力の下に規制薬物に係る不正行為を助長する行為等の防止を図るための麻薬及び向精神薬取締法等の特例等に関する法律	麻薬特例法
個人情報の保護に関する法律	個人情報保護法
個人情報の保護に関する法律施行令	個人情報保護法施行令
個人情報の保護に関する法律施行規則	個人情報保護法施行規則

目　次

第7章	投資ファンドの運営者に関する規制総論

第8章	自己募集に係る規制

第9章　自己運用に係る規制

第15章 主要株主に関する規制
（投資運用業）

第 1 章

総　　説

① はじめに

　いわゆる投資ファンドは、投資家から資金を集め、その資金を元手として投資を行い、その投資による収益を投資家に分配する活動を行っている。典型的な投資ファンドには運営者がいるが、その運営者は、投資ファンドを設立し、投資活動やその他の投資ファンドの日々の運営を行っている。

　「投資ファンド」は明確に定義された語でなく、広義では資金を入れる器（ビークル）として法人や信託を使う場合も含まれる。そのため、「投資ファンド」に関するルールといってもその形態により多様なものとなる。信託型の投資ファンドには投資信託があり、法人型の投資ファンドには投資法人があるが[1]、以下では狭義のものとして組合型ビークルを用いる投資ファンドについて検討する。

　また、投資ファンドの投資対象も多岐にわたり、それぞれそれに応じた法規制があるが、以下では、有価証券を投資対象とするものを前提とする[2]。

---

[1]　投資信託に関する法制度については、本柳祐介＝河原雄亮『投資信託の法制と実務対応』（商事法務、2015年）、投資法人に関する法制度については、新家寛＝上野元＝片上尚子編『REITのすべて（第2版）』（民事法研究会、2017年）、森・濱田松本法律事務所編『投資信託・投資法人の法務』（商事法務、2016年）等を参照。

[2]　なお、いわゆるコモディティについては商品投資顧問業法、リアルエステートについては不動産特定共同事業法、金融デリバティブ、暗号資産およびFXについては金商法が問題となりうる。

② 投資ファンドの類型

(1) 国内の投資ファンド

日本法に準拠して組合型の投資ファンドを組成する場合、以下の①〜④のビークルが考えられる。

① 民法上の組合契約に基づく任意組合

② 商法上の匿名組合契約に基づく匿名組合

③ 投資事業有限責任組合法上の投資事業有限責任組合契約に基づく投資事業有限責任組合

④ 有限責任事業組合法上の有限責任事業組合契約に基づく有限責任事業組合

①任意組合を使う場合、組合員全員が無限責任を負うため、組合事業に損失が生じた場合には各組合員がすべての損失について、原則として出資持分に応じて損失を負担することとなる（民法674条）。他方、組合員の有限責任性を実現できる投資事業有限責任組合や有限責任事業組合と比べて法律上の制約が少なく、組合契約による合意の自由度が高い点にメリットがある。また、組合員の無限責任の負担という点も、組合による投資活動が出資金額を上回る損失を被る可能性が低いものであれば、リスクは限定的である（たとえば、借入れを行うことなく株式に対してのみ投資する場合、投資対象である株式自体が有限責任なので（会社法104条）、出資金額を上回る損失が生じる可能性は低い）。

なお、投資家に任意組合が含まれる組合型ファンドは、原則として適格機関投資家等特例業務（金商法63条2項）として運営することはできないため、いわゆるファンド・オブ・ファンズなど他の投資ファンドに投資することを想定したファンドを任意組合として組成してしまうと、投資できるファンド

が限られてしまう可能性がある。

②匿名組合を使う場合、形式的には投資家（匿名組合員）の出資金返還請求権はファンドの運営者（営業者）に対する債権であるが、出資金の返還は、ファンドの運営者（営業者）が匿名組合事業の債務として負担する金額を支払った後の金額の返還となるため、投資家（匿名組合員）は実質的には他の債権者に劣後するエクイティ投資家である。匿名組合は二重課税を避けることができると考えられているが、匿名組合員への収益分配金に対して原則として源泉徴収税が課せられるなど（所得税法210条、212条1項、3項）、その使用には税務上の諸事情の考慮も必要であり、株式に投資する投資ファンドとして一般的に用いられているとはいえないように見受けられる。

③投資事業有限責任組合を使う場合、ファンドの運営者が無限責任組合員となり、投資家は有限責任組合員として組合に参加することになるので、投資家は有限責任によるメリットを享受することができる。ただし、法律によって投資事業有限責任組合の事業が限定されている（投資事業有限責任組合法3条、第7章3(1)b参照）等、組合契約による合意の自由度は高くない。また、有限責任組合員の有限責任性を第三者に主張するためには登記が必要になる等のコストが発生する[3]、[4]。

④有限責任事業組合を使う場合、組合員全員が有限責任によるメリットを享受することができる（有限責任事業組合法15条）。もっとも、組合の業務執行を決定するには原則として総組合員の同意が必要であり、契約書で別の合意をしたとしても、重要な財産の処分および譲受けならびに多額の借財につ

---

[3] 投資事業有限責任組合契約は諾成契約であり、登記は対抗要件にすぎない。したがって、当事者の合意が成立すれば、登記前であっても契約の効力が生じる。

[4] 組合が無限責任組合員になることは投資事業有限責任組合法で禁止されておらず、また、投資事業有限責任組合の登記は対抗要件にとどまるため、当事者の合意により、組合が無限責任組合員になることができる。しかし、現行の登記実務上、組合を無限責任組合員として登記することは認められていないため、たとえば任意組合が無限責任組合員である場合、当該任意組合の業務執行組合員を無限責任組合員として登記するほかない。

いては総組合員の同意が必要になる（同法12条）等、全組合員が一定程度主体的に関与することが想定されている。そのため、ファンドの運営者が受動的な投資家を集めて構成する典型的な投資ファンドの場合には、有限責任事業組合は適さないことが多いと考えられる。

　したがって、有価証券を投資対象とする投資ファンドの国内のビークルとしては、①任意組合または③投資事業有限責任組合が用いられることが多いように見受けられる。

(2)　海外の投資ファンド

　海外の組合型の投資ファンドについては、リミテッド・パートナーシップが用いられることが多いように見受けられる[5]。これは運営者（ジェネラル・パートナー）と投資家（リミテッド・パートナー）で構成されるファンドであり、個別の検討は必要であるが、投資事業有限責任組合に類似するものと考えられる[6]。

 ファンドの運営への関与形態

　投資ファンドに関与する事業者の投資ファンドへの関与形態を整理する

5　投資ファンドのビークルとして、信託や会社が用いられることもあるが、信託型のファンドは外国投資信託として、会社型のファンドは外国投資法人として、それぞれ日本の法規制が問題となる。

6　租税関係に関する最高裁判決において、米国デラウェア州のリミテッド・パートナーシップが租税法上の「法人」と判断された（最判平27.7.17民集69巻5号1253頁）のに対して、バミューダ諸島リミテッド・パートナーシップ法に基づくエグゼンプティッド・パートナーシップは「法人」に該当しないと判断した東京高裁判決（東京高判平26.2.5金融・商事判例1450号10頁）が最高裁の上告不受理決定によって確定している。ただし、租税法と金商法の目的は異なるものであり、税務上の判定と金商法上の判定は一致するものではない。

と、以下の(1)～(6)のようになる。各行為の金融商品取引業該当性については、第4章1参照。

(1) 自らが運営者となる形態

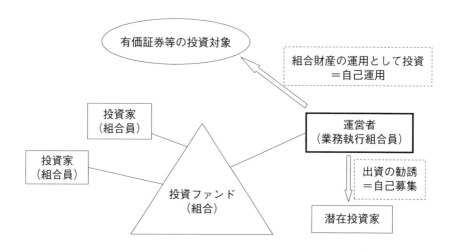

主たる関与形態と考えられるのは、事業者が自ら投資ファンドの運営者となる形態である。すなわち、任意組合であれば業務執行組合員、匿名組合であれば営業者、投資事業有限責任組合であれば無限責任組合員、有限責任事業組合であれば業務執行組合員、リミテッド・パートナーシップ（LPS）であればジェネラル・パートナー（GP）となってファンドを運営する形態である。

投資ファンドの運営者は、典型的には、潜在投資家に対して勧誘を行い投資ファンドへの出資を募ったうえ、出資された資産の運用を行い、投資収益を投資家に分配する。

自らが運営者として投資ファンドの資産を運用することを自己運用といい、後述のとおり投資運用業に該当する（第4章1(2)参照）。また、自らが投資ファンドへの出資を募ることを自己募集といい、後述のとおり第二種金融

商品取引業に該当する（第4章1(3)参照）。

(2) ファンドの運営者から投資判断について一任を受ける形態

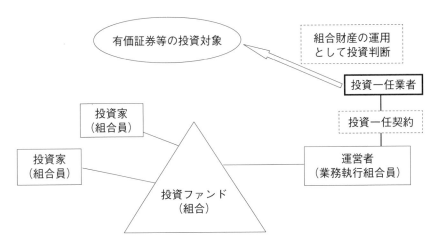

　他者が運営者となっている投資ファンドについて当該運営者から投資判断に関する委託を受けて当該投資ファンドの資産運用を行う場合、当該運用の委託に係る契約は投資一任契約（金商法2条8項12号ロ、第11章10(1)参照）となり、委託を受けて行う運用行為は投資運用業に該当する（第4章1(4)参照）。

　この場合、投資ファンドの運営者は業務運営の一部を第三者である投資一任業者に委託することになるが、委託した業務から生じる法的責任については引き続き運営者が組合員に対して負い続けることになる。

(3) ファンドの運営者から出資の募集の委託を受ける形態

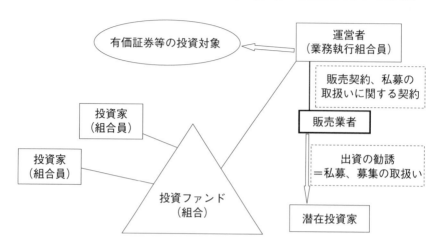

　他者が運営者となっている投資ファンドにつき、当該運営者から委託を受けて当該投資ファンドへの出資の募集（私募）を行う形態である。金商法では、こうした形態を、有価証券の発行者（組合型ファンドの場合は、運営者がこれに該当する（金商法2条5項、定義府令14条3項4号または5号））自らが行う募集（私募）と区別し、募集（私募）の取扱い、と定めている。組合型ファンドへの出資の募集（私募）の取扱いは第二種金融商品取引業に該当する（第4章1(5)参照）。

⑷　ファンドの運営者に投資助言を行う形態

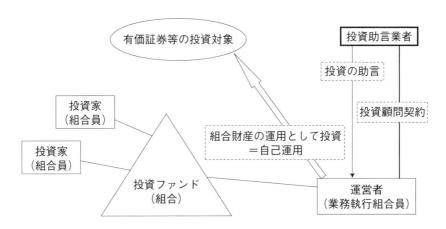

　他者が運営者となっている投資ファンドに対し、投資助言を行う形態である。⑵との違いは、具体的な投資判断を行っているか否かである。当該助言に係る契約は、当該運営者との間の投資顧問契約（金商法2条8項11号、第12章9参照）となり、当該助言行為は投資助言・代理業に該当する（第4章1⑹参照）。この場合、運用に係る決定権は当該投資ファンドの運営者が有する。なお、ファンド運営者に対するサービス提供が投資運用を構成するか投資助言の範囲にとどまるかは事実認定の問題であり、投資助言・代理業の登録を受けていた者が投資運用業に該当する行為を行ったとして行政処分が行われた事例がある（平成24年6月29日関東財務局「ジャパン・アドバイザリー合同会社に対する行政処分について」）。

⑸　投資一任契約、投資顧問契約の締結の代理、媒介を行う形態

　上記⑶、⑷に関連して、ファンドの運営者と各業者との間の投資一任契約、投資顧問契約の締結の代理、媒介を行う形態である。代理と媒介は、代

理が法律行為であるのに対して、媒介が事実行為（法的効果が直接生じない）であるという違いがある。契約の締結に関していえば、契約の締結を代理人として行う場合は代理に該当するのに対して、当事者間で契約が成立するようにお互いを引き合わせたり、一方の言い分を他方に伝えたりする場合は媒介に該当する。

(6)　サービス提供

　上記(1)〜(5)のほか、投資ファンドの運営者に対して金融商品取引業に該当しない範囲で、一定のサービスを提供することがある[7]。例としては、日本のマーケット全般のレポートを提供することやバイアウトファンドに対して買収後の企業価値向上のための活動に関するサービスを提供すること、日本の投資家やコンサルタントによるデュー・デリジェンスのサポート、パフォーマンス・レポートの翻訳等があげられる。また、投資ファンドによる企業買収に際して一定のサービスの提供を行うこともある。

7　サービスを提供する者が金融商品取引業者の場合、その行う業務の種別に応じて、兼業に関する規制（金商法35条、35条の２）に留意する必要がある。

第 2 章

投資ファンド持分の
有価証券該当性

① 有価証券該当性の要件

投資ファンドが以下の①〜③の要件を満たす場合には、その持分は原則として有価証券に該当する（金商法2条2項5号柱書、金商法施行令1条の3）。投資ファンドの出資持分が有価証券に該当した場合、出資を勧誘する行為について金融商品取引業として規制が適用される（第4章参照）とともに、持分に関する一定の開示の要否を検討する必要が生じる（第3章参照）。

① その持分が民法に基づく組合契約、匿名組合契約、投資事業有限責任組合契約または有限責任事業組合契約に基づく権利であること[1]

② 出資者が出資した金銭または有価証券等（有価証券、為替手形等の金商法施行令1条の3で定める有価証券等）を充てて事業を行うこと

③ 出資者が、出資額を超えて、上記②の事業から生ずる収益の配当または当該事業に係る財産の分配を受けることができること

② 例外1：出資者の全員が出資対象事業に関与する場合

上記1の要件を満たす場合であっても、出資者の全員が出資対象事業に関与する場合として投資ファンドが以下の①、②の要件のいずれも満たす場合には、その持分は有価証券に該当しない（金商法2条2項5号イ、金商法施行令1条の3の2）。

---

1 金商法2条2項5号柱書には、「社団法人の社員権その他の権利（外国の法令に基づくものを除く。）」も列挙されており、組合でなく社団法人であっても同号により有価証券とみなされうる。外国の法令に基づくものは、同項6号によって有価証券とみなされうる。

① 出資対象事業に係る業務執行がすべての出資者の同意を得て行われるものであること（すべての出資者の同意を要しない旨の合意がされている場合において、当該業務執行の決定についてすべての出資者が同意をするか否かの意思を表示してその執行が行われるものであることを含む）

② 出資者のすべてが、(i)出資対象事業に常時従事する、または(ii)特に専門的な能力であって出資対象事業の継続に欠くことができないものを発揮して当該出資対象事業に従事すること

①の同意は、業務執行決定ごとに個別に行われる必要があり、事前の包括同意では足りない（2007年金融庁パブコメ5頁15番）。また、実際にすべての出資者による同意が必要であり、いわゆる黙示の同意の規定を契約で定めるだけでは足りない（2007年金融庁パブコメ6頁16番）。②の(i)の要件は、出資対象事業の常務に日常的、継続的に実質的に従事する状況のことをいう（2007年金融庁パブコメ8頁25番、27番、9頁28番、29番参照）。

③ 例外2：従業員等による持株組合

典型的な投資ファンドではないが、従業員や関連会社従業員によって組成される持株組合の持分も上記1の要件を満たす場合、その持分は有価証券に該当する。

所定の要件を満たした場合には有価証券に該当しないとされるが（金商法2条2項5号ニ、金商法施行令1条の3の3第5号、6号、定義府令6条、7条）、この例外の適用を受けるためには、一定の計画に従い、個別の投資判断に基づかず、継続的に行うことが必要であるため、持株組合がかかる要件を満たすものであるかについては慎重に検討する必要がある。

④ その他の例外

　上記のほか、以下の①、②のような組合の持分は有価証券に該当しない。

① 　一定の保険契約、共済契約、または不動産特定共同事業契約に基づく権利（金商法2条2項5号ハ）

② 　公認会計士、弁護士等のみを当事者とする組合契約等に基づく権利であって、当該権利に係る出資対象事業がもっぱら公認会計士、弁護士等の業務を行う事業であるもの（金商法2条2項5号ニ、金商法施行令1条の3の3第4号）

⑤ 海外の権利

　外国の法令に基づく権利についても、国内の組合持分で有価証券に該当するとされるもの[2]に類するものは、有価証券に該当する（金商法2条2項6号）。

2 　厳密には、外国の法令に基づく権利であって金商法2条2項5号に掲げる権利に類するものであり、同号には社団法人の社員権も列挙されていることから、これらに類する外国の法令に基づく権利も含まれる。

第 3 章

有価証券の発行者としての開示義務

① ファンド持分に関する開示義務

----

(1) ファンド持分は原則として開示義務の対象とならない

　株券や社債券などが発行される場合、金商法に基づく開示義務が問題とされ、たとえば株券の公募を行う場合には原則として有価証券届出書の提出が求められる（金商法5条）。これに対して投資ファンドの持分は、原則として金商法に基づく開示義務の対象とならず、「有価証券投資事業権利等」に該当する場合にのみ、開示義務がある（同法3条3号）。

(2) 有価証券投資事業権利等

　有価証券に該当する投資ファンドの持分のうち、当該ファンドの出資額の50％を超える額を充てて有価証券に対する投資を行う場合には、原則として有価証券投資事業権利等に該当する（金商法3条3号イ(1)、金商法施行令2条の9第1項、1条の3第4号、定義府令5条）[1]。

　また、外国のファンドの持分であっても、同様の権利の性質を有するものは、同様に扱われる（金商法3条3号イ(2)、金商法施行令2条の10第1項5号）。

(3) 発 行 者

　有価証券に関する開示義務は当該有価証券の発行者が負う（金商法4条1項）が、組合型ファンドの場合、無限責任組合員、業務執行組合員などのファンドの運営者が当該ファンド持分の発行者に該当する（金商法2条5項、定義府令14条3項4号または5号）。

1　金商法施行令で定められる一定のものは除かれるが、有価証券を投資対象とする投資ファンドでは例外に該当することは想定されない。

② 発行開示

----

(1) 募集・売出し

　投資ファンドの持分が「有価証券投資事業権利等」に該当する場合、その「募集」または「売出し」の際には、原則として発行開示が必要となる。

　「募集」とは、新たに発行されるファンド持分の取得の申込みの勧誘（以下「取得勧誘」という[2]）のうち、その取得勧誘に係るファンド持分を500名以上の者が所有することとなる取得勧誘を行う場合をいう（金商法2条3項3号、金商法施行令1条の7の2）。これに該当しない場合を「私募」といい、発行開示は不要となる。

　「売出し」とは、すでに発行されたファンド持分の売付けの申込みまたはその買付けの申込みの勧誘（以下「売付け勧誘等」という[3]）のうち、その売付け勧誘等に応じることにより、当該売付け勧誘等に係るファンド持分を500名以上の者が所有することとなる場合[4]をいう（金商法2条4項3号、金商法施行令1条の8の5）。

　ファンド持分を取得する者が500名以上であるか否かの判定にあたっては、外国の投資家を数に含める必要があるかという点が問題となりうるが、国外において行われる勧誘については数に含める必要はないと考えられる（2007年金融庁パブコメ29頁53番参照）[5]。

2　これに類するものとして定義府令9条で定める行為（取得勧誘類似行為）を含むとされているが、ファンド持分について定義府令9条に該当する行為はない。
3　定義府令9条で定める行為および同府令13条の2で定める行為を除くとされているが、ファンド持分に関連するものはない。
4　売出しに該当しない行為が金商法施行令1条の7の3に定められているが、500名以上の者が所有することとなるようなファンド持分の販売は基本的に想定されない。
5　国外で勧誘を行う場合、その国の証券法制による開示が必要になる場合がある。

また、ファンド持分の取得者が他のファンドその他の組合である場合がある。この場合、人数の計算にあたっては、当該ファンドの運営者を取得者と数えれば足りると考えられる（2007年金融庁パブコメ29頁49番参照）。ただし、実質的には当該組合を構成する個々の組合員を相手として投資勧誘や交渉がなされるような場合、その他脱法的な場合には、個々の組合員を取得者と数えなければならない。

(2)　募集または売出しに該当するとき

　ファンド持分に係る勧誘が募集または売出しに該当する場合で、かつ募集・売出しの総額（1年以内の同種の募集または売出しによるものを含む）が1億円以上となる場合、発行者は有価証券届出書を提出しなければならない（金商法5条5項、金商法施行令2条の13第7号、金商法4条1項、同項5号、特定有価証券開示府令2条1号の2）。

　有価証券届出書に記載すべき事項は多岐にわたるため（金商法5条5項、特定有価証券開示府令10条）、その作成には多くの時間と手間が必要となる。

　他方、当該募集または売出しの総額が1億円未満であれば、有価証券届出書は不要であり、簡易な記載で足りる有価証券通知書の提出で足りる（金商法4条1項5号、特定有価証券開示府令2条、金商法4条6項）。ただし、当該募集または売出しの総額が1,000万円以下であれば有価証券通知書すらも不要となる（金商法4条6項ただし書、特定有価証券開示府令5条4項）。

　当該募集または売出しの総額が1億円未満であり、有価証券届出書の提出が不要となる場合、募集または売出しに使用する資料には、当該募集または売出しが金商法4条1項本文の規定の適用を受けないものである旨を表示しなければならない（金商法4条5項）。

(3)　募集または売出しに該当しないとき

　ファンド持分を取得する者が金商法2条3項3号に定める500名に至ら

ず、募集または売出しに該当しない場合、一定事項を勧誘の相手方に対して告知しなければならず、実際に取得させまたは売り付ける場合には、この内容を記載した書面を交付しなければならない（金商法23条の13第4項、第5項、特定有価証券開示府令20条）。詳細は第8章10参照。

③ 継続開示

（1） 有価証券報告書

有価証券届出書を提出した場合、発行者は、原則として、有価証券報告書を提出する義務を負う（金商法24条5項、1項3号）。有価証券報告書の記載内容は詳細にわたる（特定有価証券開示府令22条）。

（2） 半期報告書・臨時報告書

有価証券報告書を提出すべきファンドの計算期間が6カ月超の場合、半期報告書の提出義務が課される（金商法24条の5第3項、第1項）。半期報告書の記載内容は、特定有価証券開示府令28条1項に規定されている。有価証券報告書を提出すべき会社の場合、四半期報告書の提出が必要であるが、ファンドの場合、現在のところ、四半期報告書の提出義務はない（金商法24条の4の7第1項、金商法施行令4条の2の10第1項）。

また、出資者に重要な影響を与える一定の事項が生じた場合には、臨時報告書を提出する義務が課される（金商法24条の5第4項、特定有価証券開示府令29条1項、2項）。

第 4 章

金融商品取引業者としての
規制を受ける行為

金融商品取引業者としての規制を受ける行為類型

(1) 金融商品取引業に該当する行為と規制の例外の概要

　金融商品取引業に該当する行為と規制の例外の概要は、下表のとおりとなる。

行為類型	該当する金融商品取引業	例　外
ファンドの運営を自ら行う（自己運用）	投資運用業（金商法2条8項15号ハ）	・本邦投資家による海外ファンドへのマイノリティー出資（金商法2条8項柱書、金商法施行令1条の8の6第1項4号、定義府令16条1項13号） ・外国投資運用業者の特例（金商法61条3項） ・適格機関投資家等特例業務（金商法63条1項2号） ・海外投資家等特例業務（金商法63条の8〜63条の15） ・移行期間特例業務（金商法附則3条の3） ・他者への運用行為の一任（金商法2条8項柱書、金商法施行令1条の8の6第1項4号、定義府令16条1項10号）
自ら出資を募る（自己募集）	第二種金融商品取引業（金商法2条8項9号）	・他者への勧誘行為の一任 ・適格機関投資家等特例業務（金商法63条1項1号）
投資判断を一任されファンドの運用を行	投資運用業（金商法2条8項12号ロ）	・外国投資運用業者の特例（金商法61条2項）

う（投資一任）		・移行期間特例業務（金商法附則3条の3）
委託されてファンドの出資を募る（募集の取扱い、私募の取扱い）	第二種金融商品取引業（金商法2条8項9号）	外国証券業者の特例（金商法58条の2ただし書）
投資の助言をする（投資助言）	投資助言・代理業（金商法2条8項11号）	・外国投資助言業者の特例（金商法61条1項）
投資一任契約、投資顧問契約の代理、媒介を行う	投資助言・代理業（金商法2条8項13号）	
高速取引を含む運用を行う	・投資運用業（金商法2条8項15号ハまたは12号ロ） ・高速取引行為（金商法2条41項）	

（2） 自己運用

a 投資運用業

　金融商品の価値等の分析に基づく投資判断に基づいて主として有価証券またはデリバティブ取引に係る権利に対する投資として、金商法2条2項5号に掲げる権利（国内ファンドの持分）または6号に掲げる権利（海外ファンドの持分）を有する者から出資または拠出を受けた金銭その他の財産の運用を行うことは、投資運用業に該当する（金商法28条4項3号、2条8項15号ハ）。

　「主として」とは、基本的に、運用財産の50％超を意味すると考えられている（2007年金融庁パブコメ79頁・80頁190番～192番参照）。したがって、主として有価証券を投資対象とする投資ファンドの資産の運用を自らが運営者として行う場合、その運用行為は投資運用業に該当する。

　海外で組成された投資ファンドであっても、その投資家に本邦の居住者を含む場合には、金商法の規制が適用される。

b　海外ファンドへのマイノリティー出資による例外

　日本国以外で設立された投資ファンドについて、(i)出資する日本の居住者（日本の組合を経由した間接出資者も含む）が10名未満の適格機関投資家（金商法2条3項1号、定義府令10条）に限られており（直接出資者については、適格機関投資家等特例業務の届出を行い、金商法2条2項5号に掲げる権利に係る自己運用を行う者を含む）、かつ(ii)これらの者の出資額がファンドの出資総額の3分の1を超えない場合には、当該ファンドに係る自己運用業務は金融商品取引業には該当しない（金商法施行令1条の8の6第1項4号、定義府令16条1項13号）。金融商品取引業に該当しないため、自己運用については金商法上の義務をいっさい考慮する必要がなくなる。そのため、後述する適格機関投資家等特例業務として行う場合と比較すると、規制遵守のために要する労力が格段に少なくてすむ点がメリットとなる。他方で、投資家の属性と数だけでなく、当該ファンドに占める出資額の割合が要件となっているため、たとえば、他の投資家が抜けた場合など日本の投資家以外の状況も常に把握しておく必要がある点は一定の負担になる。

　なお、当該ファンドの直接出資者または間接出資者に1名でも適格機関投資家以外の居住者が存在する場合には、当該ファンドの自己運用業務は金融商品取引業に該当することとなる。ここで間接出資者とは、日本国内の組合型投資ファンドの投資家のうち日本の居住者をいう[1]。また、投資ファンドがマスター・フィーダー構造を採用している場合、10名未満かつ3分の1以下の要件を満たす必要があるのは、日本の投資家が実際に出資するフィーダー・ファンドであり、マスター・ファンドではない。

c　外国運用業者の特例

　投資ファンドの投資家が投資運用業者または登録金融機関のうち投資運用業を行う者のみに限られる場合、外国の法令に準拠して設立された法人で、外国において投資運用業（投資ファンドの自己運用業務）を行う者であれば、金融商品取引業者としての登録をすることなく、自己運用業務を行うことが

できる（金商法61条3項）。

d 他者への運用行為の一任による例外

　自らが運営者として投資ファンドを組成した場合であっても、一定の要件を満たす形で運用行為を他者に一任する場合には、金融商品取引業に該当しない（金商法2条8項、金商法施行令1条の8の6第1項4号、定義府令16条1項10号）。要件の詳細は、下記2参照。

e 適格機関投資家等特例業務による例外

　適格機関投資家と49名以下の一定の投資家のみが出資する投資ファンドを自ら組成、運用する行為は、適格機関投資家等特例業務に該当し、金融商品取引業の登録が不要となる（金商法63条1項2号、金商法施行令17条の12、金商業等府令233条の2～235条）。ただし、事前の届出義務および一定の行為規制の適用がある。詳細は、第5章参照。

f 海外の投資運用業者等の受入れに係る新たな制度

　さらに、日本の国際金融センターとしての機能の発揮のため、以下の制度が利用可能となった。

1　組合型のファンドの場合、ファンド運営者およびファンド投資家がそれぞれ直接出資者と間接出資者のいずれに該当するかが問題となる。組合には法人格がないことからすると組合員はすべて直接出資者に該当すると考えることになりそうであるが、定義府令10条1項18号で投資事業有限責任組合が適格機関投資家であると規定されていたり、外為法令において組合が「団体」として法人と同じ取扱いがされていたりと、法令上も組合自体が独立した存在として扱われることがあるため、組合型ファンドの構成員の扱いは法令の趣旨に沿って検討すべきと考えられる。定義府令16条1項13号については、同号ロがファンド持分の保有者（金商法2条2項5号の権利を有する居住者）を間接出資者としている書きぶりからすると、組合型ファンドの出資者は間接出資者であると考えることが規定の趣旨に沿うように思われる。もっとも、ファンド運営者については、同号イが適格機関投資家等特例業務の届出を行って自己運用を行う者を直接出資者として扱っていることからすると、間接出資者ではなく直接出資者に該当すると考えることが規定の趣旨に沿うように思われる。条文を厳格に読むと違った結論が導かれうるかもしれないが、金商法がファンド運営者を金商業者、ファンド投資家を顧客として組合員を2つに分けて扱っており、ファンド運営者が投資活動の主体として直接出資者に該当し、自らはファンド運営に携わらないファンド投資家は間接出資者に該当すると考えることが金商法の全般的な考え方に整合するのではないかと考えられる。

① 海外投資家等特例業務（金商法63条の8〜63条の15）

主として海外の資金を運用するファンド運用業の類型が新設された。

適格機関投資家等特例業務が適格機関投資家と49名以下の一定の投資家を対象としているのに対し、ファンドの投資家が「海外投資家等」（金商法63条の8第2項）のみであり、ファンドに出資された金銭等のうち50％超が「非居住者」（外為法6条1項6号）からのものである場合に（主な投資家が外国法人や一定の資産を保有する外国居住の個人または特定投資家相当の個人である場合を想定）、適格機関投資家による出資を必須とせず、出資人数の制限もない形で、届出により、日本国内でファンドの運用業務を行うことが可能となる。この類型は主に外国籍の業者が日本にも運用拠点を置く場合を想定しているが、要件を満たす場合は国内業者であっても、また国内籍のファンドであっても対象となる。

② 移行期間特例業務（金商法附則3条の3）

さらには、海外において当局による登録等を受け海外の顧客資金運用実績がある投資運用業者は、「海外投資家等」（金商法附則3条の3第6項）のみ[2]を相手方にする運用行為（海外の資金および当該運用業者と密接な関係を有する一定の者の資金のみを運用する場合、ならびに投資運用業者または登録金融機関のうち投資運用業を行う者（金商業等府令附則64条2項）を相手方とする場合に限られる）について、特例として届出による参入制度が創設された。ファンド運用業務に限られず、投資一任契約に基づく運用行為なども対象となる。その場合、最大で届出から5年間業務が可能であり、この期間を移行期間として、登録による投資運用業（上記a）、適格機関投資家等特例業務（上記e）、海外投資家等特例業務（上記①）等の恒久的な類型に移行することが求められる。また、この特例自体も5年の時限措置である。

2　金商業等府令第246条の14第1項2号の「海外投資家等特例業務に関する社内規則」として、海外投資家等以外の者が権利者となることを防止するための措置に関する規定が求められる（2021年金融庁パブコメ46頁178番）。

なお、「海外投資家等」の定義が、上記①海外投資家等特例業務と②移行期間特例業務とで異なることに注意を要する。前者では、適格機関投資家（金商法63条の8第2項2号）や特定投資家（金商業等府令246条の10第2項1号）であれば、日本の居住者も含まれる。他方、後者では、資産要件などで投資家の範囲を特に絞っていないが、居住者を相手方とすることは、密接関係者と投資運用業者を除いては認められていない。

(3)　自己募集

a　第二種金融商品取引業

　金商法2条2項の規定により有価証券とみなされる同項5号に掲げる権利（国内ファンドの持分）または6号に掲げる権利（海外ファンドの持分）の募集または私募は、第二種金融商品取引業に該当する（金商法28条2項1号、2条8項7号ヘ）。ただし、海外において非居住者のみを相手方として取得勧誘が行われる場合には、金商法の適用はない（2007年金融庁パブコメ63頁132番参照）。

b　勧誘行為の他者への一任

　自らが投資ファンドの運営者となる場合であっても、出資者の勧誘を他者に委託する場合には、「募集又は私募」（金商法2条8項7号）に該当する行為がなく、第二種金融商品取引業に該当しない（2007年金融庁パブコメ60頁113番参照）。自己運用の場合と異なり、委託の方法について法令上の制約はないが、当事者の意思を明確化する趣旨で、販売契約、Placement Agreementなどで運営者が勧誘行為を行わない旨を定めることがある。

c　適格機関投資家等特例業務による例外

　適格機関投資家と49名以下の一定の投資家のみが出資する投資ファンドの運営者が一定の方法で行う出資の勧誘は、適格機関投資家等特例業務に該当し、金融商品取引業の登録が不要となる（金商法63条1項1号、金商法施行令17条の12、金商業等府令233条の2〜235条）。ただし、事前の届出義務および一

定の行為規制の適用がある。詳細は、第5章参照。

⑷　投資一任

　投資一任契約を締結し、当該契約に基づき、金融商品の価値等（金商法2条8項11号ロ）の分析に基づく投資判断に基づいて有価証券またはデリバティブ取引に係る権利に対する投資として、金銭その他の財産の運用（その指図を含む）を行うことは、投資運用業に該当する（金商法28条4項1号、2条8項12号ロ）。投資一任契約とは、(i)金融商品の価値等の分析に基づく投資判断の全部または一部の一任と、(ii)当該投資判断に基づき当該相手方のため投資を行うのに必要な権限の委任を内容とする契約をいう（同法2条8項12号ロ、詳細は第11章10⑴参照）。

　したがって、他者が運営する投資ファンドについて、その運営者から一任を受けてファンド資産の運用を行う場合、当該運用行為は投資運用業に該当する。日本の投資家が出資していたとしても、ファンドの運営者が外国法人で、投資一任を行う者も外国法人の場合、投資一任行為が日本国外で行われている限り、投資一任行為については金商法の適用はない（2007年金融庁パブコメ535頁3番参照）。この場合でも、日本の投資家がファンドに出資している限り、ファンドの運営者には金商法の適用がある。

　なお、外国の法令に準拠して設立された法人で、外国において投資運用業（投資一任）を行う者であれば、金融商品取引業者としての登録をすることなく、投資運用業者または登録金融機関のうち投資運用業を行う者のみを相手方として[3]、投資一任業務を行うことができる（金商法61条2項、金商法施行令17条の11第2項）。

　また、外国の投資運用業者が移行期間特例業務（上記⑵ f ②）を行う場合にも、金融商品取引業者としての登録は不要である。

3　適格機関投資家等特例業務の届出者は含まない。

(5) 募集または私募の取扱い

投資ファンドの持分に関する有価証券の募集または私募の取扱いは、第二種金融商品取引業に該当する（金商法28条2項2号、2条8項9号）。

したがって、他者が運営者となる投資ファンドについて、当該運営者から委託を受けて出資者を募る場合、有価証券の募集または私募の取扱いとして、第二種金融商品取引業に該当する。

ただし、外国の法令に準拠し外国において有価証券関連業（同法28条8項）を行う者（外国証券業者）は、金融商品取引業者としての登録を受けずに、外国から銀行、保険会社などの一定の投資家を相手方に投資ファンドの持分に関する有価証券の募集または私募の取扱いを行うことができる（同法58条の2ただし書、金商法施行令17条の3第1号）。

(6) 投資助言

投資顧問契約を締結し、当該投資顧問契約に基づき、有価証券の価値等（金商法2条8項11号イ）、金融商品の価値等について助言を行うことは、投資助言・代理業に該当する（同法28条3項1号、2条8項11号）。投資顧問契約とは、①有償で、②有価証券の価値等、金融商品の価値等の分析に基づく投資判断に関して、③口頭、文書（不特定多数の者に販売することを目的として発行されるもので、不特定多数の者により随時購入可能なものを除く）その他の方法により助言を行うことを約する契約をいう（同法2条8項11号）。

したがって、他者が運営者となっている投資ファンドに対し、有償で、有価証券の価値等、金融商品の価値等に関し投資助言を行う場合、投資助言・代理業に該当する（同法28条3項1号、2条8項11号）。

ただし、外国の法令に準拠して設立された法人または外国に住所を有する個人で、外国において投資助言業務を行う者であれば、金融商品取引業者としての登録をすることなく、投資運用業者のみを相手方として[4]投資助言業

務を行うことができる（同法61条１項、金商法施行令17条の11第１項）。

(7) 投資一任契約、投資顧問契約の締結の代理、媒介

　投資一任契約または投資顧問契約の締結の代理、媒介は、投資助言・代理業として金融商品取引業に該当する（金商法28条３項２号、２条８項13号）。したがって、上記(4)、(6)の場合に、各契約の締結の代理、媒介を行うと、金融商品取引業に該当することとなる。なお、契約の一方当事者が外国投資運用業者の特例または外国投資助言業者の特例の適用がある場合であっても、他方当事者が日本国内の業者である場合、これらの契約の締結の代理、媒介には金商法の適用があると考えるべきである[5]。

(8) サービス提供

　投資ファンドの運営者に対して金融商品取引業に該当しない範囲で、一定のサービスを提供することが考えられる。

　この類型に属するものとして、実務上、一定のアドバイスや情報提供が行われることがよくある。投資助言・代理業に該当する有価証券の価値等に関する助言とそれ以外の業務の線引きはむずかしい場合があるものの、有価証券に関連する情報の提供（金商法35条１項８号）、M&Aに関するコンサルティング業務（同項11号、12号）と整理しうるものについては、金融商品取引業に該当しないと考えることも可能であろう。

(9) 高速取引行為

　金融商品取引所等がマッチング・エンジンを設置する施設に隣接、または

4　適格機関投資家等特例業務の届出者は含まない。

5　投資ファンドに係る組合契約の締結の代理、媒介、取次は金融商品取引業には該当しないが（金商法35条２項７号、金商業等府令68条２号、３号）、ファンド運営者のために行うのであれば基本的には募集または私募の取扱いを構成するものと考えられる。

近接する場所にサーバーを設置し、他の者と注文伝達が競合しない形でその
サーバーを利用したアルゴリズム取引を行う運用行為をする場合、投資運用
業に加え、高速取引行為に該当する（金商法 2 条41項 3 号、金商法施行令 1 条
の22第 1 号、定義府令26条、高速取引行為となる情報の伝達先を指定する件）。

② 投資ファンドの運用行為の一任

　ファンドの運営者が、以下の①～⑥を満たす形で、投資運用業者に当該
ファンドの運用を行う権限の全部を委託する場合、当該運営者の自己運用行
為は金融商品取引業から除外される（金商法 2 条 8 項、金商法施行令 1 条の 8
の 6 第 1 項 4 号、定義府令16条 1 項10号）。

① 　投資ファンドに係る組合契約等（組合契約その他の法律行為）において、
　　次の(ⅰ)～(ⅲ)に掲げる事項の定めがあること（定義府令16条 1 項10号イ）

　(ⅰ)　組合員のため運用を行う権限の全部を委託する旨および委託先の投資
　　　運用業者の商号または名称

　(ⅱ)　投資一任契約の概要

　　　概要として定めるべき内容について、金融庁は「例えば、契約期間や
　　　投資の方法・取引の種類等、投資一任契約に係る「契約締結時交付書
　　　面」の記載事項（金商業等府令第99条第 1 項、第107条第 1 項）のうち重要
　　　な事項について、権利者が理解できるよう具体的に分かりやすく記載す
　　　ることが求められるものと考えられます」（2007年金融庁パブコメ87頁220
　　　番～222番）との見解を示している。ここでいう権利者とは、組合員の
　　　ことである。

　(ⅲ)　投資一任契約に係る報酬を組合の運用財産から支払う場合には、当該
　　　報酬の額（あらかじめ報酬の額が確定しない場合においては、当該報酬の額
　　　の計算方法）

② 組合契約等および投資一任契約において、次の(i)、(ii)に掲げる事項の定めがあること（定義府令16条1項10号ロ）

（i）委託先の金融商品取引業者等は、対象権利者のため忠実に投資運用業を行わなければならないこと

（ii）委託先の金融商品取引業者等は、対象権利者に対し、善良な管理者の注意をもって投資運用業を行わなければならないこと

なお上記(i)および(ii)はいずれも委託先の投資運用業者の義務であるが、当該運用業者自体は、組合契約の当事者になる必要はない（2007年金融庁パブコメ87頁224番参照）。投資一任契約の規定を介して、投資運用業者はこれらの義務を負うことになる。

③ 組合契約等および投資一任契約において、委託先の投資運用業者は、一定の例外6を除き、以下の(i)、(ii)の要件を満たさない限り、自己、その取締役もしくは執行役またはその運用を行う他の運用財産との間における取引を行うことを内容とした運用（以下「自己取引等」という）を行うことができない旨の定めがあること（定義府令16条1項10号ハ）

（i）個別の取引ごとにすべての組合員に当該取引の内容および当該取引を行おうとする理由の説明（以下「取引説明」という）を行うこと

（ii）以下の(a)、(b)のいずれかを満たすこと

　（a）すべての組合員の同意があること

　（b）組合契約等および投資一任契約に以下の(ア)、(イ)の定めがあり、(ア)の同意があること

　　（ア）すべての組合員の半数以上（これを上回る割合を定めた場合にあっては、その割合以上）であって、かつ、すべての組合員の有する組合持分の4分の3（これを上回る割合を定めた場合にあっては、その

6　自己取引等の禁止または運用財産相互間取引の禁止の適用除外として金商業等府令128条1号もしくは6号または129条1項1号もしくは3号により認められる行為に該当するものは、組合契約および投資一任契約における禁止から除外することができる。

割合）以上に当たる多数の同意を得た場合には自己取引等を行うことができる旨

(ｲ) 自己取引等を行うことに同意しない組合員が取引説明を受けた日から20日（これを上回る期間を定めた場合にあっては、その期間）以内に請求した場合には、ファンドの運営者は、当該自己取引等を行った日から60日（これを下回る期間を定めた場合にあっては、その期間）を経過する日までに当該組合員の有する組合持分を公正な価額で運用財産をもって買い取る旨（当該組合持分に係る契約を解約する旨を含む）

④ ファンドの運営者が、分別管理の方法として金商法42条の4に規定する方法に準ずる方法により、当該ファンドの運用財産と自己の固有財産および他の運用財産とを分別して管理し、その管理を委託先の投資運用業者が監督すること（定義府令16条1項10号ニ）

監督の程度について、金融庁は、「金融商品取引業者等が負うべき「自己運用業務」に係る分別管理義務（金商法第42条の4）と同等の分別管理を当該「対象行為者」に求めるとともに、その状況について、行政当局が金融商品取引業者等を監督する場合と同等に監督するよう義務づけるものであり、厳格な監督が求められる」（2007年金融庁パブコメ87頁・88頁226番）との見解を示している。この見解に従えば、たとえば分別管理に関する状況について、事業報告書に記載が求められる程度の内容を1年ごとに報告することを義務づけることなどが必要になるのであろう。

⑤ 委託先の投資運用業者が、組合契約等の成立前に、ファンドの運営者に関する次の(ⅰ)～(ⅵ)に掲げる事項を所管金融庁長官等（定義府令1条3項8号）に届け出ること（定義府令16条1項10号ホ）

(ⅰ) 商号、名称または氏名

(ⅱ) 法人であるときは、資本金の額または出資の総額

(ⅲ) 法人であるときは、役員（金商法29条の2第1項3号）の氏名または名称

(ⅳ)　法令、法令に基づく行政官庁の処分もしくは定款その他の規則を遵守させるための指導に関する業務を統括する使用人または当該使用人の権限を代行しうる地位にある使用人があるときは、これらの者の氏名

(ⅴ)　主たる営業所または事務所の名称および所在地

(ⅵ)　他に事業を行っているときは、その事業の種類

　　　届出のタイミングは、組合契約等の締結前でなければならない（2007年金融庁パブコメ88頁227番）。もっとも、これは委託のタイミングを当初の組合契約締結時に限定した趣旨ではなく、当初委託を想定していなかった場合であっても、運用行為の一任を行うこととなったときには、その段階で（上記①～③を定めるため）組合契約の変更契約を締結し、運用行為の一任を行う場合は、当該変更契約の締結前に届出を行えば足りると考えられる。

⑥　対象行為者に関する⑤(ⅰ)～(ⅵ)に掲げる事項に変更があったときは、委託先の金融商品取引業者等が、遅滞なく、その旨を所管金融庁長官等に届け出ること（定義府令16条1項10号ヘ）

③　適格投資家向け投資運用業

（1）総　　説

　投資運用業に該当する行為であっても、適格投資家のみを顧客とする場合であって、すべての運用財産の総額が200億円以下の場合には（金商法29条の5第1項、金商法施行令15条の10の5）、適格投資家向け投資運用業として一部の規制が緩和される。この適格投資家向け投資運用業は、ファンドの投資家がすべて適格投資家である場合のほか、適格投資家であるファンドの運営者から一任を受ける者についても問題となりうる。

運用財産の総額については、一時的であっても200億円を超えることは許されない。運用財産の価値算定については「運用財産に時価や運用損益を適時に算定することが困難な財産が含まれている場合には、当該財産の特性等に応じて、適切かつ合理的と認められる方法により算定されるべきものと考えられます」とされている（2012年２月金融庁パブコメ56頁151番〜154番）。

(2) 適格投資家

適格投資家とは、①特定投資家（金商法２条31項、定義府令23条）、②特定投資家に準ずる者（金商業等府令16条の６）および③金融商品取引業者と密接な関係を有する者（金商法施行令15条の10の７、金商業等府令16条の５の２）のうち、以下の(ⅰ)〜(ⅲ)の不適格要件（金商法29条の５第４項、金商業等府令16条の７）に該当しない者をいう（金商法29条の５第３項）。関連する条文が入り組んでいるが、本書が想定している有価証券を投資対象とする組合型ファンドの場合、第５章で詳述する「ベンチャー・ファンド特例」で扱うことができる投資家とほぼ同じである。適格投資家に該当する投資家の種類および他の投資家区分との関係については下記４(3)を参照。

(ⅰ) その発行する資産対応証券を適格機関投資家以外の者が取得している特定目的会社（同法29条の５第４項１号）

(ⅱ) 他の集団投資スキームの運営者のうち、適格機関投資家以外の者を含む出資者から出資等を受けている者（投資運用業を行う金融商品取引業者等および外国において投資運用業を行う法人を除く）（同項２号、金商法施行令15条の10の16）

(ⅲ) 特定目的会社またはこれと同様の事業を営む事業体であって、事業内容の変更が制限されている事業体のうち、その発行する社債、株式、CP等を適格機関投資家以外の者が取得している者（金商法29条の５第４項３号、金商業等府令16条の７）

(3) 適格投資家向け投資運用業に関する特例

　適格投資家向け投資運用業の要件を満たす場合、一部の規制が緩和される。登録との関係では、取締役会の設置が不要で（金商法29条の5第1項）、最低資本金1,000万円（同法29条の4第1項4号イ、金商法施行令15条の7第1項7号）に緩和されている。

　このような法令で規定された緩和のほか、適格投資家向け投資運用業の登録審査にあたっては、「運用の方針、運用財産の額その他行おうとする適格投資家向け投資運用業の状況に応じた審査を行うこととし、画一的な審査に陥ることのないよう留意するものとする」とされている（金商業者等監督指針Ⅵ－3－1－2(1)）。また、人員態勢については、必要な態勢が金商業者等監督指針Ⅵ－3－1－2に記載されており、これをふまえ、金融商品取引業を適格に遂行するに足りる人的構成を有しているかが確認されることとなる。

　他方で、適格投資家向け投資運用業の場合、権利者または権利者となろうとする者の属性の確認および権利者の有価証券の売買その他の取引の動向の把握その他の方法により、適格投資家以外の者が権利者となることを防止するための必要かつ適切な措置を講じることが追加的に求められる（金商法40条2号、金商業等府令123条1項13号の2）など、追加的な負担もある。

　これについては、「適格投資家向け投資運用業を行うに当たっては、継続的にすべての運用財産に係る権利者が適格投資家のみであることが必要であることから、適格投資家以外の者が権利者とならないよう、可能な範囲で必要かつ適切な管理体制を整備することが重要であり、また、適格投資家以外の者が権利者となった場合には、当該権利者に対してその保有する持分の売却を求めることや、一般の投資運用業（適格投資家向け投資運用業に該当しない投資運用業）を行うための変更登録（金商法第31条第4項）を受けることなどの対応を速やかに行う必要がある」とされる（2012年2月金融庁パブコメ52

頁133番)。なお、本書が想定しているようなファンドの運営者であれば、運用総額に制限がある適格投資家向け投資運用業の登録を受けるよりも、受入れ可能な投資家にほとんど違いがなく、ファンドの勧誘に関するメリットもないため（第二種金融商品取引業）適格機関投資家等特例業務として行うほうが使い勝手が良いと思われる。

④ 投資家の種類について

(1) 総　説

　金商法で特に整理が必要となる投資家の種類としては、適格機関投資家（金商法２条３項１号）、特定投資家（同条31項）、適格投資家（同法29条の５第３項）、適格機関投資家等特例業務の対象となる投資家（適格機関投資家および特例業務対象投資家（金商法施行令17条の12第４項２号））がある。適格機関投資家は、私募や第５章で詳述する適格機関投資家等特例業務の該当性との関係で特に重要となる。特定投資家は、一定の開示、説明義務など投資家保護のための規制の適用があるかを考える際に重要となり、適格機関投資家は特定投資家に含まれる。適格投資家は適格機関投資家向け投資運用業の該当性、特例業務対象投資家は適格機関投資家等特例業務の該当性との関係で重要となるが、両者は重なる範囲が非常に広い。

(2) 具体的な分類について

　以下では、投資家の種類ごとに適格機関投資家、特定投資家、適格投資家および特例業務対象投資家への該当性を整理する（早見表は(3)を参照）。なお、以下で適格投資家または特例業務対象投資家と分類される場合でも、一定の不適格要件に該当する場合には、例外的にこれらに該当しないため注意

が必要である。適格投資家の不適格要件は上記3⑵、特例業務対象投資家の不適格要件は第5章2⑷を参照。

① 適格機関投資家

　定義府令10条1項各号に列挙されている。金融庁がウェブサイトで適格機関投資家のリストを公開しており、実務的にはこのリストを参照することが便利である。適格機関投資家は、特定投資家（金商法2条31項1号）および適格投資家（同法29条の5第3項）にも該当する。適格機関投資家は、特例業務対象投資家ではないが[7]、適格機関投資家等特例業務の対象となる投資家である。

② 国および日本銀行

　国および日本銀行は、適格機関投資家ではないが、特定投資家（金商法2条31項2号、3号）、適格投資家（同29条の5第3項）および特例業務対象投資家（金商法63条1項1号、同施行令17条の12第1項1号、2号）である。

③ 特別の法律により特別の設立行為をもって設立された法人

　特別の法律により特別の設立行為をもって設立された法人は、適格機関投資家ではないが、特定投資家（金商法2条31項4号、定義府令23条1号）、適格投資家（金商法29条の5第3項）および特例業務対象投資家（金商法63条1項1号、同施行令17条の12第1項10号）である。「特別の法律により特別の設立行為をもって設立された法人」とは、いわゆる「特殊法人」および「独立行政法人」をいう。これらの法人は総務省のウェブサイトに掲載されているリストで確認でき、企業年金基金はこれに該当しない。

④ 投資者保護基金、預金保険機構、農水産業協同組合貯金保険機構、保険契約者保護機構

　これらはいずれも特定投資家（金商法2条31項4号、定義府令23条2号～5号）および適格投資家（金商法29条の5第3項）に該当する。

---

7 「特例業務対象投資家」（金商法63条1項1号、同施行令17条の12第1項1号、2号）の定義には適格機関投資家は含まれない。

⑤　特定目的会社、上場会社、外国法人、金融商品取引業者

　　これらはいずれも特定投資家（金商法２条31項４号、定義府令23条６号、
　７号、９号、10号）、適格投資家（金商法29条の５第３項）および特例業務対
　象投資家（金商法63条１項１号、同施行令17条の12第１項４号、７号、11号、
　13号）である。金融商品取引業のうち、第一種金融商品取引業（有価証券
　関連業に該当するものに限り、第一種少額電子募集取扱業務のみを行うものを
　除く）を行う者および投資運用業を行う者は適格機関投資家に該当し（金
　商法２条３項１号、定義府令10条１項１号）、特例業務対象投資家からは除外
　されるが[8]、適格機関投資家等特例業務の対象となる投資家には該当する。

⑥　特例業務届出者である法人、資本金５億円以上と見込まれる株式会社

　　いずれも特定投資家（金商法２条31項４号、定義府令23条８号、９号）か
　つ適格投資家（金商法29条の５第３項）である。また、特例業務届出者で
　ある法人は、ファンドの運営者（自己募集または自己運用を行う者）が特例
　業務対象投資家に該当することから（金商法63条１項１号、同施行令17条の
　12第１項５号）、特例業務対象投資家に該当する。資本金５億円以上と見込
　まれる株式会社についても、資本金5,000万円以上の法人が特例業務対象
　投資家（金商法63条１項１号、同施行令17条の12第１項８号）であるため、
　特例業務対象投資家に該当する。なお、資本金５億円以上と見込まれる株
　式会社とは、仮に客観的事実として資本金の額が５億円以上でなかったと
　しても、金融商品取引業者が、顧客の資本金について定期的に確認してい
　るにもかかわらず当該事情を知ることが困難であった場合には、当該顧客
　から通知を受ける等により当該事情が明らかになるまでは、これに該当す
　ると考えられている（2007年金融庁パブコメ107頁・108頁11番～14番参照）。
　また、金融庁としては、確認すべき頻度は１年に１回を目安としているよ
　うである（2007年金融庁パブコメ108頁16番、109頁20番参照）。

---

[8]　「特例業務対象投資家」（金商法63条１項１号、同施行令17条の12第１項１号、２号）
の定義には適格機関投資家は含まれない。

⑦　地方公共団体

　　地方公共団体は、適格投資家（金商法29条の5第3項、金商業等府令16条の6第1号）および特例業務対象投資家（金商法63条1項1号、同施行令17条の12第1項3号）である。

⑧　金融商品取引業者等（実質的に対象となるのは、登録金融機関）、ファンドの運営者（自己募集または自己運用を行う者）

　　金融商品取引業者ではない金融商品取引業者等およびファンドの運営者は[9]、いずれも適格投資家（金商法29条の5第3項、金商業等府令16条の6第1号）かつ特例業務対象投資家（金商法63条1項1号、同施行令17条の12第1項5号）である。

⑨　資本金5,000万円以上の法人、純資産5,000万円以上の法人

　　資本金または純資産の額が5,000万円以上の法人は、適格投資家（金商法29条の5第3項、金商業等府令16条の6第1号）および特例業務対象投資家（金商法63条1項1号、同施行令17条の12第1項8号、9号）である。

⑩　保有する投資性金融資産が100億円以上と見込まれる企業年金基金

　　保有する投資性金融資産が100億円以上と見込まれる企業年金基金は、適格投資家（金商法29条の5第3項、金商業等府令16条の6第1号）および特例業務対象投資家（金商法63条1項1号、同施行令17条の12第1項12号、金商業等府令233条の2第2項）である。投資性金融資産とは、金商業等府令62条2号イ〜トに掲げる資産のことであり（同233条の2第2項）、有価証券やデリバティブ取引に係る権利、特定預金等、特定共済契約等に基づく給金に係る権利、不動産特定共同事業契約に基づく権利、商品市場における取引などが含まれる。

⑪　一定の投資性金融資産を保有する個人

9　金融商品取引業者については上記⑤のとおりであり、金融商品取引業者等は実質的には登録金融機関のみがここでの対象となり、ファンドの運営者も金融商品取引業者以外の者がここでの対象となる。

以下のいずれかに該当する個人は、適格投資家（金商法29条の5第3項、金商業等府令16条の6第1号）および特例業務対象投資家（金商法63条1項1号、同施行令17条の12第1項14号、金商業等府令233条の2第3項）である。

（ⅰ）取引の状況その他の事情から合理的に判断して、保有する投資性金融資産が1億円以上と見込まれ、かつ金融商品取引業者等（外国の法令上これに相当する者を含む）に有価証券またはデリバティブ取引のための口座開設後1年を経過していること（金商業等府令233条の2第3項1号）

（ⅱ）組合型ファンドの運営者であって、取引の状況その他の事情から合理的に判断して、ファンドの運営者として保有する投資性金融資産が1億円以上と見込まれ、ファンドの運営者として取引を行う場合（同2号）

⑫　一定の公益社団法人および公益財団法人

　その社員総会における議決権の総数の4分の1以上が国もしくは地方公共団体により保有されている公益社団法人またはその拠出をされた金額の4分の1以上が国もしくは地方公共団体により拠出をされている公益財団法人であって、地域の振興または産業の振興に関する事業を公益目的事業とするものは、適格投資家（金商法29条の5第3項、金商業等府令16条の6第1号）および特例業務対象投資家（金商法63条1項1号、同施行令17条の12第1項15号、金商業等府令233条の2第4項1号）である。

⑬　一定の存続厚生年金基金

　投資性金融資産の合計額が100億円以上であると見込まれる存続厚生年金基金（年金給付等積立金の管理および運用の体制が整備され、かつ、厚生年金保険法上の届出がされているものに限る）は、適格投資家（金商法29条の5第3項、金商業等府令16条の6第1号）および特例業務対象投資家（金商法63条1項1号、同施行令17条の12第1項15号、金商業等府令233条の2第4項2号）である。

⑭　一定の外国の年金基金

　投資性金融資産の合計額が100億円以上であると見込まれる外国の法令

上の企業年金基金または上記⑬に掲げる者に相当する者は、適格投資家（金商法29条の5第3項、金商業等府令16条の6第1号）および特例業務対象投資家（金商法63条1項1号、同施行令17条の12第1項15号、金商業等府令233条の2第4項3号）である。

⑮　一定の投資性金融資産を保有する法人

次に掲げる要件のいずれかに該当する法人は、適格投資家（金商法29条の5第3項、金商業等府令16条の6第1号）および特例業務対象投資家（金商法63条1項1号、同施行令17条の12第1項15号、金商業等府令233条の2第4項4号）である。

(i)　取引の状況その他の事情から合理的に判断して、保有する投資性金融資産が1億円以上と見込まれること（同号イ）

(ii)　組合型ファンドの運営者であって、取引の状況その他の事情から合理的に判断して、ファンドの運営者として保有する投資性金融資産が1億円以上と見込まれ、ファンドの運営者として取引を行う場合（同号ロ）

⑯　一定の者の子会社等または関連会社等

次に掲げる者の子会社等または関連会社等は、適格投資家（金商法29条の5第3項、金商業等府令16条の6第1号）および特例業務対象投資家（金商法63条1項1号、同施行令17条の12第1項15号、金商業等府令233条の2第4項5号）である。

(i)　金融商品取引業者等である法人

(ii)　金融商品取引所に上場されている株券の発行者である会社

(iii)　資本金の額が5,000万円以上である法人

(iv)　純資産の額が5,000万円以上である法人

⑰　一定の外国ファンドのファンド運営者（GP）

ファンド持分が有価証券に該当する外国ファンド（投資家が適格機関投資家、有価証券に該当するファンド持分の発行者であるファンドのGPまたは特例業務対象投資家であるものに限る）のGPは、適格投資家（金商法29条の5

第３項、金商業等府令16条の６第１号）および特例業務対象投資家（金商法63条１項１号、同施行令17条の12第１項15号、金商業等府令233条の２第４項７号）である。

⑱　一定の資産管理会社

(ⅰ)　以下の(a)および(b)の合計額のその会社の資産の帳簿価額の総額に占める割合が100分の70以上と見込まれ（帳簿価額ベース）、代表者（一定の投資性金融資産を保有する個人（上記⑪）に限る）のためにその資産を保有または運用する会社は、適格投資家（金商法29条の５第３項、金商業等府令16条の６第１号）および特例業務対象投資家（金商法63条１項１号、同施行令17条の12第１項15号、金商業等府令233条の２第４項６号）である。

(a)　特別子会社（金商業等府令233条の２第５項）の株式または持分以外の有価証券、自ら使用していない不動産、ゴルフ場等の利用に関する権利、絵画等、現預金など金商業等府令233条の２第４項６号ロに掲げる資産

(b)　５年間の代表者および代表者の同族関係者に対して支払われた配当および給与のうち、法人税法において損金算入されない金額

(ⅱ)　取引の状況その他の事情から合理的に判断して、一の事業年度における総収入金額に占める特定資産（上記(ⅰ)(a)）の運用収入の合計額の割合が100分の75以上であると見込まれる会社であって上記⑫から⑰に掲げる者のためにその資産を保有し、または運用するもの（いわゆる資産管理会社のうち、一定の資産運用型会社）は適格投資家（金商法29条の５第３項、金商業等府令16条の６第１号）および特例業務対象投資家（金商法施行令17条の12第１項15号、金商業等府令233条の２第４項８号）である。

⑲　ファンドの密接関係者

以下の者は、適格投資家（金商法29条の５第３項、金商法施行令15条の10の７、金商業等府令16条の５の２）かつ特例業務対象投資家（金商法63条１項１号、金商法施行令17条の12第１項６号、金商業等府令233条の２第１項）で

ある。以下、前のカッコ内が適格投資家の根拠条文、後ろのカッコ内が特例業務対象投資家の根拠条文となる。

(i) ファンド持分の自己募集または自己運用を業として行う者（以下「ファンド資産運用等業者」という）の役員（金商法施行令15条の10の7第1号）、（金商法施行令17条の12第1項6号、金商業等府令233条の2第1項1号）

(ii) ファンド資産運用等業者の使用人（金商法施行令15条の10の7第2号）、（金商法施行令17条の12第1項6号、金商業等府令233条の2第1項1号）

(iii) ファンド資産運用等業者の親会社等（金商法施行令15条の10の7第3号）、（金商法施行令17条の12第1項6号、金商業等府令233条の2第1項2号）

(iv) ファンド資産運用等業者の子会社等（金商法施行令15条の10の7第4号、金商業等府令16条の5の2第1号）、（金商法施行令17条の12第1項6号、金商業等府令233条の2第1項2号）

(v) ファンド資産運用等業者の親会社等の子会社等（金商法施行令15条の10の7第4号、金商業等府令16条の5の2第1号）、（金商法施行令17条の12第1項6号、金商業等府令233条の2第1項2号）

(vi) ファンド資産運用等業者が行う一のファンド資産の運用に係る権限の全部または一部の委託を受けた者（いわゆる運用委託先）（金商法施行令15条の10の7第4号、金商業等府令16条の5の2第2号）、（金商法施行令17条の12第1項6号、金商業等府令233条の2第1項3号）

(vii) ファンド資産運用等業者が運用する一のファンド資産に関して、有償で投資について助言を行う者およびこの助言を行う者に対して助言を行う者（金商法施行令15条の10の7第4号、金商業等府令16条の5の2第3号）、（金商法施行令17条の12第1項6号、金商業等府令233条の2第1項4号）

　　ここでいう「助言」には有価証券またはデリバティブ取引以外の価値または価値の分析に基づく投資判断に関する助言も含まれる（2016年金融庁パブコメ10頁・11頁40番、41番）。また、助言を行う者に対して助言

44

を行う者とは、直接ファンドとの間に契約関係がなく、間接的にファンドに対して助言を行う者を含む趣旨である（同11頁42番）。

⒱　上記⒤から⒱に掲げる者の役員または使用人（金商法施行令15条の10の7第4号、金商業等府令16条の5の2第4号）、（金商法施行令17条の12第1項6号、金商業等府令233条の2第1項5号）

⒳　ファンド資産運用等業者（個人である場合に限る）ならびに上記⒤、⒥、⒱から⒱に掲げる者の親族（配偶者ならびに三親等以内の血族および姻族に限る）（金商法施行令15条の10の7第4号、金商業等府令16条の5の2第5号）、（金商法施行令17条の12第1項6号、金商業等府令233条の2第1項6号）

　　上記については、金商業等府令233条の2第1項1号～6号が「当該」ファンド資産運用等業者について、役員・使用人、親会社等・子会社等、運用委託先といった関係を要件としているため、別のファンド資産運用等業者が運用するファンドとの関係では特例業務対象投資家とはならない（2016年金融庁パブコメ7頁・8頁30番～32番）。

⑳　組合型ファンドに関する一定の投資家

　　組合型ファンドに関する以下のいずれかに該当する投資家は、適格投資家（金商法29条の5第3項、金商業等府令16条の6第2号、233条の3）であり、ベンチャー・ファンド特例の要件を満たしたファンドの場合には特例業務対象投資家にも該当する（金商法63条1項1号、同施行令17条の12第2項、金商業等府令233条の3）。適格投資家の根拠条文である金商業等府令16条の6第2号は、特例業務対象投資家の根拠条文である同233条の3を参照する形となっているため、以下ではこの金商業等府令233条の3のみを根拠条文として記載する。

⒤　金融商品取引所に上場されている株券の発行者である会社の役員（同条1号）

⒥　資本金の額または純資産の額が5,000万円以上である法人であって金

商法24条１項の規定により有価証券報告書を提出しているものの役員（同条２号）

(iii) 投資性金融資産の合計額が１億円以上であると見込まれるファンドの運営者（ファンド運営者として取引を行う場合に限る）である法人の役員（同条３号）

(iv) 当該私募または私募の取扱いの相手方となる日前５年以内に上記(i)から(iii)に掲げる要件のいずれかに該当していた者（同条４号）

(v) 当該私募または私募の取扱いの相手方となる日前５年以内に、上記④または本(v)に該当する者として、当該出資対象事業持分と同一の発行者が発行する出資対象事業持分を取得した者（同条５号）

(vi) 当該私募または私募の取扱いの相手方となる日前５年以内に投資性金融資産の合計額が１億円以上であると見込まれるファンドの運営者（ファンド運営者として取引を行う場合に限る）である法人であった者（同条６号）

(vii) 次に掲げる業務のいずれかに、会社の役員もしくは従業者（特に専門的な能力であって当該業務の継続のうえで欠くことができないものを発揮して当該業務に従事した者に限る）[10]または会社との間で当該業務の助言を行うことを約し、当該会社がそれに対し報酬を支払うことを約する契約を締結した者として従事したと認められる期間が通算１年以上であって、当該業務に最後に従事した日から当該私募または私募の取扱いの相手方となる日までの期間が５年以内である者（同条７号）

(a) 会社の設立、募集株式もしくは募集新株予約権を引き受ける者の募集または新事業活動[11]の実施に関する業務

(b) 合併、会社の分割、株式交換、株式移転、事業の譲受けもしくは譲

---

10 外形的に明らかな場合を除き、自己申告のみで確認するのではなく、顧客が従事した業務の内容などの要件に関する事実を十分に確認する必要がある（金商業者等監督指針Ⅸ－１－１(1)①ロ、2016年金融庁パブコメ29頁・30頁98番～100番）。

渡または他の会社の株式もしくは持分の取得に関する業務

(c)　発行株式の金融商品取引所への上場に関する業務

(d)　会社の経営戦略の作成、貸借対照表もしくは損益計算書の作成または株主総会もしくは取締役会の運営に関する業務

(viii)　当該私募または私募の取扱いの相手方となる日前5年以内に提出された有価証券届出書（金融商品取引所に発行株式を上場しようとする会社が提出するものに限る）において、株式の所有数の上位50位までの株主として記載されている者（同条8号）

(ix)　当該私募または私募の取扱いの相手方となる日前5年以内に提出された有価証券届出書または有価証券報告書において、株式の所有数の上位10位までの株主として記載されている者（同条9号）

(x)　認定経営革新等支援機関[12]（同条10号）

(xi)　上記(i)～(v)、(vii)～(x)のいずれかに該当する個人に係る次のいずれかに該当する会社等[13]（同条11号）

(a)　当該個人が総株主等の議決権の100分の50を超える議決権を保有する会社等（当該会社等の子会社等および関連会社等を含む）

(b)　当該個人が総株主等の議決権の100分の20以上100分の50以下の議決権を保有する会社等

(xii)　上記(i)～(x)のいずれかに該当する会社等の子会社等または関連会社等（同条12号）

11　会社が現に行っている事業と異なる種類の事業であって、新商品の開発または生産、新役務の開発または提供、商品の新たな生産または販売の方式の導入、役務の新たな提供の方式の導入その他の新たな事業活動をいう（金商業等府令233条の3第7号イ）。

12　中小企業の新たな事業活動の促進に関する法律17条2項に規定する認定経営革新等支援機関をいう（金商業等府令233条の3第10号）。

13　会社、組合その他これらに準ずる事業体（外国におけるこれらに相当するものを含む）をいう（金商業等府令233条の3第11号）。

(3) 適格機関投資家、特定投資家、適格機関投資家および特例業務対象投資家の関連表

数字は上記(2)内の番号に対応している。

	特定投資家	適格投資家	特例業務対象投資家
適格機関投資家	①	①	適格機関投資家等特例業務の対象となる投資家ではある
国、日本銀行	②	②	②
特別の法律により特別の設立行為をもって設立された法人	③	③	③
投資者保護基金、預金保険機構、農水産業協同組合貯金保険機構、保険契約者保護機構	④	④	―
特定目的会社、外国法人、金融商品取引業者	⑤	⑤	⑤
上場会社	⑤	⑤	⑤
上場会社の子会社等、関連会社等	―	⑯	⑯
特例業務届出者である法人	⑥	⑥	⑥
資本金5億円以上と見込まれる株式会社	⑥	⑥	⑥
地方公共団体	―	⑦	⑦
ファンドの運営者（自己募集または自己運用を行う者）	―	⑧	⑧
金融商品取引業者等（実質的に対象となるのは、登録金融機関）	―	⑧	⑧
金融商品取引業者等の子会社等、関連会社等	―	⑯	⑯

	特定投資家	適格投資家	特例業務対象投資家
資本金5,000万円以上の法人、純資産5,000万円以上の法人	—	⑨	⑨
資本金5,000万円以上の法人または純資産5,000万円以上の法人の子会社等、関連会社等	—	⑯	⑯
保有する投資性金融資産が100億円以上と見込まれる企業年金基金	—	⑩	⑩
1億円以上の投資性金融資産を保有する個人	—	⑪	⑪
一定の公益社団法人および公益財団法人	—	⑫	⑫
一定の存続厚生年金基金	—	⑬	⑬
一定の外国の年金基金	—	⑭	⑭
1億円以上の投資性金融資産を保有する法人	—	⑮	⑮
一定の外国ファンドのGP	—	⑰	⑰
一定の資産管理会社	—	⑱	⑱
ファンドの密接関係者	—	⑲	⑲
組合型ファンドに関する一定の投資家	—	⑳	⑳（条件）

第 5 章

適格機関投資家等特例業務

① 概　　要

　投資ファンドに係る自己募集・自己運用が適格機関投資家等特例業務に該当する場合には、金融商品取引業に係る登録義務の適用が除外される（金商法63条1項、2項）。他方、行為規制、帳簿の保存義務、一定の届出義務が課され検査の対象となるなど同様の行為を行う金融商品取引業者と類似の規制に服する。なお、一定の要件を満たすファンドについてはさらに特別の取扱いが認められており（いわゆるベンチャー・ファンド特例）、これについては下記6参照。

② 要　　件

(1)　適格機関投資家等特例業務の要件

　適格機関投資家等特例業務の要件は①投資家に関する要件、②ファンド運営者が一定の欠格事由に該当しないこと（金商法63条7項）、③（自己募集の場合）ファンド持分について一定の譲渡制限があること（金商法63条1項1号、同施行令17条の12第4項、金商業等府令234条）である。
　①投資家に関する要件は、さらに以下の(i)から(v)までに分けることができる。

(i)　適格機関投資家等特例業務として運営するファンド（以下「対象ファンド」という）の投資家に適格機関投資家（金商法2条3項1号、定義府令10条）を含むこと（金商法63条1項）

(ii)　対象ファンドの投資家が適格機関投資家と特例業務対象投資家に限られていること（金商法63条1項、同施行令17条の12第1項、2項、金商業等府令

233条の２、233条の３）

(iii) 特例業務対象投資家の人数が49名以下であること（金商法63条１項、金商業等府令235条）

(iv) 対象ファンドの投資家に不適格投資家が存在しないこと（金商法63条１項、金商業等府令235条）

(v) 一定の投資家による出資が所定の割合を超えないこと（金商法63条１項、金商業等府令234条の２）

(2) 特例業務対象投資家の範囲

　適格機関投資家等特例業務の対象顧客のうち適格機関投資家以外の「特例業務対象投資家」は、大きく分けて①投資判断能力を有する者と②対象ファンドと密接な関係を有する者に分けられる。特例業務対象投資家に該当する投資家の種類および他の投資家区分との関係については第４章４を参照。なお、一定の要件を満たすファンド（ベンチャー・ファンド）については、受入可能な投資家の範囲が広がる（金商法施行令17条の12第２項、金商業等府令233条の３）。詳細は下記６参照。

　特例業務対象投資家への該当性は、私募または私募の取扱いの相手方となる時点において要件を満たしていることが求められているため、取得勧誘時に要件を満たしていればファンドへの出資後に要件を満たさなくなった場合であっても、すでに出資を受けた資産の自己運用について適格機関投資家等特例業務の該当性が失われることはない。また、キャピタル・コールは投資家に対してファンドへの出資を求めるものであるが、当初の契約において定められた義務の履行にすぎず新たなファンド持分の取得勧誘ではないため、特例業務対象投資家の該当性は問題とならない（2016年金融庁パブコメ４頁13番、14番）。他方、組成ずみのファンドについて追加募集を行う場合、追加募集の対象者についてはそれぞれ特例業務投資家該当性が問題となる。

(3) 特例業務対象投資家の人数計算

　適格機関投資家の参加については数に限りがないが、適格機関投資家以外の特例業務対象投資家については、49名以下である必要がある（金商法63条1項、同施行令17条の12第3項）。

　特例業務対象投資家49名以下の計算にあたっては、投資家に非居住者が含まれる場合であっても、国内において勧誘が行われるのであれば当該非居住者を計算から除外することはできない。他方、国外において非居住者である外国投資家を相手方として取得勧誘が行われる場合には、当該外国投資家については、適格機関投資家等特例業務に関する特例の適用要件の該当性を判断するにあたり、考慮する必要がない（2007年金融庁パブコメ541頁17番、18番、2016年金融庁パブコメ27頁93番参照）。

(4) 不適格投資家がいないこと

　以下の①～④の者を不適格投資家といい、投資家に不適格投資家が含まれていないことが適格機関投資家等特例業務の要件となる（金商法63条1項、金商業等府令235条）。

① 　資産流動化法上の特定目的会社のうち、その発行する資産対応証券を適格機関投資家以外の者が取得している者（金商法63条1項1号イ）

② 　集団投資スキーム持分に対する投資事業に係る匿名組合で、適格機関投資家以外の者を匿名組合員とするものの営業者または営業者となろうとする者（同号ロ）

③ 　特定目的会社またはこれと同様の事業を営む事業体であって、事業内容の変更が制限されている事業体のうち、その発行する社債、株式、CP等を適格機関投資家以外の者が取得している者（同号ハ、金商業等府令235条1項1号）

④ 　適格機関投資家以外の者を投資家とするファンドであって、以下の(i)ま

たは(ii)に該当しないもの（以下「投資家ファンド」という）（金商法63条1項1号ハ、金商業等府令235条1項2号）

（i）　投資家ファンドが投資事業有限責任組合契約または有限責任事業組合契約（リミテッド・パートナーシップ等、これらに類する外国の法令に基づく契約を含む）である場合であって、投資家ファンドの出資者のうち適格機関投資家以外の者および投資家ファンドが出資する特例業務の対象となるファンド（以下「対象ファンド」という）の出資者のうち適格機関投資家以外の者の合計が49名以下である場合（ただし、投資家ファンドの運営者が投資運用業を行う金融商品取引業者等であるときは、投資家ファンドの適格機関投資家以外の者の数を合算する必要はない）

（ii）　投資家ファンドおよび対象ファンドの運営者が同一である場合であって、投資家ファンドの出資者のうち適格機関投資家以外の者および対象ファンドの出資者のうち適格機関投資家以外の者の合計が49名以下である場合

　なお、上記の投資家ファンドおよび対象ファンドの適格機関投資家以外の者の合算について金融庁は、「いわゆる「親ファンド」（匿名組合に出資するすべてのLPS）の一般投資家の数を合計する必要がある」（2007年金融庁パブコメ549頁54番）との見解を示しており、投資家ファンドすべての適格機関投資家以外の者を合算すべきとしている[1]。

　なお、投資家に非居住者が含まれる場合であっても、国内において勧誘が行われるのであれば、上記計算に際して当該非居住者を計算から除外することはできないのは上記(3)と同様である。

(5)　一定の投資家の出資割合に関する要件

　一定の投資家による出資割合について、以下の場合には適格機関投資家等特例業務には該当しない（金商法63条1項、金商業等府令234条の2）。

①　対象ファンドに出資を行う適格機関投資家が投資事業有限責任組合のみ

であって、これらの組合がいずれも5億円以上の運用資産残高（借入れを除く）を有しない場合（金商法63条1項1号、2号、金商業等府令234条の2第1項1号、2項1号）。

② 特例業務届出者の子会社等、対象ファンドの資産運用権限を受託する者、対象ファンドに対して投資助言を行う者、およびこれらの役職員など（言い換えると、第4章4(2)⑲ファンドの密接関係者にしか該当しない者（ただし、運営者自身の役員、使用人および親会社等を除く））からの出資割合が2分の1以上である場合（金商法63条1項1号、2号、金商業等府令234条の2第1項2号イ、2項2号イ）。ベンチャー・ファンド特例（下記6参照）に依拠する場合は、その場合に拡大される範囲の投資家につき、それがファンドの出資総額の2分の1以上である場合も適格機関投資家等特例業務には該当しないこととなる（金商法63条1項1号、2号、金商業等府令234条の2第1項2号ロ、2項2号ロ）。

　この②の場合に該当しないことを示すものとして、特例業務に関する届出書の添付資料として「密接な関係を有する者並びに投資に関する事項について知識及び経験を有する者が出資又は拠出をする金銭その他の財産の総額等に関する書面」を提出する必要がある（金商法63条3項3号、金商業等府令238条の2第1項3号ロ、4号ロ）。この書面においては、ファンドの密接関係

1　条文の文言に照らしてみるとこのように解釈することは困難と考えられ、投資家ファンドそれぞれについて、対象ファンドと投資家ファンドの適格機関投資家以外の者を合算して検討すべきである。たとえば、対象ファンドの投資家が、(i)適格機関投資家1名、(ii)適格機関投資家以外の者10名、(iii)30名の適格機関投資家以外の者を有する投資家ファンドA、(iv)20名の適格機関投資家以外の者を有する投資家ファンドBであり、投資家ファンドAおよび投資家ファンドBの運営者が適格機関投資家ではなく投資運用業を行う金融商品取引業者等でもない場合、投資家ファンドAについては、対象ファンドの適格機関投資家以外の者10名＋投資家ファンドAの適格機関投資家30名＋投資家ファンドBの運営者1名＝41名と計算し、投資家ファンドBについては対象ファンドの適格機関投資家以外の者10名＋投資家ファンドBの適格機関投資家以外の者20名＋投資家ファンドAの運営者1名＝31名という計算を行うべきである。3つのファンドの適格機関投資家以外の者を合計する（10名＋30名＋20名＝60名）という計算はすべきでない。

者にしか該当しない者（ただし、運営者自身の役員、使用人および親会社等を除く）、適格機関投資家のほか、ベンチャー・ファンド特例に依拠する場合は、その場合に拡大される範囲の投資家（下記6⑵参照）につき、それぞれの出資の総額を記載し、それがファンドの出資総額の2分の1未満となっていることが示されている必要がある。ここでの金額は、キャピタル・コール方式を採用している場合、コミットメントの金額ではなく、実際に出資を受けた金額を指す（2016年金融庁パブコメ43頁147番、73頁264番等）。したがって、コミットメントだけでは2分の1に該当するかどうかの計算の分子にも分母にも入らない。「届出の時点において出資額又は拠出額が確定していない場合は、『やむを得ない事由があるとき』（金商業等府令第238条の2第1項ただし書）に当たると考えられ、同項ただし書の規定に基づき、実際に金銭その他の財産の出資又は拠出を受けた段階で、これらの書面を提出することが適当と考えられます」とされ（2016年金融庁パブコメ73頁264番）、実務上は、上記書面は届出時に実際の出資がなければ、出資がなされるまで提出不要との扱いがなされている。

⑹　ファンド運営者の欠格事由

　金融商品取引業者の登録拒否事由と同様に、適格機関投資家等特例業務を行うことができる者の欠格事由が定められている（金商法63条7項）。

　具体的には、国内法人の場合、①金商法違反による登録取消等を受けた法人、②金融サービスに関する法令の違反による罰金に処せられた法人、③役員が破産手続開始の決定を受けて復権を得ない者、④役員が禁錮以上の刑に処せられた者、⑤役員が金商法違反による登録取消等を受けた法人の役員であった者、⑥役員または政令で定める使用人のうちに暴力団員等のある者は、適格機関投資家等特例業務の特例を利用できない。

　また、外国法人の場合には、上記に加え、①国内における代表者を定めていない者、②日本政府の調査協力の要請に応じる旨の本拠地等の規制当局に

よる保証がない者も、適格機関投資家等特例業務の特例を利用できない。ここでいう「国内における代表者」は、適格機関投資家等特例業務を行う外国法人に代わり、行政庁との窓口対応を担う性格のものであり、外国法人である特例業務届出者について国内に人的・物理的な拠点の設置が求められているわけではない（2016年金融庁パブコメ90頁等）。また、②については、現在のところほとんどの国について保証があるため、問題になることはまれである。

なお、個人の場合にも同様の欠格事由が定められている。

(7) 自己募集の場合の譲渡制限

適格機関投資家等特例業務のうち、自己募集については、適格機関投資家および特例業務対象投資家以外の者がファンド持分を取得するおそれが少ないことが必要とされ、以下の要件を満たす必要がある（金商法63条1項1号、金商法施行令17条の12第4項）。

① 当該持分の取得勧誘に応ずる取得者が適格機関投資家である場合には、ファンド契約その他の法律行為により、当該持分を適格機関投資家に譲渡する場合以外の譲渡が禁止される旨の制限が付されていること

② 当該持分の取得勧誘に応ずる取得者が特例業務対象投資家である場合には、次に掲げるすべての要件を満たすこと

　(i) ファンド契約その他の法律行為により、持分を一括して適格機関投資家または特例業務対象投資家に譲渡する場合以外の譲渡が禁止される旨の制限が付されていること。

　(ii) 当該持分の取得勧誘に応ずる特例業務対象投資家の人数と、当該持分が発行される日以前6カ月以内に発行された同一ファンドの持分についての取得勧誘に応じて取得した特例業務対象投資家の人数との合計が49名以下となること。

なお、自己運用のみを適格機関投資家等特例業務で行う場合であっても、

期中にファンド持分の譲渡が行われる場合、当該譲渡の取得勧誘および譲渡の時点で適格機関投資家または特例業務対象投資家であることを満たす必要があるため（2016年金融庁パブコメ4頁15番、16番）、上記と同様の措置をとる必要がある。

③ 届出書の事前提出義務

　適格機関投資家等特例業務を行う場合、事前に届出書を提出しなければならない（金商法63条2項）。記載事項は金商法63条2項および金商業等府令238条に規定されているが、基本的には金商業等府令別紙様式第20号に従って作成すればよい（金商業等府令236条1項）。届出書は英語での作成も認められる（同条2項）。

　金商法63条2項および金商業等府令238条に規定されている届出書の記載事項を、別紙様式第20号に沿って整理すると以下のとおりとなる。

① 第1面・第2面記載事項

　(i) 商号、名称または氏名

　(ii) 主たる営業所または事務所の名称・所在地・電話番号

　　　登記上の本店所在地に実際の営業拠点がない場合は、実際に業務を行っている所在地を主たる営業所として届出を行う必要があり、主たる営業所と登記上の本店所在地を併記する。

　(iii) 業務の種別

　　　「私募」と「運用」のそれぞれについて該当の有無を記載する。

　(iv) 届出者のホームページアドレス

　(v) 他に事業を行っているときは、その事業の種類

　(vi) （法人の場合）資本金の額または出資の総額

② 第3面記載事項

(i)　出資対象事業持分の名称および種別

　　　ファンドの名称、および「民法上の組合契約」「匿名組合契約」「投資
　　事業有限責任組合契約」「有限責任事業組合契約」「社団法人の社員権」
　　「外国の法令に基づく権利」または「その他の権利」の別について記載
　　する。

　(ii)　出資対象事業の内容

　　　ファンドの「商品分類」としての「ヘッジファンド」「アクティビス
　　トファンド」等の記載に加え、「内容」として投資方針・戦略等の概要
　　を記載することが求められている（2016年金融庁パブコメ57頁200番）。

　(iii)　金商業等府令233条の3各号に掲げる者を相手方として出資対象事業
　　持分の私募を行う場合には、その旨

　　　ベンチャー・ファンド特例で追加された出資者が含まれる場合に
　　「有」と記載する。

　(iv)　上記の場合に、出資対象事業の貸借対照表および損益計算書またはこ
　　れらに代わる書面について監査を行う公認会計士または監査法人の氏名
　　または名称

　　　ベンチャー・ファンド特例で追加された出資者が含まれる場合に記載
　　する。

　(v)　適格機関投資家の商号、名称または氏名、種別

　　　「種別」とは、定義府令10条1項各号の種別をいう。適格機関投資家
　　は、全員について商号、名称または氏名の記載が求められる。もっと
　　も、これから勧誘する段階においては、見込みを記載すれば足り、およ
　　そ勧誘する可能性のある適格機関投資家をすべて列挙する必要はないと
　　考えられる。なお、適格機関投資家を「未定」として提出することは認
　　められていない。

③　第4面記載事項

　(i)　（法人の場合）役員の氏名または名称

(ii) 政令で定める使用人があるときは、その者の氏名

　　届出書に記載すべき使用人は、以下のイ、ロの者をいう（金商法63条
　2項4号、金商法施行令17条の13、金商業等府令237条）。

　イ　適格機関投資家等特例業務に関し、法令等を遵守させるための指導
　　に関する業務を統括する者、代行しうる地位にある者

　ロ　適格機関投資家等特例業務に関し、運用を行う部門を統括する者、
　　金融商品の価値等の分析に基づく投資判断を行う者

　　適格機関投資家等特例業務を行うためにこれらの者が法律上必要と
　いうわけではなく、該当する者がいない場合には、その旨を記載すれ
　ば足りる。

(iii) 適格機関投資家等特例業務を行う営業所または事務所の名称・所在
　地・電話番号

(iv) （外国法人の場合）国内における代表者の所在地または住所および電話
　番号

(v) （外国に住所を有する個人の場合）国内における代理人の氏名、商号ま
　たは名称、所在地または住所および電話番号

　届出書には、①誓約書（欠格事由に該当しないこと等）、②届出者が法人の
場合には、定款および登記事項証明書、③届出者（法人の場合は役員）・重要
な使用人の履歴書・住民票抄本、④届出者（法人の場合は役員）・重要な使用
人が破産者に該当しない旨の官公署の証明書またはこれに代わる書面、⑤重
要な使用人（法人の場合は役員を含む）が精神機能障害により認知、判断およ
び意思疎通を適切に行うことができない者、禁錮以上の刑に処せられた者、
登録取消を受けた法人の役員であった者、暴力団員等に該当しないことを当
該役員・重要な使用人が誓約する書面、⑥適格機関投資家が投資事業有限責
任組合である場合においては、組合契約に基づき当該組合契約の相手方のた
めに運用を行う金銭その他の財産の総額および当該組合の借入金の額を証す
る書面、⑦組成するファンドの出資金総額ならびに届出者と密接な関係を有

する者（当該特例業者の役員・使用人、親会社等は除く）および投資に関する事項について知識および経験を有する者からの出資金総額を証する書面、を添付しなければならない。ただし、やむをえない事由があるときは、当該届出書の提出後遅滞なく提出すれば足りる（金商法63条3項、金商業等府令238条の2）。これらの書面についても英語での作成が認められる（金商業等府令238条の2第2項）。

　届出事項に変更があった場合は、遅滞なくその旨を届け出る必要がある（金商法63条8項）。実務的には、見込みで記載した適格機関投資家について投資が行われないことになった場合や記載していなかった適格機関投資家から投資を受けた場合に、変更の届出を行う必要が生じる。

 ## 公衆縦覧

　上記3の届出をしたときは、遅滞なく、金商業等府令別紙様式第20号の2に従って作成した書面（届出事項のうち一定の内容）を、以下のいずれかの方法により公衆の縦覧に供する必要がある（金商法63条6項、金商業等府令238条の5）。

①　主たる営業所もしくは事務所および特例業務を行うすべての営業所もしくは事務所に書面にて備え置く
②　自社のウェブサイトへの掲載等の方法[2]

2　金融庁は「外国法人である特例業務届出者が、海外グループの中核会社が有するグループ全体のウェブサイトを当該特例業務届出者のホームページとして届け出た上で、当該ウェブサイトを利用して公表を行うことは可能である」（2016年金融庁パブコメ88頁316番）との見解を示している。外国ファンドの場合や外国の投資家をも対象としている場合、個別ファンドの情報をウェブサイトに掲示する行為がそれぞれの国の法制によってGeneral Solicitation、General Marketingに該当し追加の規制が課せられる可能性があるため、どのような形で掲示するか検討が必要となる。

⑤ 適用ある業規制

(1) 総　説

　私募または自己運用を行う金融商品取引業者とほぼ同様の行為規制、法定帳簿の作成・保存義務などが適用される（金商法63条11項）[3]。2016年3月1日に施行された金商法改正前までは、虚偽告知の禁止（同法38条1号）および損失補てん等の禁止（同法39条）の規制ならびにこれらの規定に係る罰則のみが適用されていたが、同改正以降は、特例業務届出者に適用のある規制の範囲が拡張された[4]。

　金融商品取引業者等が適格機関投資家等特例業務を行う場合についても、金融商品取引業者等が行う場合と基本的に同様の規制が適用となる（同法63条の3第3項1号、2号）[5]。

　特例業務届出者は、適格機関投資家等特例業務を廃止すれば、これらの規制を受けなくなる[6]。廃止できる場合としては、新たな勧誘を中止し、かつ運用については適格機関投資家等特例業務以外の理由で金融商品取引業からの除外行為に該当するケース（たとえば海外業者がファンド運営者（GP）として一定の外国ファンドの投資運用行為を行う場合（第4章1(2)b参照））など

3　特例業務届出者を金融商品取引業者とみなして適用される。

4　2016年3月1日よりも前に組成されたファンドについて経過措置として一部の規制の適用除外が認められているが、適用される規制も多いため注意が必要である。

5　ただし、一部の点において違いがある。たとえば、金商法第3章第2節第6款の弊害防止措置等の規定は適用除外とされておらず、金融商品取引業者等が適格機関投資家等特例業務を行う場合には適用があるものと考えられる。

6　2016年金融庁パブコメ137頁503番。特例業務届出者は、適格機関投資家等特例業務を廃止したときは、遅滞なく廃止を届け出なければならない（金商法63条の2第3項2号）。なお、事業年度経過後3カ月以内に廃止の届出がなされた場合、当該事業年度に係る事業報告書の提出や説明書類の縦覧は求められない（2016年金融庁パブコメ126頁459番）。

がある。

(2) 特定投資家制度

　特例業務届出者に適用のある行為規制について、金融商品取引業者の場合と同様に特定投資家制度が適用される（金商法63条11項、第3章第1節第5款、45条）。特定投資家制度については詳細は第8章5のとおりである。また、金融商品取引業者に適用される特定投資家制度とは異なるものであるが、適格機関投資家等特例業務に係る契約の相手方が特定投資家である場合には、運用報告書の交付義務が免除される（同法42条の7第1項、金商業等府令134条5項4号）。

　特定投資家はプロの投資家といわれることがあるが、その範囲は適格機関投資家よりも広く、特例業務対象投資家よりも狭い。特例業務対象投資家であるからといって特定投資家となるわけではなく、個別に検討することが必要となる点には注意が必要である。

(3) 行為規制

　特定投資家のみを相手方とする場合であっても適用のある行為規制は以下のとおりである。

① 　顧客に対する誠実義務（金商法36条1項、第8章1参照）

② 　名義貸しの禁止（同法36条の3、第8章2参照）

③ 　虚偽告知の禁止（同法38条1号、第8章8(1)参照）

④ 　断定的判断等の提供の禁止（同条2号、第8章8(1)参照）

⑤ 　内閣府令で定める禁止行為[7]（同条8号、第8章8(1)参照）

7　契約締結前交付書面等の記載事項に関する説明が不十分なまま契約を締結する行為（金商業等府令117条1項1号）、契約の締結または勧誘に関して虚偽の表示等をする行為（同項2号）、特別利益の提供（同項3号）、偽計、暴行、脅迫（同項4号）などが禁止されている。

⑥　損失補てん等の禁止（同法39条、第8章9参照）

⑦　顧客情報の取扱いに係る規制、および内閣府令で定める禁止行為[8]（同法40条2号、第6章7(4)a、c〜g、第7章2(2)b、(3)、第8章8(1)参照）

⑧　分別管理が確保されていない場合の売買等の禁止（同法40条の3、第8章17参照）

⑨　金銭の流用が行われている場合の募集等の禁止（同法40条の3の2、第8章18参照）

⑩　忠実義務および善管注意義務（同法42条、第9章1参照）

⑪　自己取引等の禁止（同法42条の2第1号、第9章5参照）

⑫　運用財産相互間の取引の禁止（同条2号、第9章5参照）

⑬　スキャルピングの禁止（同条3号、第9章5参照）

⑭　通常の取引の条件と異なる取引の禁止（同条4号、第9章5参照）

⑮　運用情報を利用した自己計算による取引の禁止（同条5号、第9章5参照）

⑯　運用行為に関する損失補てん等の禁止（同条6号、第9章4参照）

⑰　運用行為に関する内閣府令で定める禁止行為[9]（同条7号、第9章5参照）

⑱　分別管理（同法42条の4、第9章7参照）

特定投資家以外の投資家を相手方とする場合には、以下の規制も適用される（同法45条、42条の7第1項、金商業等府令134条5項4号）。

①　広告等の規制（金商法37条、第8章3参照）

②　契約締結前の書面の交付（同法37条の3、第8章11参照）

③　契約締結時等の書面の交付（同法37条の4、第8章12参照）

8　適格機関投資家等特例業務を適切に行っていないと認められる状況にあること（金商業等府令123条1項30号）などが禁止されている。

9　監査役等との取引を内容とした運用（金商業等府令130条1項1号）、自己・第三者の利益を図るため、権利者の利益を害する取引を内容とした運用（同項2号）、第三者の利益を図るため、運用方針等に照らして不必要な取引を内容とした運用（同項3号）、不当な取引制限を受けた運用（同項4号）、第三者の代理人となって当該第三者との取引を内容とした運用（同項6号）、取引申込後の運用財産の特定（同項7号）、運用権限の再委託に関する措置を講じないで行う委託（同項10号）などが禁止されている。

④　適合性の原則（同法40条1号、第8章6参照）

⑤　運用報告書の交付（同法42条の7、第9章9参照）

　なお、特例業務届出者は、金融商品取引業者と同様に、一般投資家への移行（アマ成り）可能な特定投資家に対してアマ成り可能な旨を告知しなければならない（同法63条11項、34条）。詳細は第8章5(4)c参照。

(4)　帳簿書類

　特例業務届出者は、金融商品取引業者と同様、その業務に関する帳簿書類を作成し、これを保存しなければならない（金商法63条の4第1項、金商業等府令246条の2第1項、3項）。

　自己募集・自己運用のいずれかを行う際に必要となる帳簿書類および保存期間は以下のとおりである（金商業等府令246条の2第1項1号、3項）[10]。

帳簿書類	保存期間
①　特定投資家による一般投資家への移行に係る交付書面（承諾をする場合の交付書面）の写し（金商業等府令157条1項1号イ(1)、金商法34条の2第3項）	作成の日から5年間
②　一般投資家である個人による特定投資家への移行に係る交付書面（移行説明書）の写し（金商業等府令157条1項1号イ(2)、金商法34条の4第2項）	作成の日から5年間
③　一般投資家による特定投資家への移行に係る当該顧客が作成した同意書面（金商業等府令157条1項2号イ、金商法34条の3第2項、34条の4第6項）	効力を失った日から5年間
④　契約締結前交付書面の写し（金商業等府令157条1項1号イ(3)、金商法37条の3第1項）	作成の日から5年間
⑤　契約締結時交付書面の写し（金商業等府令157条1項1号イ(4)、金商法37条の4第1項）	作成の日から5年間

10　対象顧客の範囲によって該当がない場合には作成義務がないと考えられる。たとえば、一般投資家への移行ができない特定投資家のみを相手方とする場合には、①から⑥のすべてについて作成義務はない。

66

帳簿書類	保存期間
⑥　契約変更書面の写し（金商業等府令157条１項１号ニ）	作成の日から５年間

　自己募集について必要となる帳簿書類および保存期間は以下のとおりである（金商業等府令246条の２第１項２号、３項、第８章16参照）。

帳簿書類	保存期間
⑦　自己募集に係る取引記録（金商業等府令157条１項７号、162条）	作成の日から10年間
⑧　顧客勘定元帳（金商業等府令157条１項９号、164条）	作成の日から10年間

　自己運用について必要となる帳簿書類および保存期間は以下のとおりである（金商業等府令246条の２第１項３号、３項、第９章11参照）。

帳簿書類	保存期間
⑨　自己運用に係る契約その他の法律行為の内容を記載した書面（運用権限を委託した場合には、委託契約書を含む）（金商業等府令157条１項17号イ）	契約その他の法律行為に係る業務の終了の日から10年間
⑩　運用報告書の写し（金商業等府令157条１項17号ロ）	作成の日から10年間
⑪　運用明細書（金商業等府令157条１項17号ハ、170条）	作成の日から10年間

　帳簿書類は、英語で記載することができる（金商業等府令246条の２第２項）。

(5)　事業報告書・説明書類

a　事業報告書

　特例業務届出者は、事業年度ごとに事業報告書を作成し、原則として毎事業年度経過後３カ月以内に所轄財務局長に提出しなければならない（金商法63条の４第２項、194条の７第１項、金商法施行令42条１項12号）。

　事業報告書は、金商業等府令別紙様式第21号の２により作成されることになるが（金商業等府令246条の３第１項）、細かい事項まで記載が求められる。具体的には、①当期の業務概要、②株主総会決議事項（適格機関投資家等特例業務に関連するもの）の要旨、③当期末現在における上位10位までの株主、④外部監査の状況、⑤私募の状況[11]、⑥内部管理の状況、⑦設定および償還

の状況、⑧自己または関係会社が発行する有価証券の組入状況、⑨出資額が大きい適格機関投資家の上位10名、⑩主な投資対象資産、⑪投資対象地域、⑫総出資額の10％以上の取引に関する金融商品取引行為の相手方の状況[12]、⑬配当等の額、⑭想定配当等利回り、⑮経理の状況（貸借対照表および損益計算書）などの記載が求められる。

もっとも、出資者がプロの投資家である特定投資家のみである場合には、上記⑫の総出資額の10％以上の取引に関する金融商品取引行為の相手方の状況、上記⑬の配当等の額、上記⑭の想定配当等利回りなど一部の記載を省略することができる。

b 説明書類

事業年度ごとに説明書類を作成し、毎事業年度経過後4カ月を経過した日から1年間、これを以下のいずれかの方法で公衆縦覧に供しなければならない（金商法63条の4第3項）。

①　主たる営業所もしくは事務所および特例業務を行うすべての営業所もしくは事務所に書面にて備え置く

②　自社のウェブサイトへの掲載等の方法

説明書類は、金商業等府令別紙様式第21号の3に従って作成するか、または事業報告書の写しを説明書類とすることができる（金商業等府令246条の5）。

事業報告書をそのまま説明書類とすれば事務負担を減らすことができるが、同様式に記載すべき内容は事業報告書の内容よりも少ないため、情報の守秘性という観点からは、同様式に従うほうが望ましいことが多いと考えられる。

11　ファンド数や契約額も記載が必要である。なお、海外業者の場合、海外の投資家が相手の場合は記載の対象外だが、海外の適格機関投資家については記載が必要である。

12　実際に払い込まれた出資金をもとに計算されるため（2016年金融庁パブコメ121頁437番）、キャピタル・コール方式のファンドの場合、ファンド組成から間もない取引はすべて記載が必要となる。

(6)　監督上の処分等、報告の徴取および検査

　特例業務届出者は、金融商品取引業者と同様に、特例業務届出者の業務の運営に関し、行政処分（業務改善命令、業務停止命令、業務廃止命令）の対象となりうる（金商法63条の5）。

　また、特例業務届出者は、行政当局への報告もしくは資料の提出が求められ、または行政当局による検査の対象とされることがある（同法63条の6）。

ベンチャー・ファンド特例

(1)　概要および要件

　以下の①〜⑤をすべて満たす場合、受入れ可能な投資家の範囲が広がる等、適格機関投資家等特例業務の特例が認められる。この要件を「ベンチャー・ファンド特例」ということもあるが、これらの要件を満たすファンドは、一般に理解されるベンチャー・ファンドよりも広く、プライベート・エクイティ・ファンドなども含まれうる（金商法施行令17条の12第2項、金商業等府令233条の4）。

①　出資金（現預金を除く）の80％超を非上場会社の株券、新株予約権証券等に投資するものであること

②　資金の借入れまたは債務の保証の額が出資額の15％未満であり、かつ、非上場の投資先企業に対する保証ならびに120日以内の借入れおよび保証のいずれかに限られること

③　やむをえない事由がある場合を除き、出資者の請求により払戻しを受けることができないこと

④　契約において、(i)財務諸表等の作成、(ii)出資者に対する監査済監査報告

書の提供、(iii)投資実行時における出資者に対する報告、(iv)年次出資者集会による報告、(v)出資者の多数決によるファンド資産運用者の選解任、(vi)出資者の多数決による契約の変更などが定められていること

⑤　契約の締結までに、出資者に対し、上記①〜④に掲げる要件に該当する旨を記載した書面を交付すること

(2)　受入れ可能な投資家の範囲

ベンチャー・ファンド特例の要件を満たす場合、ファンドの投資家として受入れ可能な投資家の範囲が広がる（金商業等府令233条の3）。具体的な範囲については第4章4を参照。

(3)　その他効果

ベンチャー・ファンド特例の要件に該当する場合、ファンド契約書の写しを、原則として適格機関投資家等特例業務に関する届出後3カ月以内に提出しなければならない（金商法63条9項、金商法施行令17条の13の2、金商業等府令239条の2第3項）。契約について所定の事項（上記(1)④参照）に変更があった場合には、当該変更に係る契約書の写しを提出しなければならない（金商法63条10項、金商業等府令239条の2第7項）。これらの契約書が日本語または英語により記載されていない場合、日本語または英語による訳文を付さなければならない（金商業等府令239条の2第8項）。

また、ベンチャー・ファンド特例の要件に該当する場合、運用財産相互間取引の禁止に例外が認められている。以下の要件をすべて満たす場合には、運用財産相互間取引を行うことが許される（金商業等府令129条1項3号）。

①　個別の取引ごとに双方の運用財産のすべての権利者に取引説明を行い、当該すべての権利者の有する出資対象事業持分の3分の2（これを上回る割合を定めた場合にあっては、その割合）以上に当たる多数の同意を得たものであること

② 　対象有価証券売買取引等であって公正な価額[13]により行うものまたは不動産信託受益権に係る売買であって合理的な方法により算出した価額により行う取引であること

　なお、対象有価証券売買取引等または不動産信託受益権に係る売買でなければ（たとえば、未上場株等市場価格が存在しないもの）、②の要件は不要だが、①の取引説明には、取引価額の算出方法も含めて説明することが必要となる（金商業等府令129条1項4号、2016年金融庁パブコメ102頁370番）。

　さらに、運用報告書の対象期間を1年とすることができる（ベンチャー・ファンド特例の適用がないファンドは6カ月）ほか（金商業等府令134条3項2号）、記載事項のうち「金融商品取引行為の相手方の商号、名称又は氏名」について、ファンド契約に当該相手方から同意を得られない場合は当該相手方の商号、名称または氏名の記載を要しない旨が定められている場合には当該同意が得られなかった場合には記載を省略することができる（同条1項3号ハ）。

13　金商業等府令129条3項に従うことが求められる。

第 6 章

金融商品取引業の登録

① 総　説

　金融商品取引業を行うには、原則として登録が必要である（金商法29条）。投資ファンドに関連するビジネスにおいて主として問題となるのは、投資運用業（ファンドの自己運用、投資一任）、第二種金融商品取引業（ファンド持分の自己募集、募集または私募の取扱い）、投資助言・代理業（投資助言、投資一任契約または投資顧問契約の締結の代理、媒介）である（詳細は第4章参照）ため、以下ではこれらの金融商品取引業の登録について整理する。

　なお、組合が投資ファンドの運営者となる場合があるが、組合には基本的に法主体性は認められないため、この場合には、組合が金融商品取引業者になるのではなく、当該組合の運営者である法人または個人が金融商品取引業者として登録すべきである。

　金融商品取引業者としての登録を申請するにあたっては、必要書類（金商法29条の2第1項、2項、金商業等府令9条）を準備することは当然必要だが、その前提として、登録拒否事由（金商法29条の4）に該当しない人的構成および社内体制を整えることが必要である（同法29条の3第1項）。登録拒否事由に該当する場合、登録の取消、業務の停止命令の対象となることから（同法52条）、これらは登録申請時だけでなく登録後も維持する必要がある。

② 形式要件

----

(1) それぞれの金融商品取引業に特有の要件

	投資運用業	適格投資家向け投資運用業	第二種金融商品取引業	投資助言・代理業
法人性	取締役会設置会社、監査等委員会設置会社、指名委員会等設置会社、外国の法令に準拠して設立された取締役会設置会社と同種の法人（5号イ（注1））	監査役設置会社、監査等委員会設置会社、指名委員会等設置会社、外国の法令に準拠して設立されたこれらと同種の法人	要求されず（個人でもよい）	
資本金の額（注2）	5,000万円（4号イ、金商法施行令15条の7第1項4号）	1,000万円	（法人の場合）1,000万円（4号イ、金商法施行令15条の7第1項5号）	法人の場合であっても要求されず
純財産額	5,000万円（5号ロ、金商法施行令15条の9、15条の7第1項4号）		法人の場合であっても要求されず	
営業保証金	要求されず		（個人の場合）1,000万円（金商法31条の2第2項、金商法施行令15条の12第1号）	（投資助言・代理業のみを行う場合）500万円（金商法31条の2第2項、金商法施行令15条の12第2号）

	投資運用業		第二種金融 商品取引業	投資助言・ ・代理業
		適格投資家向け 投資運用業		
国内拠点	営業所、事務所（4号ロ） （外国法人の場合）国内における代表者（4号ハ） ※第二種金融商品取引業は法人の場合			要求されず
協会加入	加入または協会と同等の規則整備（4号ニ） ※第二種金融商品取引業は法人の場合			要求されず
兼業規制	一定の範囲（金商法35条、詳細 は本章8参照）に限り、損失の 危険の管理が困難でないこと（5 号ハ）		なし（金商法35条の2）	
主要株主 （注3）	不適格要件あり（5号ニ、ホ、 へ、詳細は第15章2参照）		要件なし	

（注1）　この表中では、金商法29条の4の各号については、号数から記載する。
（注2）　外国法人の場合、資本金の額に相当する概念がない場合がある。たとえば
　　　　stated capitalとadditional paid-in capitalに分かれている場合があるが、両者の額
　　　　をあわせて資本金の額としうると考えられる。
（注3）　具体的には金商法29条の4第2項に定義されているが、原則として議決権の
　　　　20％以上を保有している者をいう。

（2）　共通する要件

a　役員、重要な使用人の欠格事由

　役員、重要な使用人（政令で定める使用人）が、以下の①～⑦（欠格事由）
のいずれにも該当しないことが必要となる（金商法29条の4第1項2号）。

①　精神の機能障害により金融商品取引業に係る業務を適正に行うにあたっ
　　て必要な認知、判断および意思疎通を適切に行うことができない者（金商
　　業等府令13条の2）

②　破産手続開始の決定を受けて復権を得ない者または外国の法令上これと
　　同様に取り扱われている者

③　禁錮以上の刑（これに相当する外国の法令による刑を含む）に処せられ、

その刑の執行を終わり、またはその刑の執行を受けることがなくなった日から5年を経過しない者

④　金融商品取引業者であった法人が金融商品取引業者としての登録を取り消されたことがある場合等またはこの法律に相当する外国の法令の規定により当該外国において受けていた同種類の登録等を取り消されたことがある場合等において、その取消の日前30日以内にこれらの法人の役員であった者でその取消の日から5年を経過しない者、またはこれらと実質的に同様と解される金商法29条の4第1項2号ヘに掲げる者

⑤　金融商品取引業者であった個人が金融商品取引業者としての登録を取り消されたことがある場合等またはこの法律に相当する外国の法令の規定により当該外国において受けていた同種類の登録等を取り消されたことがある場合等において、その取消の日から5年を経過しない者、またはこれらと実質的に同様と解される同項1号ロに掲げる者

⑥　金商法の規定により解任もしくは解職を命ぜられた役員または金商法に相当する外国の法令の規定により当該外国において解任を命ぜられた役員でその処分を受けた日から5年を経過しない者

⑦　下記「b　法令違反歴の不存在」の③に掲げる法律の規定もしくは暴力団員による不当な行為の防止等に関する法律の規定またはこれらに相当する外国の法令の規定に違反し、または刑法もしくは暴力行為等処罰に関する法律の罪を犯し、罰金の刑（これに相当する外国の法令による刑を含む）に処せられ、その刑の執行を終わり、またはその刑の執行を受けることがなくなった日から5年を経過しない者

役員とは、当該法人に対し取締役、執行役またはこれらに準ずる者と同等以上の支配力を有するものと認められる者を含み、いかなる名称かは問わない（金商法29条の4第1項2号）。

重要な使用人（政令で定める使用人）とは、(i)金融商品取引業に関し、法令等（法令、法令に基づく行政官庁の処分または定款その他の規則）を遵守させ

るための指導に関する業務を統括する者およびその権限を代行しうる地位に
ある者（金商法29条の４第１項２号、金商法施行令15条の４第１号、金商業等府
令６条１項）、(ⅱ)投資助言業務または投資運用業に関し、助言または運用を
行う部門を統括する者および金融商品の価値等の分析に基づく投資判断を行
う者（金商法29条の４第１項２号、金商法施行令15条の４第２号、金商業等府令
６条２項）をいう。職務を代行しうる地位にあるかは、職務権限や決裁権限
を定めた社内規程等をもとに判断する（2007年金融庁パブコメ151頁・152頁８
番参照）。一部の権限のみが委任されているにすぎない者は、職務を代行し
うる地位にあるとはいえない（2007年金融庁パブコメ152頁10番）。

　投資助言・代理業および第二種金融商品取引業については、以上について
は法人の場合のみ適用がある。個人の場合は、登録申請者が以上の①〜⑦の
いずれにも該当しないこと（⑦は、下記「ｂ　法令違反歴の不存在」の③に掲
げる法律の規定に係る部分を除く）、重要な使用人が以上の①〜⑦のいずれに
も該当しないことが求められる。

ｂ　法令違反歴の不存在

　登録申請者が、以下の①〜③のいずれにも該当しないことが必要となる
（金商法29条の４第１項１号イ、ロ、ハ）。

①　金融商品取引業の登録を取り消される等し、その取消等の日から５年を
　経過しない者または金商法に相当する外国の法令の規定により当該外国に
　おいて受けている同種類の登録もしくは許可（当該登録または許可に類する
　認可その他の行政処分を含む）を取り消される等し、その取消等の日から５
　年を経過しない者

②　登録取消等の処分に係る聴聞の通知日から当該処分をする日または処分
　をしないことの決定をする日までに金融商品取引業の廃止等の届出をし、
　当該届出から５年を経過していない者

③　金商法、金融機関の信託業務の兼営等に関する法律、投資信託及び投資
　法人に関する法律、宅地建物取引業法、出資の受入れ、預り金及び金利等

の取締りに関する法律、貸金業法、商品投資に係る事業の規制に関する法律、不動産特定共同事業法、資産流動化法、信託業法等所定の法律またはこれらに相当する外国の法令の規定に違反し、罰金の刑（これに相当する外国の法令による刑を含む）に処せられ、その刑の執行を終わり、またはその刑の執行を受けることがなくなった日から5年を経過しない者

c 他に行う事業

他に行う事業が公益に反するものでないことが必要とされる（金商法29条の4第1項1号ニ）。

 ## 3 金融商品取引業を的確に遂行するに足りる人的構成

（1） 概　　要

主として有価証券に投資する投資ファンドに係る人的構成については、業務を適正に遂行する体制および暴力団等との関係が問題とされる（金商法29条の4第1項1号ホ、金商業等府令13条1号、2号）。なお、人的構成については行う業務との兼ね合いで必要とされる程度が異なる。

（2） 業務を適正に遂行する体制

その行う業務に関する十分な知識および経験を有する役員または使用人の確保の状況ならびに組織体制に照らし、当該業務を適正に遂行することができないと認められないことが求められ、具体的には、以下の①～⑥を満たしていることが必要となる。なお、二重否定の形になっているのは、「遂行することができる」と認められるまでは必要ではないという意味だと考えられるが、実務上は適正に遂行することができると認められる程度の体制を構築

する必要がある。

① 経営者

その経歴および能力等に照らして、金融商品取引業としての業務を公正かつ的確に遂行することができる十分な資質を有していること（金商業者等監督指針Ⅴ－3－1(1)①イ、Ⅵ－3－1(1)①イ、Ⅶ－3－1(1)①イ）

② 常務に従事する役員

金商法等の関連諸規制や金商業者等監督指針で示している経営管理の着眼点の内容を理解し、実行するに足る知識・経験、および金融商品取引業の公正かつ的確な遂行に必要となるコンプライアンスおよびリスク管理に関する十分な知識・経験を有すること（金商業者等監督指針Ⅴ－3－1(1)①ロ、Ⅵ－3－1(1)①ロ、Ⅶ－3－1(1)①ロ）

③ コンプライアンス

コンプライアンス担当者として知識および経験を有する者が確保されていること。投資運用業および第二種金融商品取引業については、フロント（資産運用部門または営業部門）から独立していることが明示的に求められている（金商業者等監督指針Ⅴ－3－1(1)①ニ、Ⅵ－3－1(1)①ニ、Ⅶ－3－1(1)①ホ）。

④ 経験者

金商業者等監督指針において、投資運用業および投資助言・代理業については、運用資産または助言の対象商品に関する知識および経験を有する者の確保が明示的に求められている（金商業者等監督指針Ⅵ－3－1(1)①ハ、Ⅶ－3－1(1)①ハ）。

⑤ 組織体制、人員構成

行おうとする業務の的確な遂行に必要な人員が各部門に配置され、内部管理等の責任者が適正に配置される組織体制、人員構成にあること（金商業者等監督指針Ⅴ－3－1(1)①ハ、Ⅵ－3－1(1)①ホ、Ⅶ－3－1(1)①ニ）

「内部管理」の明確な定義は法令、金商業者等監督指針にはない。「内部

の管理及び運営に関する業務」を定めた金商業等府令153条3項などを参考に考えると、ここでいう「内部管理」とは金融商品取引業者の業務の適正性（法令遵守を含む）を確保することを意味すると思われる。

⑥　要員の確保

行おうとする業務について、下表に掲げる体制整備が可能な要員の確保が図られていること（金商業者等監督指針Ⅴ－3－1⑴①ホ、Ⅵ－3－1⑴①へ、Ⅶ－3－1⑴①へ）

投資運用業	第二種金融商品取引業	投資助言・代理業
帳簿書類・報告書等の作成、管理	同左	同左
ディスクロージャー	同左	同左
運用財産の分別管理	―	―
リスク管理	同左	同左
電算システム管理	同左	同左
管理部門による運用状況管理、顧客管理	売買管理、顧客管理	顧客管理
法人関係情報管理	―	―
広告審査	同左	同左
顧客情報管理	同左	同左
苦情・トラブル処理	同左	同左
運用部門による資産運用業務の執行	―	―
内部監査	同左	同左

⑶　暴力団等との関係

役員または使用人のうちに、経歴、暴力団員による不当な行為の防止等に関する法律2条2号に規定する暴力団または同条6号に規定する暴力団員との関係その他の事情に照らして業務の運営に不適切な資質を有する者がある

ことにより、金融商品取引業の信用を失墜させるおそれがあると認められないこと（金商法29条の４第１項１号ホ、金商業等府令13条２号）。

 4 # 金融商品取引業を的確に遂行するための必要な体制の整備

（1） 整備が必要とされる体制

a 概　　要

金融商品取引業を的確に遂行するための必要な体制の整備として、経営の適切な管理に加え、上記３⑵⑥の表記載の体制の整備が必要となる。体制の整備に際しては、業務を適切に行うことができるかという観点から考えるべきである。

b 経営の管理

経営の適切な管理については、業務執行に対する経営陣の監督、経営陣に対する監視統制という視点が重要であり、主に以下の①および②に留意する必要がある。

① 会社の機関の整備（金商業者等監督指針Ⅲ－１）

金融商品取引業者として適切に業務を行うためには、まず会社の機関である代表取締役、取締役、取締役会、監査役、監査役会等が、それぞれ十分な機能を果たすことができる体制が必要である。

たとえば、取締役・取締役会については、十分な機能を果たしうるだけの人数を備えること、取締役各人が金融商品取引業者の取締役としての資質を有することが求められる。さらに、業務執行者（主に代表取締役）の独断専行を牽制・抑止できる体制も必要である。また、監査役・監査役会についても、監査役の人数や資質を確保するとともに、十分な監査が行わ

れる体制が求められる。さらに、監査役の業務執行の適切性の前提として、監査役の独立性を確保することも不可欠である。加えて、これらの機関が金融商品取引業者のリスクや問題点を適切に把握し改善できる体制が必要である。そのためには、これらの機関が情報を適時・適切に収集し、その収集した情報に基づいて必要な措置をとりうるような態勢を構築しなければならない。

② 経営方針その他の方針・指針の整備（金商業者等監督指針Ⅲ－1）

金融商品取引業者は、他の会社と同様、取締役会等が経営方針・経営計画等を定めて事業を遂行していくが、これにとどまらず、コンプライアンス方針やリスク管理方針等も会社の基本方針として取締役会等で承認し、役職員等に対して周知徹底する必要がある。金融商品取引業者にとって、コンプライアンスは経営の最重要課題の1つとして位置づけられなければならない（金商業者等監督指針Ⅲ－2－1⑴参照）からである。

c 業務の適切性

監督指針において、業務の適切性の判定に際して以下の事項があげられている（金商業者等監督指針Ⅲ－2）。

① 法令等遵守態勢

② 金融事故等に対する監督上の対応

③ 勧誘、説明態勢

④ 顧客等に関する情報管理態勢

⑤ 苦情等への対処（金融ADR（下記7⑵）を含む）

⑥ 取引時確認等の措置

⑦ 事務リスク管理態勢

⑧ システムリスク管理態勢

⑨ 危機管理態勢

⑩ 反社会的勢力による被害防止

⑪ 社会的責任についての情報開示

⑫　障害者への対応

(2)　業務管理体制の整備

　金融商品取引業を的確に遂行するための社内規則等（社内規則およびこれに準ずるもの）を整備し、当該社内規則等を遵守するための従業員に対する研修その他の措置をとらなければならない（金商法35条の3、金商業等府令70条の2第1項）。

　金融商品取引業を適切に行うための社内体制を整備することの一環として、その骨組みとなる社内規程を適切に定める必要がある。社内規程の制定については、内容の重要度に応じて、取締役会等の承認を得なければならないと考えられる。

　社内規程を整備するにあたっては、加入予定の金融商品取引業協会等、自主規制機関等の定款および諸規則により求められる必要な社内規程を適切に整備するという観点も忘れてはならない。また、グループ企業内に存在する共通ルール（特に海外グループ企業が作成したルール）等を導入する際には、特に関係法令等に照らして、当該ルールが不適切ではないかまたは不十分ではないか等についても検討を行う必要がある。

　社内規程を整備したとしても、その内容が実際に行う業務に沿ったものでなければ、意味がない。社内規程の整備は、金融商品取引業を適切に行うための社内体制を整備する1つの手段にすぎないからである。この観点から、関係法令等の改正または金融商品取引業者内部の組織もしくは業務運営環境の変化等に応じて、適時、必要な見直しを行う必要がある。また、社内規程の適切な運用を行うため、営業部門等において法令・社内規程等の解釈等に疑義が生じた場合には、コンプライアンス担当者等に確認し適切な解釈を維持することが必要であり、このような態勢を維持するためその旨を社内規程に明記することが望ましい。

　金商法との関係では、社内規則のうち、業務の内容および方法を定めた業

務方法書（金商法29条の２第２項２号、金商業等府令８条）が核となる。実務上、(i)組織規程（組織図）、(ii)業務分掌規程、(iii)紛争処理規程および(iv)分別管理に関する規程が業務方法書と一体の社内規程とみなされる（平成19年11月13日投資信託協会「業務方法書の取扱いに関する実務上の留意事項」参照）。その結果、これらの社内規程を変更する際には、届出が必要となる（金商法31条３項）。なお、形式面であるが、これらの規程については、業務方法書で参照する際に「別添」と定め、それ以外の規程については「別に定める」と規定する。業務方法書等で定めるべき内容については、下記５(3)を参照。

(3) 監督指針等の考え方

　金融商品取引業者は、その業務を開始した後は、金融庁および証券取引等監視委員会の監督・検査に服する。金融庁の監督は金商業者等監督指針に基づいて行われる。そのため、金融商品取引業者の社内体制を整備するに際しては、金商業者等監督指針の理解は欠くことができない。

　金商業者等監督指針それ自体は規範性を有するものではなく、金融商品取引業者の行う事業の内容・規模、顧客の属性その他の実情に応じて適正な体制を構築する必要がある。金商業者等監督指針に従うのみでは不十分な場合がある一方、必ずしも金商業者等監督指針に従わなくても適正な社内体制であるといえる場合もある。

　つまり、社内体制の整備については、各金融商品取引業者において、業務を適切に執行しうる体制となっているかという観点から個別具体的に検討するべきである。この点、金商業者等監督指針はいずれも、金融商品取引業者に共通の確認項目と各業態に特有の事項を分けて列挙しているが、共通の項目は、厳格な監督が要求される第一種金融商品取引業や投資運用業を行う金融商品取引業者にも適用される高い基準を設けていると思われるため、それ以外の業を行う金融商品取引業者にとっては、ともすると過重な要請となりうるように思われる。たとえば、投資助言・代理業や第二種金融商品取引業

を行う金融商品取引業者の場合、個人であっても登録が可能であり、法人であるからといって取締役会や監査役の設置およびこれらの機関によるガバナンスを常に要求するとすれば、登録の要件との関係で重きにすぎることになるといえる。この考え方は、金商業者等監督指針で「本監督指針の適用に当たっては、各評価項目の字義通りの対応が行われていない場合であっても、公益又は投資者保護等の観点から問題のない限り、不適切とするものではない」（金商業者等監督指針Ⅰ－２－１）と記載されていることとも整合する。

　したがって、投資助言・代理業や第二種金融商品取引業を行う金融商品取引業者については、金商業者等監督指針に記載された事項を、第一種金融商品取引業や投資運用業を行う金融商品取引業者と同じレベルですべて満たすことまでは必ずしも要求されていないと考えられる。また、同じ投資助言業務を行う場合であっても、特定のファンド運営者のみを対象として投資助言を行う場合など非常に限られた範囲の業務しか行わない金融商品取引業者については、多くの投資家を対象として投資助言を行う金融商品取引業者と比較して、限られた業務範囲に適切に対応している限り、比較的簡素な社内体制を整備することで足りると考えられよう。

　なお、金商業者等監督指針では、「体制」と「態勢」の用語を使い分けている。「体制」とは組織の仕組みや構造などを意味し、「態勢」とは物事に対する構えや対応などを意味する。つまり、態勢の整備という場合、体制が整備されていることを前提として、実際にその体制が機能していることまでが求められていると考えられる（平成19年２月16日金融庁「「金融検査マニュアル（預金等受入金融機関に係る検査マニュアル）の改訂について」に対するパブリックコメントの結果について」別紙１「パブリックコメントの概要及びそれに対する金融庁の考え方」14頁61番参照）。

⑤ 登録申請の手順

（1） 概　　要

　登録申請に際しては、主たる営業所を管轄する財務局または財務事務所に連絡のうえ、登録後の業務内容、人的体制などの情報を含む「概要書」と呼ばれる書面を作成し、正式申請前の相談を行うことが一般的である。概要書は、金融庁のウェブサイトにて入手することができる。内容としては、法令および監督指針で求められている事項に沿ったものとなっており、概要書にて記載した内容を登録申請に必要な書類や社内規則等に反映させていくことになる。正式申請を行ってから登録が完了するまでの期間は、標準処理期間として2カ月とされている（金商業等府令329条1項1号）。この期間には、申請内容の変更、補正、追加資料の提出があった場合に要した期間は含まれない（同条2項）。なお、正式申請に至るまでのいわゆる事前相談期間は、おおむね3～4カ月程度とされている（『投資運用業等　登録手続ガイドブック』Ver.1.0、43頁）。

　登録申請に必要な書類は下表のとおりである。

投資運用業	第二種金融商品取引業	投資助言・代理業
登録申請書（金商法29条の2第1項、金商業等府令7条）		
誓約書（金商法29条の2第2項1号）		
業務方法書（金商法29条の2第2項2号、金商業等府令8条）		
業務に係る人的構成および組織等の業務執行体制を記載した書面（金商法29条の2第2項2号、金商業等府令9条1号）		
役員および重要な使用人の履歴書（金商法29条の2第2項2号、金商業等府令9条2号イ）(注1)		

投資運用業	第二種金融商品取引業	投資助言・代理業
役員および重要な使用人の住民票の抄本、これに代わる書面（金商法29条の２第２項２号、金商業等府令９条２号ロ）（注１）		
役員および重要な使用人の身分証明書および登記されていないことの証明書（金商法29条の２第２項２号、金商業等府令９条２号ニ）（注１）		
役員および重要な使用人の誓約書（金商法29条の２第２項２号、金商業等府令９条２号ホ）（注１）		
特定関係者の状況を記載した書面（金商法29条の２第２項２号、金商業等府令９条４号）		
定款（金商法29条の２第２項３号）		
登記事項証明書（金商法29条の２第２項３号）		
最終の貸借対照表および損益計算書（金商法29条の２第２項３号、金商業等府令10条１項１号、２項）		
印鑑証明書		
登録免許税の領収書		
純財産額を算出した書面（金商法29条の２第２項３号、金商業等府令10条１項３号イ）	―	―
主要株主に関する書面（金商法29条の２第２項３号、金商業等府令10条１項３号ロ）（注２）	―	―

（注１）　役員または重要な使用人のうち婚姻前の氏名を使用する者がいる場合は、金商業等府令９条２号ハに掲げる書面も必要となる。また、登録申請者が個人の場合は、これらの書類ではなく、金商業等府令９条３号を参照。

（注２）　登録申請者が外国法人である場合は、主要株主に準ずるものについて金融商品取引業の健全かつ適切な運営に支障を及ぼすおそれがない者であることの確認が行われていることを証する書面が必要となる（金商法29条の２第２項３号、金商業等府令10条１項３号ハ）。

　なお、新たに投資運用業、投資助言・代理業および運用業務に関連する第二種金融商品取引業（自社で運用するファンド等の販売業務）の登録申請を行

う場合、登録申請書およびその添付書類を英語で提出することも可能となっている（金商業等府令350条1項1号、2項1号、4項、令和3年金融庁告示第1号「金融商品取引業等に関する内閣府令第350条第1項及び第2項の規定に基づき、金融庁長官が定めるものを定める件」2条）。

（2）登録申請書

　金融商品取引業の登録申請は、登録申請書を提出して行う。記載事項は、業務の種別ごとに異なるが、基本的に金商業等府令別紙様式第1号に従って記入すればよい（金商法29条の2第1項、金商業等府令5条）。自己募集・自己運用に関して登録申請を行う場合、登記申請書の記載事項は、おおむね以下の①〜⑩のとおりである（金商法29条の2第1項、金商業等府令7条）。

① 商号または名称
② 法人であるときは資本金の額または出資の総額
③ 法人であるときは、役員（外国法人にあっては、国内における代表者を含む）の氏名または名称
④ 政令で定める使用人（金商法施行令15条の4、金商業等府令6条）[1]

　　③の役員に該当する者が、使用人兼務取締役としてここでいう使用人に該当する場合には、③の記載に重ねて④でも記載する必要がある（2007年金融庁パブコメ151頁5番参照）。

　　他方、取締役であって使用人を兼ねない者が統括する場合には、記載は不要である。

⑤ 業務の種別

1　(i)金融商品取引業に関し、法令等（法令、法令に基づく行政官庁の処分または定款その他の規則）を遵守させるための指導に関する業務を統括する者およびその権限を代行しうる地位にある者（金商法29条の4第1項2号、金商法施行令15条の4第1号、金商業等府令6条1項）、(ii)投資助言業務または投資運用業に関し、助言または運用を行う部門を統括する者および金融商品の価値等の分析に基づく投資判断を行う者（金商法29条の4第1項2号、金商法施行令15条の4第2号、金商業等府令6条2項）をいう。

⑥　本店その他の営業所または事務所（外国法人にあっては、本店および国内における主たる営業所または事務所その他の営業所または事務所）の名称および所在地

　　金融商品取引業の全部または一部を行うために開設する一定の施設または設備を記載すべきであり、駐在員事務所、連絡事務所その他金融商品取引業以外の用に供する施設は記載する必要はない（金商業者等監督指針Ⅲ－3－1(3)）。

⑦　他に事業を行っているときは、その事業の種類

　　付随業務（金商法35条1項）は含まれないが、届出業務（同条2項）および承認業務（同条4項）は含まれる。これらの業務の詳細については、下記8参照。

⑧　指定紛争解決機関の商号または名称および加入する金融商品取引業協会（金商業等府令7条1号）

⑨　投資事業有限責任組合持分の自己募集または自己運用を業として行う場合には、その旨（金商業等府令7条5号、金商法194条の6第2項）

⑩　本店等の名称および所在地（金商業等府令7条10号）

(3)　業務方法書

業務方法書に記載すべき事項²は以下のとおりである（金商業等府令8条）。

投資運用業	第二種金融商品取引業	投資助言・代理業
業務運営に関する基本原則（注1）		
業務執行の方法（注2） ※各種業務をどの部門がどのような手続で行うか等を記載することが考えられる（2007年金融庁パブコメ156頁31番、32番参照）。		
業務分掌の方法（注3）		

2　業務方法書には、原則として付随業務に関する事項を記載する必要はない（2007年金融庁パブコメ158頁42番参照）。

投資運用業	第二種金融商品取引業	投資助言・代理業
業として行う金融商品取引行為の種類 ※金商法2条8項各号に掲げる行為のうち登録申請者が業として行おうとするものを記載すべきと考えられる（2007年金融庁パブコメ156頁33番参照）。		
苦情の解決のための体制（所定の業務に関する苦情処理措置および紛争解決措置の内容を含む）		
投資運用業の種別 ※投資ファンドに関する場合、投資一任契約に基づき資産の運用を行う行為（金商法2条8項12号ロ）、その持分が有価証券とみなされる組合に係る資産運用行為（同項15号ハ）に係る業務の種別をいい、適格投資家向け投資運用業を行う場合には、その旨を含む。	取り扱う有価証券の種類	投資助言・代理業の種別 ※投資助言業務および投資顧問契約または投資一任契約の締結の代理または媒介に係る業務の種別をいう。
投資の対象とする有価証券およびデリバティブ取引に係る権利の種類	取り扱う投資ファンド持分に係る出資対象事業の概要	助言を行う有価証券およびデリバティブ取引に係る権利の種類
有価証券とみなされる国内外の組合の持分を投資の対象とするときは、当該権利に係る出資対象事業の概要3	適格投資家向け投資運用業を行うことにつき登録を受けた金融商品取引業者が第二種金融商品取引業とみなされる業務（金商法29条の5第2項）を行う場合には、その旨	有価証券とみなされる国内外の組合の持分に掲げる権利に関し助言を行うときは、当該権利に係る出資対象事業の概要

3　金融庁は「いわゆる投資型ファンドの場合には、登録申請時点で投資先が確定していない場合であっても、投資対象となる有価証券の種類や基本的な運用方針等について、可能な範囲で記載することが望ましいと考えられます」との見解を示している（2007年金融庁パブコメ157頁36番）。また、投資先が確定していない場合には、投資対象となる有価証券の種類や基本的な方針等について可能な範囲で記載することが求められる（2007年金融庁パブコメ157頁36番参照）。

投資運用業	第二種金融商品取引業	投資助言・代理業
有価証券またはデリバティブ取引に係る権利以外の資産を投資の対象とするときは、当該資産の種類	—	—

(注1)　①投資運用業者の業務の基本方針および業務運営の原則に関する事項、②資産運用の基本方針に関する事項、③運用する資産の種類、④運用権限の委託に関する事項、⑤投資運用業者の財務の健全化に関する事項を記載する。
(注2)　①運用の方法に関する事項、②顧客の勧誘および契約の締結等に関する事項、③運用財産の管理に関する事項を記載する。
(注3)　投資運用業者の組織に関する事項を記載する。

(4)　業務に係る人的構成および組織等の業務執行体制を記載した書面

　記載にあたっては、登録拒否事項である「金融商品取引業を適確に遂行するに足りる人的構成を有しない者」（金商法29条の4第1項1号ホ）に該当しないこと、つまり「金融商品取引業を適確に遂行するに足りる人的構成」を有していることを示す情報を的確に記載することが必要である。この具体的な審査基準は金商業等府令13条に規定されており、また、監督上の着眼点は金商業者等監督指針Ⅳ－1－2等に記載されていることから、実際に当該書面を作成するにあたっては、これらに留意する必要がある。登録申請者ごとの個別の事情にも応じて、その人的構成等が的確に記載されていることが必要である。たとえば、部門名、人員数、部門配置に係る社内要件および個人名等を具体的に記載することも考えられる（2007年金融庁パブコメ159頁43番参照）。

(5)　特定関係者の状況を記載した書面

　第一種金融商品取引業を行う者でない金融商品取引業者については、親法人等、子法人等[4]および持株会社[5]が「特定関係者」に該当する（金商業等

府令9条4号）。なお、外国法人で日本国内に営業所等を持たないものは、親法人等または子法人等のいずれにも該当しない。

　そして、これらの特定関係者につき、以下の①～⑥の事項を記載する必要がある。

① 　商号または名称

② 　資本金の額、基金の総額または出資の総額

③ 　本店または主たる事務所の所在地

④ 　事業の種類

⑤ 　登録申請者と特定関係者との間の資本関係、人的関係および最近1年間の業務上の関係

　　最近1年間の業務上の関係とは、「登録申請者が業務を適確に遂行できる能力を有する者であるか否か等の判断材料として、その業務遂行に影響を与え得るような「密接な関係」を有する者の状況を的確に把握する必要があることから記載を求めているもの」（2007年金融庁パブコメ163頁64番）であるため、この観点から適切な記載をする必要がある。また、「最近1年間」の基準日は、原則として登録申請日と考えられる（2007年金融庁パブコメ163頁63番参照）。

⑥ 　親法人等、子法人等または持株会社のいずれに該当するかの別

4 　親法人等（金商業等府令1条3項14号）および子法人等（同項16号）の意義については第14章3⑵参照（金商業等府令1条3項14号）。

5 　持株会社とは、国内の子会社の株式の取得価額（最終の貸借対照表において別に付した価額があるときは、その価額）の合計額の当該会社の総資産の額に対する割合が100分の50を超える会社をいう（金商法29条の4第3項、金商業等府令16条）。

6 営業保証金

（1） 営業保証金

　第二種金融商品取引業を行う個人および投資助言・代理業のみを行う者は、営業開始前に営業保証金を供託する必要がある（金商法31条の2、金商法施行令15条の12、金商業等府令29条）。これらの金融商品取引業者と投資顧問契約を締結した者、これらの金融商品取引業者による投資顧問契約または投資一任契約の代理または媒介により投資顧問契約または投資一任契約を締結した者およびこれらの金融商品取引業者による有価証券の売買またはその媒介、取次もしくは代理により有価証券の売買契約を締結した者は、これらの契約により生じた債権に関し、当該金融商品取引業者に係る営業保証金について、他の債権者に先立ち弁済を受ける権利を有する（金商法31条の2第6項）。

（2） 金　　額

　第二種金融商品取引業を行う個人は1,000万円を、投資助言・代理業者は500万円を供託しなければならない（金商法31条の2、金商法施行令15条の12、金商業等府令29条）。

（3） 営業保証金の供託等

　営業保証金の供託義務を負う金融商品取引業者は、営業の開始前に現金または国債証券、地方債証券その他の内閣府令で定める有価証券（金商法31条の2第9項、金商業等府令29条）をもって供託し届出をしなければならない（金商法31条の2第5項）。

　ただし、銀行、保険会社その他内閣府令で定める金融機関を相手方とし、

以下の①～③の要件に適合する契約を締結し、その旨を内閣総理大臣に届け出たときは、当該契約の効力の存する間、当該契約において供託されることとなっている金額につき営業保証金の全部または一部の供託をしないことができる（金商法31条の2第3項、金商法施行令15条の13、金商業等府令26条、27条）。

① 金商法に基づく供託命令を受けたときは、当該金融商品取引業者のために営業保証金が遅滞なく供託されるものであること

② 1年以上の期間にわたって有効な契約であること

③ 金融庁長官の承認を受けた場合を除き、契約を解除し、または契約の内容を変更することができないものであること

7 業務開始の準備

(1) 標識の掲示

金融商品取引業者は、営業所または事務所（以下「営業所等」という）ごとに、「公衆の見やすい場所」に、標識を掲示しなければならない（金商法36条の2第1項）。この施設または設備は有人であるか無人であるかは問わない（2007年金融庁パブコメ224頁8番、9番参照）。

「公衆の見やすい場所」については、「営業所等の内部であっても、来訪した顧客が見やすい場所に掲示されているものであれば、「公衆の見やすい場所」に該当し得る」との見解が金融庁により示されている（2007年金融庁パブコメ224頁6番、7番）。

標識の色、材質、文字の大きさ等については、法令上特段の定めはない。もっとも、「公衆の見やすい場所」に標識を掲示する義務を設けた趣旨は、公衆に対して金融商品取引業者等であることを示すことと考えられる。この

趣旨からすると、標識は公衆にみやすいものであることが必要であり、標識の色、材質、文字の大きさ等は、公衆のみやすさを考慮して選択するべきであろう（2007年金融庁パブコメ224頁13番、14番参照）。

(2) 金融ADR対応

a 金融ADR制度

金融ADR制度とは、金融商品取引業者と顧客との間の紛争、苦情について、原則として、金融庁の指定、監督を受けた指定紛争解決機関の手続に委ねることで、中立、公正な解決を図ることを目的とする制度である。現在、投資運用業、第二種金融商品取引業および投資助言・代理業のいずれについても指定紛争解決機関が存在しないため、苦情処理措置および紛争解決措置（金商法37条の7第1項1号ロ）として、これらを行う金融商品取引業者は以下bおよびc記載の対応が必要となる（同項2号ロ、3号ロ、4号ロ、金商業等府令115条の2）。

b 苦情処理措置

苦情処理措置として、以下のいずれかの対応が必要となる。金融商品取引業協会に加入している場合は、②を満たすことになる。各金融商品取引業協会は、第一種金融商品取引業についての指定紛争解決機関である証券・金融商品あっせん相談センター（FINMAC）に業務を委託しており、事実上FINMACの定める仕組みによることになる。金融商品取引業協会に加入していない場合は、①によることが多いと思われる。

① 次に掲げるすべての措置を講じること（金商法37条の7第1項1号ロ、金商業等府令115条の2第1項1号）。

　(i) 金融商品取引業に関連する苦情の処理に関する業務を公正かつ適確に遂行するに足りる業務運営体制の整備

　(ii) 苦情の処理に関する業務を公正かつ適確に遂行するための社内規則（当該業務に関する社内における責任分担を明確化する規定を含むものに限

る）の整備

(ⅲ) 苦情の申出先を顧客に周知し、ならびに(ⅰ)の業務運営体制および(ⅱ)の社内規則を公表

② 金融商品取引業協会または認定投資者保護団体が行う苦情の解決の利用（金商法37条の7第1項1号ロ、金商業等府令115条の2第1項2号）。

③ 消費者基本法19条1項または25条に規定するあっせんの利用（金商法37条の7第1項1号ロ、金商業等府令115条の2第1項3号）。

④ 自らが行う業務以外の業務に関して指定を受けた指定紛争解決機関が実施する苦情を処理する手続の利用（金商法37条の7第1項1号ロ、金商業等府令115条の2第1項4号）。

⑤ 金融商品取引業に関連する苦情の処理に関する業務を公正かつ適確に遂行するに足りる経理的基礎および人的構成を有する法人が実施する苦情を処理する手続の利用（金商法37条の7第1項1号ロ、金商業等府令115条の2第1項5号）。

C 紛争解決措置

紛争解決措置として、以下のいずれかの対応が必要となる。金融商品取引業協会に加入している場合は、①を満たすことになる。

① 金融商品取引業協会または認定投資者保護団体のあっせんの利用（金商法37条の7第1項1号ロ、金商業等府令115条の2第2項1号）。

② 弁護士法33条1項に規定する会則もしくは当該会則の規定により定められた規則に規定する機関におけるあっせんまたは当該機関における仲裁手続の利用（金商法37条の7第1項1号ロ、金商業等府令115条の2第2項2号）。

③ 消費者基本法19条1項もしくは25条に規定するあっせんまたは同条に規定する合意による解決の利用（金商法37条の7第1項1号ロ、金商業等府令115条の2第2項3号）。

④ 自らが行う業務以外の業務に関して指定を受けた指定紛争解決機関が実施する紛争の解決を図る手続の利用（金商法37条の7第1項1号ロ、金商業

等府令115条の2第2項4号)。

⑤　金融商品取引業等業務関連紛争の解決に関する業務を公正かつ適確に遂行するに足りる経理的基礎および人的構成を有する法人が実施する紛争の解決の利用（金商法37条の7第1項1号ロ、金商業等府令115条の2第2項5号）。

(3)　金 サ 法

　ファンド持分の販売（自己募集、私募または募集の取扱い）を行う金融商品取引業者は、特定投資家のみを相手方とする場合など一定の場合を除き、「金融商品販売業者等」として金サ法に基づき勧誘方針を策定しなければならない（金サ法10条1項、2項、4条7項1号、金サ法施行令12条、13条）。

　勧誘方針においては、次の①～③に掲げる事項について定める必要がある。

①　勧誘の対象となる者の知識、経験、財産の状況および当該金融商品の販売に係る契約を締結する目的に照らし配慮すべき事項

②　勧誘の方法および時間帯に関し、勧誘の対象となる者に対し配慮すべき事項

③　①および②に掲げるもののほか、勧誘の適正の確保に関する事項

　勧誘方針を定めたときまたは変更したときは、本店または主たる事務所（金融商品販売業者等が個人である場合にあっては、住所）、その他金融商品の販売等を行う営業所、事務所（ウェブサイト上で行う場合はウェブサイト）において、勧誘方針をみやすいように掲示する方法または勧誘方針を閲覧に供する方法で、速やかにこれを公表しなければならない（金サ法10条3項、金サ法施行令14条）。

(4)　個人情報保護法遵守体制の構築[6]

a　個人情報保護法遵守の必要性

個人情報保護法では、個人情報取扱事業者による個人情報の取扱い等について一定の義務を定めている（個人情報保護法第4章）。顧客情報の取扱いについて、金商業者等監督指針に基づく社内体制の整備については上記4⑵のとおりであるが、個人情報保護法上の義務を遵守するという観点からの社内体制の構築も必要である。

個人情報取扱事業者とは、個人情報データベース等[7]を事業の用に供している者のうち、国等の一定の者を除いた者をいうが（個人情報保護法2条5項）、投資ファンドに関与する業者も投資家の氏名等を取得し、その後の管理のため検索できる形で情報を管理する場合には、原則として、個人情報取扱業者に該当する。

加えて、金融商品取引業者は、以下の①〜③に該当することのないよう業務を行わなければならない（金商法40条2号）。

① 業務に関して取得した顧客に関する情報の適正な取扱いを確保するための措置を講じていないと認められる状況（同号）

② その取り扱う個人である顧客に関する情報の安全管理、従業者の監督および当該情報の取扱いを委託する場合には、その委託先の監督について、

---

6 個人情報保護法および関係政令・規則については、本書刊行時に未施行の内容（2022年4月1日施行）を含んでいる。

7 個人情報データベース等とは、個人情報を含む情報の集合物であって、①特定の個人情報を電子計算機を用いて検索することができるように体系的に構成したもの、または②上記①のほか、特定の個人情報を容易に検索することができるように体系的に構成したものとして政令で定めるものをいい（個人情報保護法2条4項、個人情報保護法施行令3条）、個人情報とは、生存する個人に関する情報であって、当該情報に含まれる氏名、生年月日その他の記述等により特定の個人を識別することができるものをいう。識別については、他の情報と容易に照合することができ、それにより特定の個人を識別することができることとなるものを含む（同法2条1項）。

当該情報の漏えい、滅失または毀損の防止を図るために必要かつ適切な措置を講じていないと認められる状況（同号、金商業等府令123条1項6号）

③　その取り扱う個人である顧客に関する人種、信条、門地、本籍地、保健医療または犯罪経歴についての情報その他業務上知りえた公表されていない特別の情報を、適切な業務の運営の確保その他必要と認められる目的以外の目的のために利用しないことを確保するための措置を講じていないと認められる状況（金商法40条2号、金商業等府令123条1項7号）

b　個人情報保護宣言（プライバシーポリシー）の作成

金融分野における個人情報取扱事業者は、事業者の個人情報保護に関する考え方および方針に関する宣言（個人情報保護宣言）を策定し、公表（インターネットのホームページへの常時掲載、または事務所の窓口等での掲示・備付け等）することが厳格に求められている（保護法ガイドライン18条）。

保護法ガイドラインでは、以下の①〜④のように宣言内容の例示がなされている。

①　関係法令等の遵守、個人情報を目的外に利用しないことおよび苦情処理に適切に取り組むこと等、個人情報保護への取組方針の宣言

②　個人情報保護法18条における個人情報の利用目的の通知・公表等の手続についてのわかりやすい説明

③　個人情報保護法27条における開示等の手続等、個人情報の取扱いに関する諸手続についてのわかりやすい説明

④　個人情報の取扱いに関する質問および苦情処理の窓口

また、個人情報保護宣言には、消費者等、本人の権利利益保護の観点から、事業活動の特性、規模および実態に応じて、以下の点を考慮した記述をできるだけ盛り込むことが望ましいとされている。

①　保有個人データについて本人から求めがあった場合には、ダイレクトメールの発送停止など、自主的に利用停止等に応じること

②　委託の有無、委託する事務の内容を明らかにする等、委託処理の透明化

を進めること

③　事業者がその事業内容を勘案して顧客の種類ごとに利用目的を限定して示したり、事業者が本人の選択による利用目的の限定に自主的に取り組むなど、本人にとって利用目的がより明確になるようにすること

④　個人情報の取得元またはその取得方法（取得源の種類等）を可能な限り具体的に明記すること

c　個人情報の適正な取得

個人情報の取得にあたっては、以下の①〜④に留意しなければならない。

①　偽りその他不正の手段により個人情報を取得してはならない（個人情報保護法17条1項）

②　個人情報を取り扱うにあたって、その利用目的をできる限り特定し（同法15条1項）、個人情報を取得した場合は、あらかじめその利用目的を公表している場合を除き、速やかに、その利用目的を本人に通知するか、公表しなければならない[8]（同法18条1項）。あらかじめ公表している場合でも、本人との間で契約を締結することに伴って契約書等の書面に記載された当該本人の個人情報を取得する場合その他本人から直接書面[9]に記載された当該本人の個人情報を取得する場合は、あらかじめ本人に対し、その利用目的を明示しなければならない[10]（同条2項本文）

---

[8]　①利用目的を本人に通知し、または公表することにより本人または第三者の生命、身体、財産その他の権利利益を害するおそれがある場合、②利用目的を本人に通知し、または公表することにより当該個人情報取扱事業者の権利または正当な利益を害するおそれがある場合、③国の機関または地方公共団体が法令の定める事務を遂行することに対して協力する必要がある場合であって、利用目的を本人に通知し、または公表することにより当該事務の遂行に支障を及ぼすおそれがあるとき、④取得の状況からみて利用目的が明らかであると認められる場合、には通知は不要である（個人情報保護法18条4項）。

[9]　電子的方式、磁気的方式その他人の知覚によっては認識することができない方式でつくられる記録を含む。

[10]　人の生命、身体または財産の保護のために緊急に必要がある場合は、この限りでない（個人情報保護法18条2項ただし書）。

③　利用目的を変更する場合、変更前の利用目的と相当の関連性を有すると合理的に認められる範囲を超えて行うことはできない（同法15条2項）

④　利用目的を変更した場合、変更後の利用目的を本人に通知するか、公表しなければならない（同法18条3項）

　上記②の観点から、個人情報保護宣言のなかに利用目的を記載して公表しておくことが便宜に資すると考えられる。そのうえで、個人投資家を受け入れる場合は、必要に応じて、出資申込書に個人情報の利用目的を明示することなどの対応が求められる。

　なお、利用目的はできる限り特定する必要があるが、いったん特定すると変更の範囲を制限する効果がある（上記③）。この点についても留意したうえで、どの程度まで特定することができるか、を検討する必要がある。もっとも、「「自社の所要の目的で用いる」といった抽象的な利用目的は、「できる限り特定」したものとはならないと考えられる。利用目的は、提供する金融商品又はサービスを示した上で特定することが望まし」いとされている（保護法ガイドライン2条1項）。

d　個人情報の適正な管理

　個人情報の管理にあたっては、利用目的の達成に必要な範囲内において、個人データ[11]を正確かつ最新の内容に保つよう努めなければならない（個人情報保護法19条）。

　そのため、保護法ガイドライン7条に基づき、内容の正確性を確保するため、個人データの保存期間をその利用目的に応じて定めたうえで、期間経過後は個人データを消去する等の体制を整備することが必要と考えられる。

　また、取り扱う個人データの漏えい、滅失または毀損の防止その他の個人データの安全管理のために必要かつ適切な措置を講じる必要があり（個人情報保護法20条）、保護法ガイドライン8条に基づき、個人データの取得・利

11　個人データとは、個人情報データベース等を構成する個人情報のことをいう（個人情報保護法2条6項）。

用・保管等の各段階に応じた「組織的安全管理措置」「人的安全管理措置」および「技術的安全管理措置」を講じることが求められる。

さらに、個人情報取扱事業者は、その従業者[12]に個人データを取り扱わせるにあたっては、当該個人データの安全管理が図られるよう、当該従業者に対する必要かつ適切な監督を行わなければならず（個人情報保護法21条）、必要かつ適切な監督のために、保護法ガイドライン9条に従って体制整備等を行わなければならない。

加えて、外部委託した場合でも、その取扱いを委託された個人データの安全管理が図られるよう、委託を受けた者に対する必要かつ適切な監督を行わなければならず（個人情報保護法22条）、保護法ガイドライン10条に従って、個人データを適正に取り扱っていると認められる者を選定し委託するとともに、取扱いを委託した個人データの安全管理措置が図られるよう、個人データの安全管理のための措置を委託先においても確保する体制を構築することが必要である。なお、再委託先についても同様である。

e　第三者提供の同意の取得

個人情報取扱事業者は、一定の場合[13]を除き、あらかじめ本人の同意を得ないで、個人データを第三者に提供してはならない（個人情報保護法23条1項）。

もっとも、以下の①〜③の場合には、第三者への提供に該当しない（同条

12　従業者とは、個人情報取扱事業者の組織内にあって直接または間接に事業者の指揮監督を受けて事業者の業務に従事している者をいい、雇用関係にある従業者（正社員、契約社員、嘱託社員、パート社員、アルバイト社員等）のみならず、事業者との間の雇用関係にない者（取締役、執行役、理事、監査役、監事、派遣社員等）も含まれる（保護法ガイドライン9条2項）。

13　具体的には、①法令に基づく場合、②人の生命、身体または財産の保護のために必要がある場合であって、本人の同意を得ることが困難であるとき、③公衆衛生の向上または児童の健全な育成の推進のために特に必要がある場合であって、本人の同意を得ることが困難であるとき、④国の機関もしくは地方公共団体またはその委託を受けた者が法令の定める事務を遂行することに対して協力する必要がある場合であって、本人の同意を得ることにより当該事務の遂行に支障を及ぼすおそれがあるとき。

5項)。

① 個人情報取扱事業者が利用目的の達成に必要な範囲内において個人データの取扱いの全部または一部を委託する場合

② 合併その他の事由による事業の承継に伴って個人データが提供される場合

③ 個人データを特定の者との間で共同して利用する場合であって、その旨ならびに共同して利用される個人データの項目、共同して利用する者の範囲、利用する者の利用目的および当該個人データの管理について責任を有する者の氏名または名称について、あらかじめ、本人に通知し、または本人が容易に知りうる状態に置いている場合[14]

上記③の事項については、「本人が容易に知りうる状態」とするため、個人情報保護宣言のなかに当該事項を記載して公表しておく方法も考えられる。もっとも、保護法ガイドライン11条4項は、本人への通知は、原則として書面によるべきであるとしているため、留意が必要である。

また、第三者に提供される個人データについて、本人の求めに応じて当該本人が識別される個人データの第三者への提供を停止することとしている場合であって、以下の①～⑨の事項について、あらかじめ、本人に通知し、または本人が容易に知りうる状態[15]に置くとともに個人情報保護委員会に届け出たときは、事前の同意がなくても当該個人データを第三者に提供することができる（個人情報保護法23条2項、個人情報保護法施行規則7条4項）。ただし、要配慮個人情報（同法2条3項）、偽りその他不正の手段により取得され

---

14 個人情報取扱事業者は、利用する者の利用目的または個人データの管理について責任を有する者の氏名もしくは名称を変更する場合は、変更する内容について、あらかじめ、本人に通知し、または本人が容易に知りうる状態に置かなければならない（個人情報保護法23条6項）。

15 自らの金融商品の販売方法等の事業の態様に応じて適切な方法による必要があり、継続的に公表を行う方法として、たとえば、「個人情報保護宣言」と一体としてインターネットのホームページでの常時掲載を行うこと、または事務所の窓口等での常時掲示・備付けを行うこと等が考えられる。

たもの（同法17条1項）、および他の個人情報取扱事業者からオプトアウト方式により提供を受けたものは、この限りではない（同法23条2項ただし書）。

① 第三者への提供を行う事業者の氏名または名称および住所ならびに法人等の場合には代表者の氏名

② 第三者への提供を利用目的とすること

③ 第三者に提供される個人データの項目

④ 第三者に提供される個人データの取得方法

⑤ 第三者への提供の方法

⑥ 本人の求めに応じて当該本人が識別される個人データの第三者への提供を停止すること

⑦ 本人の求めを受け付ける方法

⑧ 第三者に提供される個人データの更新の方法

⑨ 当該届出に係る個人データの第三者への提供を開始する予定日

　そのため、個人情報保護宣言のなかに上記①～⑨の事項を記載して公表しておくことが有益であると考えられる。

f　保有個人データに関する事項の公表等

　個人情報取扱事業者は、保有個人データに関し、次の①～⑤に掲げる事項について、本人の知りうる状態（本人の求めに応じて遅滞なく回答する場合を含む）に置かなければならない（個人情報保護法27条1項、個人情報保護法施行令8条）。

① 当該個人情報取扱事業者の氏名または名称および住所ならびに法人等の場合には代表者の氏名

② すべての保有個人データの利用目的[16]

③ 本人からの各種請求に応じる手続[17]（利用目的の通知、保有個人データの開示に関する手数料を含む）

16　利用目的を通知せずに利用できる場合（個人情報保護法18条4項各号に掲げる場合）を除く。

④　個人情報保護法20条の規定により保有個人データの安全管理のために講じた措置（本人の知りうる状態（本人の求めに応じて遅滞なく回答する場合を含む）に置くことにより当該保有個人データの安全管理に支障を及ぼすおそれがあるものを除く）

⑤　保有個人データの取扱いに関する苦情の申出先

⑥　認定個人情報保護団体の名称および苦情の解決の申出先（認定個人情報保護団体の対象事業者である場合に限る）

　そのため、上記①～⑥の事項を個人情報保護宣言のなかに記載し、それを公表することが必要となる。

g　開示の求めに応じる手続

　個人情報取扱事業者は、開示等の求め[18]を受け付ける方法として、以下の①～④の事項を定めることができる。本人は、この方法に従って、開示等の求めを行わなければならない（個人情報保護法32条1項、個人情報保護法施行令10条）。

①　開示等の求めの申出先

②　開示等の求めに際して提出すべき書面[19]の様式その他の開示等の求めの方式

③　開示等の求めをする者が本人または個人情報保護法施行令11条に規定する代理人であることの確認の方法

④　手数料の徴収方法

17　①利用目的の通知を求められた場合（個人情報保護法27条2項）に応じる手続、②保有個人データの開示を求められた場合（同法28条1項）に応じる手続、③保有個人データの内容の訂正、追加または削除を求められた場合（同法29条1項）に応じる手続、および④一定の理由により保有個人データの利用の停止等を求められた場合（同法30条1項、3項または5項）の手続がこれに該当する。

18　個人情報保護法27条2項（利用目的の通知）、28条1項（開示）、29条1項（訂正等）または30条1項、3項もしくは5項（利用停止等）の規定による求めをいう。

19　電子的方式、磁気的方式その他人の知覚によっては認識することができない方式でつくられる記録を含む。

この方法を定める場合は、「個人情報保護宣言」と一体としてインターネットのホームページでの常時掲載を行うことまたは事務所の窓口等に掲示・備付け等を行う必要がある（保護法ガイドライン15条1項）。なお、代理人[20]も開示等の求めをすることができるとされている（個人情報保護法32条3項）が、代理人からの求めに対して、開示自体は直接本人にのみ行うことは問題がない。

(5)　取引時確認体制の構築

a　必要な場面

　金融商品取引業者および適格機関投資家等特例業務を行う者は、特定業務のうち一定の取引を行う際に取引時確認義務を負う（犯罪収益移転防止法4条1項、2項、2条2項21号、23号）。ファンド関連では、第二種金融商品取引業、投資助言・代理業に係る業務および適格機関投資家等特例業務、投資運用業については、すべての業務が「特定業務」に該当する（犯罪収益移転防止法4条1項、犯罪収益移転防止法別表中欄、犯罪収益移転防止法施行令6条1項1号、7号、8号）。

　特定業務のうち、取引時確認の義務が課せられる取引には、「特定取引」（犯罪収益移転防止法4条1項、犯罪収益移転防止法別表下欄、犯罪収益移転防止法施行令7条1項）と、犯罪収益移転防止法4条2項に定める取引（厳格な顧客管理を行う必要性が特に高いと認められる取引、いわゆる「ハイリスク取引」）とがある。特定取引のうちファンド業者として取引時確認が必要となる取引については第8章15参照。

　特定取引は、そのうち犯罪による収益の移転の危険性の程度を勘案して簡素な顧客管理を行うことが許容される所定の取引を除いた「対象取引」（犯

20　①未成年者もしくは成年被後見人の法定代理人、または②開示等の求めをすることにつき本人が委任した代理人、のみが代理人となることができる（個人情報保護法施行令11条）。

罪収益移転防止法施行令7条1項、犯罪収益移転防止法施行規則4条1項、2項)と、「対象取引」以外の取引で「疑わしい取引」（犯罪収益移転防止法施行令7条1項、犯罪収益移転防止法施行規則5条1号)[21]および「同種の取引の態様と著しく異なる態様で行われる取引」（同規則5条2号）より成り、これらについて取引時確認義務が課せられる。

　いわゆる「ハイリスク取引」とは、特定業務のうち(i)なりすましの疑いがある取引または本人特定事項を偽っていた疑いがある顧客の取引、(ii)イランまたは北朝鮮に居住・所在する者との取引、および(iii)外国の政府等において重要な地位を占める者または過去占めた者とその家族等（いわゆる「外国PEPs（＝Politically Exposed Persons)」）との取引をいい、これらには、取引時確認義務が課されるとともに、当該取引が200万円を超える財産の移転を伴うときは資産および収入の状況の確認も行う必要があるなど、特定取引に関する確認方法とは異なる確認が求められている（犯罪収益移転防止法4条2項、犯罪収益移転防止法施行令11条、12条、犯罪収益移転防止法施行規則15条)。

b　確認すべき事項および確認方法

　特定取引について確認すべき事項は、以下のとおりである（犯罪収益移転防止法4条1項)。

① 本人特定事項

　(i) 自然人の場合

　　　氏名、住居[22]および生年月日

　(ii) 法人の場合

　　　名称および本店または主たる事務所の所在地

② 取引を行う目的

21　「疑わしい取引」とは、取引において収受する財産が犯罪による収益である疑い、または顧客等が取引に関し「組織的な犯罪の処罰及び犯罪収益の規制等に関する法律」10条の罪もしくは「国際的な協力の下に規制薬物に係る不正行為を助長する行為等の防止を図るための麻薬及び向精神薬取締法等の特例等に関する法律」6条の罪に当たる行為を行っている疑いがあると認められる取引をいう。

③　当該顧客等が自然人である場合にあっては職業、当該顧客等が法人である場合にあっては事業の内容

④　当該顧客等が法人である場合、実質的支配者の本人特定事項

実質的支配者は以下の区分に応じて定まる。

〔i〕　資本多数決法人[23]のうち、その議決権の総数の４分の１を超える議決権を直接または間接に有していると認められる自然人（当該資本多数決法人の事業経営を実質的に支配する意思または能力を有していないことが明らかな場合または他の自然人が当該資本多数決法人の議決権の総数の２分の１を超える議決権を直接もしくは間接に有している場合を除く）があるものについては、当該自然人（犯罪収益移転防止法施行規則11条２項１号）

〔ii〕　上記〔i〕以外の資本多数決法人のうち、出資、融資、取引その他の関係を通じて当該法人の事業活動に支配的な影響力を有すると認められる自然人があるものについては、当該自然人（同項２号）

〔iii〕　資本多数決法人以外の法人のうち、次のイまたはロに該当する自然人があるものについては、当該自然人（同項３号）

　　イ　当該法人の事業から生ずる収益または当該事業に係る財産の総額の４分の１を超える収益の配当または財産の分配を受ける権利を有していると認められる自然人（当該法人の事業経営を実質的に支配する意思

22　本邦に在留する本邦内に住居を有しない外国人であって、その所持する旅券または乗員手帳の記載によって当該外国人のその属する国における住居を確認することができない者については、一定の取引については住居の代わりに国籍および旅券等の番号が本人特定事項となる（犯罪収益移転防止法施行令10条、犯罪収益移転防止法施行規則８条１項）。

23　「資本多数決法人」とは、株式会社、投資法人、特定目的会社等をいう。その法人の議決権が株式の保有数または当該株式の総数に対する当該株式の保有数の割合に応じて与えられる法人は、資本多数決法人に該当する。なお、資本多数決法人に関して、議決権は、株式の相互保有（会社法308条１項。その他これに準じる会社法以外の法令（外国の法令を含む）の規定による場合も含む）により行使することができないとされる議決権を含むが、役員選任および定款変更に関する議案の全部につき株主総会において議決権を行使することができない株式に係る議決権は除かれる。

または能力を有していないことが明らかな場合または当該法人の事業から生ずる収益もしくは当該事業に係る財産の総額の2分の1を超える収益の配当もしくは財産の分配を受ける権利を有している他の自然人がある場合を除く)

　　ロ　出資、融資、取引その他の関係を通じて当該法人の事業活動に支配的な影響力を有すると認められる自然人

　(iv)　上記(i)〜(iii)のいずれの者もいない法人については、当該法人を代表し、その業務を執行する自然人（同項4号）

　ハイリスク取引については、上記①〜④の事項の確認に加え、上記のとおり当該取引が200万円を超える財産の移転を伴うときは資産および収入の状況の確認も行う必要がある[24]。

　また、特定事業者は、顧客等が会社である場合には、当該顧客等に加えて、特定取引等を実際に行う取引担当者である自然人の本人特定事項の確認を行わなければならない（犯罪収益移転防止法4条4項）。もっとも、取扱担当者に変更があったとしても、新たな取扱担当者について本人特定事項の確認を行う必要はないとされている。

　本人特定事項の確認方法は、犯罪収益移転防止法施行規則6条に定められており、以下のようなものがあげられる。

①　本人確認書類の提示を受ける方法（同条1項1号イ、3号イ）

　　法人の場合の登記事項証明書はこの方法でよい（ただし、顧客等から提示を受けずに登記情報を確認する方法も認められている。下記⑤参照）。自然人の場合も、運転免許証など顔写真が貼付されている本人確認書類は提示を受けるだけでよい。

②　本人確認書類の提示を受けるとともに、当該本人確認書類に記載されて

24　ハイリスク取引に関して、顧客等が外国PEPsであることはどう確認すればいいかが問題となるが、商業用データベースを活用して確認する方法のほか、インターネット等の公刊情報を活用する方法、顧客等に申告を求める方法等が考えられる。

いる当該顧客等の住居に宛てて、取引関係文書を書留郵便等により、転送不要郵便物等として送付する方法[25]（同項1号ロ）

　自然人につき、顔写真が貼付されていない本人確認書類の場合にこの方法が可能である。

③　2つの本人確認書類の提示を受ける方法、または補完書類[26]とともに提示を受ける方法（同項1号ハ）

　やはり自然人につき、顔写真が貼付されていない本人確認書類の場合に、顔写真が貼付されていない本人確認書類のうち一定の組合せの提示を受ける方法と、1つの本人確認書類と補完書類の提示を受ける方法が可能である。

④　非対面の場合、自然人については、以下の方法がある。

　（ⅰ）　オンラインで完結する確認方法

　　ソフトウェアを提供してそれを使用し、当該ソフトウェアにより撮影された容貌および写真付き本人確認書類の送信を受ける方法（同項1号ホ）、撮影された容貌とともに、運転免許証などの写真付き本人確認書類に組み込まれたICチップ情報の送信を受ける方法（同項1号ヘ）等の方法がある。

　（ⅱ）　それ以外の確認方法

　　本人確認書類（写しの場合は2種か、または補完書類も必要）の送付、本人確認書類に組み込まれたICチップ情報の送信、または一枚に限り発行される本人確認書類の画像情報の送信等を受けるとともに、そこに

25　取引関係文書を書留郵便等により、転送不要郵便物等として送付する方法に代えて、当該場所に赴いて交付する方法も認められている（犯罪収益移転防止法施行規則6条4項）。

26　「補完書類」とは、国税・地方税の領収証書、納税証明書、社会保険料の領収証書、公共料金の領収証書等で、領収日付の押印または発行年月日の記載がありその日が提示または送付を受ける日の前6カ月以内のものに限られる（犯罪収益移転防止法施行規則6条2項）。

記載または記録されている当該顧客等の住居に宛てて、取引関係文書を
書留郵便等により、転送不要郵便物等として送付する方法（同項1号
チ、リ）

⑤　法人については、さらに以下の方法がある。

（i）　顧客等から、法人の名称および本店等の所在地の申告を受け、かつ、
一般社団法人民事法務協会が運営する登記情報提供サービスからの登記
情報の送信を受け（同項3号ロ）、または国税庁が運営する法人番号公表
サイトで公表されている登記情報を確認する方法（同項3号ハ）

対面でも非対面でも可能である。ただし、登記情報提供サービスを利
用する方法については、取引担当者が代表権を有する役員として登記さ
れていない場合に対面しないで上記申告を受ける場合には、取引関係文
書を書留郵便等により、転送不要郵便物等として送付する必要がある。
国税庁の法人番号公表サイトを確認する方法についても、非対面の場合
には、取引関係文書を書留郵便等により、転送不要郵便物等として送付
する必要がある。

（ii）　本人確認書類またはその写しの送付を受けるとともに、そこに記載さ
れている顧客等の本店等に宛てて、取引関係文書を書留郵便等により転
送不要郵便物等として送付する方法（同項3号ニ）

非対面取引の場合に可能な方法である。

c　本人確認書類

犯罪収益移転防止法施行規則7条は、本人確認書類を定めるが、対面取引
が可能な場合に、実務上簡易と思われる方法、すなわち、提示のみで足りる
本人確認書類としては、以下のものがあげられる。

①　日本法人

登記事項証明書（同条2号イ）

もっとも上記のとおり顧客等からその提示を受けずに登記情報を確認す
る方法もある。

② 外国法人

　日本の承認した外国政府の発行した書類で登記事項証明書に準ずるもの（同条4号）

③ 自然人

　運転免許証・運転経歴証明書、在留カード、特別永住者証明書、個人番号カードまたはパスポート（氏名、住居および生年月日の記載があるものに限る）（同条1号イ）。これらは顔写真が貼付されているものである。日本に在留していない外国人については、日本の承認した外国政府の発行した書類でこれらに準じるもの（氏名、住居および生年月日の記載があるものに限る）も可能である（同条4号）。

(6) 貸金業の登録

a 貸金業の該当性について

　「貸金業」とは、金銭の貸付けまたは金銭の貸借の媒介[27]（以下「貸付け」という）を業として行うものをいう（貸金業法2条1項）が、投資ファンドの運用行為としてこれに該当する行為を行う場合、貸金業法に基づく登録を行う必要がある（同法3条1項）[28]。

　「業として行う」とは、反復継続の意思をもって金銭の貸付けをなすことと解されており、かかる意思がある場合には、一度の貸付けでも「業として行う」に該当することになる。

　投資ファンドの運用行為の1つとして、貸付金債権の譲受け（ローン債権の買取り等）が考えられるが、これは、貸金業に該当しないものと考えられ

---

[27] 手形の割引、売渡担保その他これらに類する方法によってする金銭の交付または当該方法によってする金銭の授受の媒介を含む。

[28] 二以上の都道府県の区域内に営業所または事務所を設置してその事業を営もうとする場合にあっては内閣総理大臣の、一の都道府県の区域内にのみ営業所または事務所を設置してその事業を営もうとする場合にあっては当該営業所または事務所の所在地を管轄する都道府県知事の登録を受けなければならない。

る。「貸付け」を発生原因とする債権の譲受けは、法的には「貸付け」とは別の行為であり、業としてこれを行ったとしても、それ自体は貸金業に該当しないと考えるべきだからである。このことは、債権譲渡によって、貸金業者に対する行為規制が潜脱されることのないよう貸金業法24条において債権譲渡等の規制が設けられていることとも整合的である。

ただし、貸金業法上、貸金業者からの譲受けの場合には、当該譲受人にも貸金業者に係る規制の一部が準用され、契約締結前の書面の交付、契約締結時の書面の交付、帳簿の備付け、取立行為の規制等が及ぶことには留意する必要がある（同法24条2項）。

なお、金銭の交付がなくとも、貸付けに係る弁済期日を延期するなど新たな信用供与がなされた場合には「貸付け」に該当しうると考えられる。とすれば、たとえば、譲り受けた貸付金債権について、貸付けに係る弁済期日の延期等の新たな信用供与とみられる行為がなされた場合には、「貸付け」に該当することになると考えられる。

b　登録について

貸金業の登録は「法人」または「個人」について行う必要がある（貸金業法4条1項2号、3号）。「法人」には、「人格のない社団又は財団で代表者又は管理人の定めのあるものを含む」（同項2号）ため、組合が権利能力なき社団に該当する場合には、組合が「法人」として登録を行い、これに該当しないのであれば貸金業に該当する行為を行う構成員[29]が登録を行うことになる。

組合の構成員が登録を行う場合、業務執行を行う組合員のみの登録で足りるのか、それとも組合員全員での登録が必要なのかが問題となるが、貸金業

---

[29]　当該貸金業に該当する行為を行う構成員が組合であって権利能力なき社団に該当しない場合には、当該構成員たる組合の構成員で貸金業に該当する行為を行う者が登録することとなる（その者も権利能力なき社団に該当しない組合である場合には、さらにその構成員にさかのぼり、以下同じである）。

に該当する行為を行うのは業務執行を行う組合員だけであるため、当該組合員のみが登録すれば足りると考えられる。

したがって、自己運用を行う投資ファンドの運営者が運用行為を行う投資ファンドにおいて貸金業に該当する行為を行う場合、当該投資ファンドの運営者が貸金業者としての登録を行うべきである。

なお、投資運用業を行う投資ファンドの運営者は、貸金業その他貸付けに係る業務を行うに際しては、貸金業者としての登録とは別に、金商法上の届出（下記8(3)参照）を行う必要がある（金商法35条3項、2項3号）。

(7)　協会加入

金融商品取引業協会に加入する場合には、加入手続を進める必要がある。金商法上、金融商品取引業協会への加入義務はないが、投資助言代理業以外の金融商品取引業を行う場合は、加入していない金融商品取引業者に対しても金融商品取引業協会に加入した場合と同等の社内体制の整備が求められる（金商法29条の4第1項4号ニ）。そのため、半ば協会に加入することが強制される状況となっている。

8 金融商品取引業者の行うことができる業務の範囲

(1)　兼業に関する規制

他に行う事業が公益に反することが登録拒否事由とされているため（金商法29条の4第1項1号ニ）、金融商品取引業者は、このような業務を行うことはできない。

加えて、投資運用業を行う金融商品取引業者については、その行うことが

できる業務の範囲には以下のような制限がある（金商法35条）。なお、これら
は金商法における制限であり、具体的な業務を行う際には、他の法令により
関係当局の承認、許可もしくは関係当局への登録、届出等が必要となるかの
検討が別途必要になる。

(2) 投資運用業を行う金融商品取引業者の付随業務

投資運用業を行う金融商品取引業者は、その行う投資運用業に付随する業
務を行うことができる（金商法35条1項）。これらの業務については、届出等
は不要である。投資ファンドに関連する業務として問題となりうるものとし
て主なものは以下の①～⑧のとおりである。

① 有価証券の貸借またはその媒介もしくは代理

② 有価証券に関連する情報の提供または助言（金商法2条8項11号に掲げる
投資助言業務に該当するものを除く）

③ 他の金融商品取引業者等が行うことができる金融商品取引業（登録金融
機関が行う登録金融機関業務を含む）および付随業務（所定のものは除く）の
代理

④ 他の事業者の事業の譲渡、合併、会社の分割、株式交換もしくは株式移
転に関する相談に応じ、またはこれらに関し仲介を行うこと

⑤ 他の事業者の経営に関する相談に応じること
金融商品取引業者の固有業務と付随業務との関連性は求められていない
と考えられている（2007年金融庁パブコメ209頁12番参照）。

⑥ 通貨その他デリバティブ取引（有価証券関連デリバティブ取引を除く）に
関連する資産として政令で定めるもの[30]の売買またはその媒介、取次もし
くは代理

⑦ 譲渡性預金その他金銭債権（有価証券に該当するものを除く）の売買また

---

30 現在のところ、政令に規定はない。

はその媒介、取次もしくは代理

⑧　投資信託及び投資法人に関する法律2条1項に規定する特定資産（宅地および建物（宅地建物取引業法2条1号）、商品（商品先物取引法2条1項）または商品投資等取引に係る権利（投資信託及び投資法人に関する法律施行令3条10号）を除く）に対する投資として、運用財産の運用を行うこと

(3)　届出業務

投資運用業を行う金融商品取引業者は、上記(2)の業務のほか、届出を行うことにより一定の業務を兼業することができる（金商法35条2項、3項、金商業等府令68条）。投資ファンドに関連する業務として問題となりうる主たるものは以下の①〜⑭のとおりである。

①　商品先物取引法2条21項に規定する商品市場における取引等に係る業務

②　商品の価格その他の指標に係る変動、市場間の格差等を利用して行う取引として内閣府令で定めるもの[31]に係る業務

③　貸金業その他貸付けに係る業務

④　商品投資に係る事業の規制に関する法律2条1項に規定する商品投資により、または価格の変動が著しい物品もしくはその使用により得られる収益の予測が困難な物品として政令で定めるもの[32]（同項3号に規定する指定物品を除く）の取得（生産を含む）をし、譲渡をし、使用をし、もしくは使用をさせることにより、他人のため金銭その他の財産の運用を行う業務

⑤　有価証券またはデリバティブ取引に係る権利以外の資産に対する投資として、運用財産の運用を行う業務

⑥　金地金の売買またはその媒介、取次もしくは代理に係る業務

⑦　組合契約の締結またはその媒介、取次もしくは代理に係る業務

⑧　匿名組合契約の締結またはその媒介、取次もしくは代理に係る業務

31　①外国商品市場取引、②店頭商品デリバティブ取引（金商業等府令67条）。

32　商品先物取引法2条1項に規定する商品（金商法施行令15条の26）。

⑨　貸出参加契約（金融機関等貸出債権に係る権利義務関係を移転させずに、原貸出債権に係る経済的利益および損失の危険を原債権者から第三者に移転させる契約をいう）の締結またはその媒介、取次もしくは代理に係る業務

⑩　信託業法2条8項に規定する信託契約代理業

⑪　次の(i)、(ii)に掲げる取引またはその媒介、取次もしくは代理を行う業務

　(i)　当事者が数量を定めた算定割当量について当該当事者間で取り決めた算定割当量の相場に基づき金銭の支払を相互に約する取引その他これに類似する取引

　(ii)　当事者の一方の意思表示により当事者間において上記(i)の契約に係る取引および上記に掲げる取引を成立させることができる権利を相手方が当事者の一方に付与し、当事者の一方がこれに対して対価を支払うことを約する取引その他これに類似する取引

⑫　有価証券またはデリバティブ取引に係る権利以外の資産に対する投資として、他人のため金銭その他の財産の運用を行う業務

⑬　債務の保証または引受けに係る契約の締結またはその媒介、取次もしくは代理に係る業務

⑭　他の事業者の業務に関する広告または宣伝を行う業務

(4)　承認業務

　投資運用業を行う金融商品取引業者は、上記(2)および(3)の業務のほか、内閣総理大臣の承認を受けた業務を兼業することができる。かかる業務を承認業務という。

　承認にあたっては、以下の①〜④が留意される（金商業者等監督指針VI－3－2－1）。

①　当該業務が関係法令に抵触するものとなっていないか

②　純財産額が5,000万円（適格投資家向け投資運用業者（第一種金融商品取引業を行う者を除く）が申請する場合にあっては1,000万円）を下回るおそれは

ないか

③　顧客との契約締結等を伴う業務については、当該契約締結等にあたって
投資者保護に必要な利益相反防止の方策等が具体的に整備されているか

④　当該業務に係る社内規則が整備されているか

第 7 章

投資ファンドの運営者に
関する規制総論

投資ファンド組成のための社内手続

投資ファンドに係る業務についても、会社の一般的な業務と同様に、あらかじめ業務内容に従い社内での決裁権限を明確に定める必要がある。投資ファンドの運営者は、ファンドの組成および投資家の勧誘という局面、ファンドの具体的な投資、資産の管理およびレポーティングという局面の大きく2つの局面について、関連する規制を考慮する必要がある。金商法との関係では、前者については自己募集（第二種金融商品取引業、適格機関投資家等特例業務）、後者については自己運用（投資運用業、適格機関投資家等特例業務）として整理される。

 典型的な業務の流れと規制

自己募集、自己運用を行うファンド業者（以下「ファンド業者」という）の業務について考えられる流れと金商法の規制をまとめると以下のとおりとなる。

(1) 勧誘（第二種金融商品取引業、適格機関投資家等特例業務）

a 準備段階

① 潜在顧客の把握

具体的な勧誘に先立ち、勧誘対象となる潜在顧客を把握することであり、ソーシングと呼ばれることもある。勧誘に当たらない範囲で資料を配布等する場合には、広告規制（第8章3参照）に注意する必要がある。また、具体的な勧誘を行う前に金サ法上の勧誘方針を作成のうえ公表しておく必要がある（第6章7(3)参照）。

② 顧客属性の確認

　適格投資家向け投資運用業、適格機関投資家等特例業務であれば、対象としうる投資家の範囲が限定されている。また、行為規制との関係で特定投資家（第8章5参照）に該当するか、適合性の観点からどのような商品を販売することができるか、どのような説明をすべきかなどを判断するため具体的な勧誘に先立ち、顧客属性を的確に把握する必要がある。顧客属性を把握するためには、保有資産や投資意向、投資経験などに関する質問表を作成のうえ、住所等の連絡先とあわせて、潜在的な顧客に回答してもらうことが有益である。また、この質問にあわせて、各種書面の電磁的方法による交付に関する承諾についても確認しておくと便利であろう（第8章14参照）。個人顧客の連絡先や保有資産の情報は個人情報に該当するため、その取得に先立ち、個人情報保護宣言を作成のうえ公表しておくこと（第6章7(4)b参照）、利用目的を顧客本人に対して明示すること（第6章7(4)c参照）が必要である。なお、法人顧客についても担当者に関する情報は個人情報に該当するため、同様に注意する必要がある。

　なお、たとえば、投資家が自らの投資ビークルを介してファンドへの投資を検討している場合、各規制の目的等を考慮して、最終投資家、投資ビークルまたはその両方のいずれを顧客と考えるべきかを検討する必要がある。ファンドの運用について投資一任契約、投資顧問契約を締結しようとする場合、基本的にはファンドの投資家ではなく、運営者が顧客に該当する。

③ 顧客カードの作成

　上記②で取得した潜在顧客に関する情報を一元的に管理するために、顧客カード、データベースを作成することが一般的であろう。これらは個人情報データベース等に該当するため、その取扱いには十分に注意する必要がある（第6章7(4)参照）。

以上の勧誘の準備段階の業務については、顧客管理を行う部署が担当する

ことが一般的であろう。なお、金商業者等監督指針でも「顧客属性等の的確
な把握及び顧客情報の管理の徹底」（Ⅲ－2－3－1(1)①）が求められている
ため、会社の人的規模がさほど大きくないファンド業者の場合、顧客情報を
一元的に管理するほうが望ましいと思われる。また、このように管理してい
る顧客情報は、適宜、実際に勧誘を行う部署や担当者に伝え、ファンド業者
として適合性原則に沿った勧誘が行われるように態勢を整備する必要がある
（金商業者等監督指針Ⅲ－2－3－1(1)②参照）。

b　個別ファンドの勧誘に向けた準備

①　勧誘対象となる顧客の選別

　　上記aで把握した各顧客の属性を確認のうえ、狭義の適合性（第8章6
参照）に注意し、勧誘する投資ファンドの性質との関係で勧誘対象となる
顧客を選別する。なお、外国の投資家を勧誘対象とする場合には、外為法
についても検討する必要がある（下記3(3)参照）。また、株式を運用対象と
する投資ファンドについて銀行および保険会社ならびにこれらの子会社を
勧誘対象とする場合、議決権の取得等の制限（銀行法16条の4、保険業法
107条、独占禁止法11条）に留意する必要がある（下記3(2)参照）。ファンド
の運用を行う者が金融商品取引業の登録の例外を利用する場合には、顧客
が適格機関投資家か否か、適格機関投資家等特例業務の対象としうる投資
家か、人数はどうかなどの確認が必要となる（それぞれの要件は、第4章参
照）。

②　勧誘資料の作成

　　当然のことではあるが、内容について虚偽がないこと、記載について誤
解を生じさせないようにすることが必要である（第8章7(2)参照）。加え
て、金商法の告知事項（第8章10参照）、金サ法の説明事項（第8章7(3)参
照）に留意する必要がある。

③　組合契約書および契約締結前交付書面等の作成

　　組合契約書（下記3(5)参照）を作成した後または作成と並行して、契約

締結前交付書面（第8章11参照）および契約締結時交付書面（第8章12参照）を作成することになる。

実務上は、顧客の意向等を聞きながら、組成する投資ファンドの詳細を決めていくことが多い。金商法も、投資ファンド持分の勧誘が募集に当たるか否かを、取得ベースで判断する建付としており（金商法2条3項3号）、こうした実務を当然の前提にしていると考えられる。

この点、金商法上、「勧誘」を行う場合は各種規制の適用があるが、「勧誘」の定義はない。有価証券の取得・買付けの勧誘を、「特定の有価証券についての投資者の関心を高め、その取得・買付けを促進することとなる行為」であるとする解釈があるが[1]、これに当たるか否かは事実認定の問題といえるため、どの時点から金商法上の「勧誘」に当たるかは不明確である。とはいえ、組合契約の要素が定まっており、他の同種の契約と区別できる状態に至った場合は、当該組合契約を提示する行為は「勧誘」に該当すると認定される可能性が高まると思われる。このように「勧誘」に該当する可能性が生じた場合には、「勧誘」に伴う規制、特に、金商法の告知義務や金サ法の説明義務に留意する必要がある。なお、金融庁は「投資運用業者が証券会社主催の投資セミナーに同席し、自己の個別商品の内容に言及する場合であっても、勧誘を証券会社等に委託するなどしていれば、追加の業登録（第二種金融商品取引業）は基本的には不要と解される」との見解を示している（平成20年2月21日金融庁・証券取引等監視委員会「金融商品取引法の疑問に答えます」5頁）。この見解を素直に読めば、金融庁は、個別商品の内容に言及することが勧誘に該当することを前提にしていると考えられる。

上記①は、上記aと同様に顧客管理を行う部署が担当することが一般的と思われる。上記②および③はこのような書面の作成を担当する部署が行うことになると思われるが、組合契約書は顧客の意向等を反映する必要があるた

1　神崎克郎＝志谷匡史＝川口恭弘『金融商品取引法』317頁（青林書院、2012年）。

め、適宜、下記 c の勧誘を行う部署と連携して進めていく必要がある。また、組合契約書等の法律文書は弁護士等の外部専門家と協議しながら作成していくのが一般的と思われる。なお、規模の大きくないファンド運営者では、組合契約書の主要な条項について取締役会の決議を経ている例が比較的多いように思われる。

適格機関投資家等特例業務として勧誘を行う場合は、勧誘を開始する前に、対象となるファンドの名称および1名以上の適格機関投資家の氏名または名称を特定し、届出を行う必要がある（金商法63条2項、金商業等府令236条1項、別紙様式第20号）。

c　勧誘・契約の締結

① 勧誘資料・契約締結前交付書面の交付、説明

個別ファンドへの投資勧誘の場合、組合契約等の概要、ファンドが行っている事業の概要、当該契約に基づく権利のリスクに関する説明を十分行う必要がある（金商業者等監督指針Ⅴ－2－1－1⑷①）。加えて、金商法の告知事項、金サ法の説明事項に留意する。告知事項等を記載した書面を渡すだけでは十分ではなく、内容をきちんと告知、説明する必要がある（金商法23条の13第4項本文、特定有価証券開示府令20条1項、金サ法4条1項）。ファンドの運用に関して投資一任契約、投資顧問契約を締結する場合、ファンドの運営者に対して、金商法および金サ法に基づく当該契約に係るリスク説明が必要となる。

なお、特定投資家に対しては契約締結前交付書面を交付する必要はなく、金サ法上の説明義務の適用もない（第6章7⑶参照）。

② 組合契約申込書の受領、取引時確認手続

組合契約の申込みの際に、取引時確認も行う必要がある（第8章15参照）。

本人確認書類については、顧客カードとともに保存するのが一般的と思われる。投資一任契約、投資顧問契約については、金銭の預託を受けない限り、犯罪収益移転防止法上の取引時確認義務は原則としてない（犯罪収

益移転防止法 4 条 1 項、犯罪収益移転防止法施行令 7 条 1 項 1 号ヌ)。

③　出資の割当、組合契約の締結

　　顧客からの申込状況を考慮して、ファンド運営者が個々の顧客の具体的な出資割合を割り当て、割り当てられた出資の払込みまたは出資約束(コミットメント)によって組合契約が成立するという建付が多いと思われる。

④　契約締結時交付書面の交付

　　締結した契約の内容を顧客が確認できるようにするため、契約成立後遅滞なく交付しなければならない(金商法37条の 4)。

⑤　法定帳簿の作成

　　勧誘の段階で作成が必要となる法定帳簿は、勧誘を実際に行う部門において作成することが通常であろう。

　勧誘および組合契約の締結手続は、実際に勧誘を行う部署で行うことが通常であろう。そのため、勧誘を行う部署でも適合性原則のほか、取引時確認の方法や契約締結時交付書面の交付時期、金商法の告知事項、金サ法の説明事項、オプトイン・オプトアウト等についての理解が必須である。金商業者等監督指針においても「金融商品取引業者は、顧客属性等に則した適正な勧誘の履行を確保する観点から、営業員の勧誘実態等の把握及び法令遵守の徹底が重要である」(Ⅲ－ 2 － 3 － 2)との指摘がある。

　また、顧客開拓に関連して贈答、接待が行われることがあるが、特に公的機関を相手方とする場合には、贈賄罪との関係で注意が必要である。また、過剰な接待は、特別利益の提供(金商法38条 7 号、金商業等府令117条 1 項 3 号)に該当する場合があるため(平成27年12月15日金融庁「ドイツ証券株式会社に対する行政処分について」など)、あらかじめ社内で金額、頻度等に関する基準を設けて、事前および事後の確認を行うことが望ましい。

(2) 運用（投資運用業、適格機関投資家等特例業務）

a 投資実行時

① 投資機会の発掘および検討

② 投資案件の審議および承認

③ 投資案件の実行の決定

運用として株式を含む一定のエクイティ証券の取得を行う場合、取得の方法としての公開買付け規制（金商法27条の2）、取得後の大量保有報告書の提出義務（同法27条の23）、特定組合等に関する規制（同法165条の2）にそれぞれ留意する必要がある（公開買付け規制は第9章12、大量保有報告書の提出義務は第9章13、特定組合等に関する規制は第9章14をそれぞれ参照）。また、上場会社の株式の過半数を所有している等の場合には、事業年度ごとに親会社等状況報告書を提出する必要がある（同法24条の7）。上場有価証券を頻繁に取引する形の運用を行う場合は、相場操縦（同法159条）その他不公正取引（同法157条）、空売り規制（同法162条）などにも留意する必要がある。

また、独占禁止法により、(ⅰ)投資ファンドのビークルである一定の組合を支配している会社（支配会社）とそのグループ会社との合計の国内売上高が200億円超であるとき、(ⅱ)当該投資ファンドが、子会社（一定の組合も含む）と合計した国内売上高が50億円超となる会社の株式を取得しようとする場合、当該投資ファンドによる取得を支配会社による取得とみなし、(ⅲ)取得後に支配会社とそのグループ会社が合算して20％超（または50％超）の議決権を保有することになる場合には、原則として、支配会社に株式の取得に関する計画の事前届出義務が課されたことに留意が必要である（同法10条5項、2項、6項、7項、独占禁止法施行令16条3項）。

b 投資回収時

① 投資回収戦略の発議および準備

② 投資回収の提案

③ 投資回収の決定

　投資の実行や投資回収の決定などの重要事項について、投資委員会の判断に委ねることがある。投資委員会については、投資ファンドの内部機関とする場合、ファンド運営者の内部機関とする場合、または投資ファンドおよびファンド運営者から独立した第三者機関とする場合等が考えられる。ファンド運営者の内部機関とした場合、投資の決定を行っているのはファンド運営者となるため、投資委員会またはその構成員が行う意思決定などが金融商品取引業に該当するかという問題は生じにくい。

　他方、投資ファンドの内部機関とした場合や投資ファンドおよびファンド運営者から独立した第三者機関とした場合は、ファンド運営者以外の者が投資の決定を行っていることになるため、投資委員会またはその構成員が行う意思決定などについて金融商品取引業に該当するかという問題が生じる。そのため、このような場合は投資の意思決定を投資委員会に委ねるのではなく、投資委員会を単なる諮問機関にして最終的な意思決定をファンド運営者が行う形にするなど適当な措置をとる必要がある。なお、意思決定をどこが行っているかは事実に照らして決まるため、諮問機関と名付けるだけでは不十分であり、実質的に意思決定を行っているのがどこかが問題である。

　投資対象先の協力を得て投資の可否に関する調査を行う際、ファンド業者の従業員等は投資対象先の秘密情報に触れることが多い。このような場合、守秘義務契約を締結することが一般的であり、基本的にはその契約に従うことになるが、実際に投資を行ったか否かを問わず、これらの情報の管理は厳格に行う必要がある。法人関係情報（金商業等府令1条4項14号）の管理に不備がないようにすること（金商法40条2号、金商業等府令123条5号）に加え、インサイダー取引（金商法166条1項）についてもあわせて留意する必要がある。このことは、下記c①についても同様に考慮すべきである。

c　投資期間中

① 投資先企業への経営支援等

当該業務の業法上の問題については、第4章1(8)参照。

② 取引残高報告書、運用報告書の交付

第8章13、第9章9参照。

③ 運用財産の管理

運用財産の分別管理義務については、第8章17、第9章7参照。

④ 法定帳簿の作成および保管

作成すべき帳簿、作成するタイミング、保存すべき期間等を、実際に行う業務との関係で確認する必要がある。金商法上作成および保存が必要となる帳簿は、会計に関する帳簿とは異なり、実施した具体的業務の記録であるため、当該業務を担当する部署が作成することが望ましいことが多い。詳しくは第8章16、第9章11参照。

(3) 業務の運営状況に関する規制

上記に加えて、金融商品取引業として業務を行う場合、金融商品取引業等に係る電子情報処理組織の管理を十分に行う必要がある（金商法40条2号、金商業等府令123条1項14号）。また、電気通信回線に接続している電子計算機を利用してその業務を行う場合は、顧客が当該金融商品取引業者を他の者と誤認することを防止するための適切な措置を講じる必要もある（金商法40条2号、金商業等府令123条1項23号）。

③ 金融商品取引法以外に遵守すべき事項

(1) 民法・投資事業有限責任組合法等

a 民 法

民法上の組合は、投資事業有限責任組合等の他の組合と区別する趣旨で、

任意組合と呼ばれることがある。組合契約は、共同事業性と出資の約束が成立要件となる（民法667条1項）。

　(ア)　共同事業性

組合の目的たる事業は、すべての当事者にとって共通のものでなければならない。具体的に考慮すべき事項として、次の①、②がある（鈴木禄彌編『新版　注釈民法⒄　債権8』48頁以下（有斐閣、2001年）参照）。

①　すべての当事者が組合の事業の遂行に関与する権利を有すること

　　関与の程度は一様である必要はないが、最低でも業務執行に対する監督の権限を有することは必要と考えられる。

②　すべての当事者が事業の成功に利害関係を有すること

　　成功について利害関係を有していれば足り、対内的に損失分担義務を負わない当事者があってもよい。

　(イ)　出　　資

出資は、金銭に限られない。労務による出資も可能である（民法667条2項）。もっとも、出資をすることは当事者の義務であり、出資をしない者は組合員となりえない。民法上、出資と配当の割合が異なっていても特に問題はない。

　(ウ)　その他

正当な理由に基づいて組合を脱退する可能性を著しく困難にする規定は無効となる（大判昭18.7.6民集22巻607頁）。

b　投資事業有限責任組合法

①共同事業性、②出資の約束および③無限責任組合員と有限責任組合員の存在、が成立要件となる（投資事業有限責任組合法3条1項）。

　(ア)　事　　業

民法上の組合と異なり、投資事業有限責任組合において営むことができる事業は法定の範囲に限られている（投資事業有限責任組合法3条1項各号、7条4項）。具体的な事業は、投資事業有限責任組合法3条1項各号に規定さ

れているとおりであるが、若干注意を要するのが同項11号に掲げる事業である。同号および投資事業有限責任組合法施行令3条の規定によれば、この事業は、外国法人の発行する株式、新株予約権もしくは指定有価証券もしくは外国法人の持分またはこれらに類似するものの取得および保有であって、取得の価額の合計額の総組合の出資の総額に対する割合が50％に満たない範囲内において、組合契約の定めるところにより、当該組合の事業の遂行を妨げない限度において行うもの、とされている[2]。

　この点、投資事業有限責任組合法に「外国法人」の定義は見当たらない。もっとも、「外国に所在するこれらの組合に類似する団体に対する出資」（投資事業有限責任組合法3条1項9号）との規定が存在することも考慮すると、「外国法人」には、外国に所在する投資事業有限責任組合または任意組合に類似する団体は含まれないと考えられる。とすれば、これらの外国の組合持分に投資する場合には、投資事業有限責任組合法3条1項11号および投資事業有限責任組合法施行令3条に定める50％の制限は適用されないと考えられる。とはいえ、形式的にこうした外国の組合持分に投資したとしても、最終的な投資先が外国法人の発行する株式等であった場合は、実質的に考えて、この制限の適用が問題になる余地はあると思われる。

　また、外国法人に対する貸付けや有限責任事業組合または合同会社に対する出資は事業の範囲に含まれておらず、債務保証、質権設定および各種デリバティブ取引も投資事業有限責任組合法3条各号に列挙される事業内容を補完しまたは一体不可分としてとらえることができる範囲で行うことができるにとどまる[3]。

2　なお、2021年8月に産業競争力強化法が改正され、投資事業有限責任組合法の特例として、経済産業大臣の認定を受けた投資事業有限責任組合による投資については、外国法人の株式等の取得・保有についての50％の制約の適用が除外された（産業競争力強化法17条の2～17条の4）。

3　平成23年4月経済産業省産業組織課「投資事業有限責任組合に関する最近の問い合わせに対するFAQ集」。

(イ) 出　　資

　民法上の組合と異なり、金銭その他の財産のみをもって出資の目的とすることができる（投資事業有限責任組合法6条2項）。したがって、労務による出資は許されない。また、出資は一口当たりの金額を定め、出資の口数によって各組合員間の出資割合を調整することとなっている（同条1項、3項）。出資一口当たりの金額は、無限責任組合員と有限責任組合員を問わず、均一でなければならない（同条3項）。

(ウ) 組合契約書

　投資事業有限責任組合契約が効力を生じたときは2週間以内に登記を行う義務がある（投資事業有限責任組合法17条）。この登記の申請書には、組合契約書を添付しなければならない（同法27条）。したがって、投資事業有限責任組合契約においては、組合契約書の作成義務があることになる。

　組合契約書には、次の①～⑦の事項を記載し、各組合員が署名または記名押印しなければならないことに留意が必要である（同法3条2項）。

①　組合の事業

　　投資事業有限責任組合法3条1項各号に掲げる事業の範囲内で記載することとなる。なお、登記との関係では、投資事業有限責任組合法3条1項各号に掲げる事業の範囲内であることが明確になるよう、組合の事業は同項各号の文言どおり、または一部削除する形で規定されることが多い。

②　組合の名称

　　組合の名称中には、「投資事業有限責任組合」という文字を用いなければならない（同法5条1項）。「投資事業有限責任組合」という一塊の文字を用いる必要があり、これを分解して、たとえば「投資事業有限責任○○組合」という名称とすることは認められない、と解されている。なお、組合の名称の決定については、有限責任組合員は、その氏、氏名または名称を組合の名称中に用いることを許諾したときは、その使用以後に生じた組合の債務については、無限責任組合員と同一の責任を負うことになる点に

も留意が必要である（同法5条4項）。

③　組合の事務所の所在地

会社法27条3号における本店の所在地についての解釈同様、事務所の所在する独立の最小行政区画、すなわち市町村その他これに準ずる地域（東京都の特別区）を指し、地名番地の表示は必要ない[4]。

組合に対して行う通知または催告は、組合の事務所の所在地または無限責任組合員の住所に宛ててすれば足りる（投資事業有限責任組合法3条3項）。

④　組合員の氏名または名称および住所、ならびに無限責任組合員と有限責任組合員の別

⑤　出資一口の金額

出資一口の金額は、無限責任組合員および有限責任組合員の区別をせずに均一でなければならない（同法6条3項）。

⑥　組合契約の効力が発生する年月日

効力発生日として記載した日から2週間以内に登記を行う必要がある（同法17条1項）。

⑦　組合の存続期間

「存続期間」とは、組合契約の効力発生日から組合の解散（同法13条）までの期間を意味し、清算結了までの期間を意味しない。

㈎　無限責任組合員と有限責任組合員

無限責任組合員は、組合の債務について連帯して責任を負う（投資事業有限責任組合法9条1項）。すなわち、組合の債権者は、全額を無限責任組合員に請求することができる。無限責任組合員はこのような責任を負いつつ、組合の業務執行を行う権限を有する（同法7条1項）。

4　経済産業省経済産業政策局産業組織課編「投資事業有限責任組合契約に関する法律【逐条解説】（平成17年6月1日改訂）」35頁、江頭憲治郎『株式会社法（第8版）』72頁（有斐閣、2021年）。

有限責任組合員は、出資額を限度として組合の債務を弁済する責任を負う（同法9条2項）。有限責任組合員は、無限責任組合員の解任権、組合の業務および財産状況に関する検査権を有する（同法16条、民法672条2項、673条）。

　なお、有限責任組合員については、組合の業務を執行する権限を有する組合員であると誤認させるような行為があった場合には、この誤認に基づき組合と取引をした者に対し無限責任組合員と同一の責任を負うことになる（投資事業有限責任組合法9条3項）。実務上、業務執行に当たる行為について有限責任組合員が行うことができるとすることは論外であるが、何が業務執行に当たるかは明確ではない。さらに、ここで問題となるのは、業務執行に当たる行為それ自体ではなく、業務執行をなす権限を有すると誤認させるような行為である。価値判断を伴うこのような行為類型は個別具体的に判断せざるをえないため、組合の業務執行に対する有限責任組合員の関与の仕方、程度については、この観点からの慎重な検討が必要となる。

　㋔　組合財産の分配制限

　民法上の組合と異なり、貸借対照表上の純資産額を超えて組合財産を分配することはできない（投資事業有限責任組合法10条1項）。

　㋕　任意脱退

　組合契約に別の定めがない限り、各組合員はやむをえない場合以外組合を脱退することはできない（投資事業有限責任組合法11条）。

c　登　　記

　投資ビークルとして投資事業有限責任組合を用いる場合、組合契約の効力発生後2週間以内に、組合の主たる事務所の所在地において一定事項を登記しなければならない（投資事業有限責任組合法17条）。そして、登記すべき事項は、登記の後でなければ善意の第三者に対抗できない（同法4条1項）。

　なお、従前は、登記実務上の運用として無限責任組合員につき①法人または自然人であることが求められ、また、②無限責任組合員のうち少なくとも1名は日本国内に住所を有することが必要とされていた。しかし、上記①、

②のいずれの制限に関しても近時解釈および実務上の取扱いが変更され、このような制限は撤廃されている。

(2) 議決権の取得等の規制

a 銀行法

　原則として、銀行またはその子会社は、合算して、国内の会社の総株主等の議決権について5％超を取得し、または保有してはならない（銀行法16条の4第1項）。当然のことながら、銀行の子会社として許された子会社（同法16条の2第1項）の議決権については、この規制の対象とならない（同法16条の4第1項）。

　組合型の投資ファンドに投資する場合、組合財産は各組合員の共有となる（民法668条、投資事業有限責任組合法16条）ため、組合財産として取得または保有する議決権のうち各投資家の持分比率に応じた議決権を、当該投資家が取得または保有することになる。そのため、銀行を顧客とする場合は、投資ファンドの投資対象または投資方針との関係で、この議決権の取得等の規制に十分に留意する必要が生じる。

　上記の例外として、この規制対象となる「議決権」には、投資ファンドのビークルたる組合の類型ごとに、それぞれ以下の形で取得または保有する議決権は含まれない（銀行法16条の3第9項、2条11項、銀行法施行規則1条の3第1項3号、4号）[5]。

① 民法上の任意組合

　(i) 1人または数人の組合員にその業務の執行を委任していること

　(ii) 業務執行を委任された者でないこと

　(iii) 業務執行組合員以外の組合員が議決権を行使することができないこと

　(iv) 議決権の行使について業務執行組合員以外の組合員が業務の執行を委

5　かつては10年間の保有期間制限が定められていたが、2014年に施行された銀行法施行規則により期間制限が撤廃された。

任された者に指図を行うことができないこと

②　投資事業有限責任組合

　（ⅰ）　有限責任組合員であること

　（ⅱ）　有限責任組合員が議決権を行使することができないこと

　（ⅲ）　行使について有限責任組合員が投資事業有限責任組合の無限責任組合員に指図を行うことができないこと

　もっとも、仮にかかる例外に該当する形で当該株式等が所有されていたとしても、これが現物分配で投資家に直接交付される場合には、もはや例外には該当しない。そのため、現物分配がなされうる契約となっている組合の場合には、少なくとも銀行または銀行の子会社たる投資家には現物分配がなされないような措置がとられることが多いと思われる。

　なお、外国のファンドについては上記のような例外が定められておらず、承認を受けた場合にのみ5％超の取得・保有が認められる（銀行法施行規則1条の3第1項5号）。

b　保険業法

　保険会社に対する規制は、規制される割合が10％超であること以外、ほぼ同内容である（保険業法107条1項、9項、2条15項、保険業法施行規則1条の3第1項3号、4号）。

c　独占禁止法

　銀行および保険会社については、同内容の規制が独占禁止法11条1項4号および5号にも規定されている。

　なお、銀行法・保険業法とは異なり、独占禁止法については10年間の保有期間制限があるため、10年超の保有は原則として認められない（独占禁止法施行令17条）。もっとも、独占禁止法11条1項ただし書は認可による例外を認めており、公正取引委員会による「独占禁止法第11条の規定による銀行又は保険会社の議決権の保有等の認可についての考え方」では一定の要件を満たす場合には認可されることが示されている[6]。

(3) 外 為 法

a 対外直接投資

対外直接投資のうち一定のものについては、事前の届出義務がある（外為法23条1項）。

対外直接投資とは、居住者による外国法令に基づいて設立された法人の発行に係る証券の取得もしくは当該法人に対する金銭の貸付けであって、当該法人との間に永続的な経済関係を樹立するために行われるものとして外為令で定めるもの、または外国における支店、工場その他の事業所の設置もしくは拡張に係る資金の支払をいう（外為法23条2項）。したがって、投資ファンドの投資対象が外国会社の株式である場合、対外直接投資に該当する。

対外直接投資について事前届出義務が課される一定の場合は、外為令12条1項各号に規定がある。したがって、投資ファンドの投資対象に外国会社の株式が含まれる場合には、この規定に該当しないかを検討しておく必要がある。

b 支 払

居住者が本邦から外国へ向けた支払をしたときは、一定の例外を除き、当該居住者は、一定の事項を主務大臣に報告しなければならない（外為法55条1項）。投資ファンドが外国人投資家に配当等を行うことは、居住者である投資ファンドの運営者が本邦から外国へ向けた支払に該当すると考えられるため、免除の例外に該当しない限り、報告義務が発生する。

そして、第8章19(3)と同様に当該支払の額が3,000万円に相当する額以下であれば、小規模の支払等（外為令18条の4第1項1号）として、報告義務が

---

6 10年超の保有を認めるファンドであっても、認可申請はファンド組成時ではなく、実際に10年を経過することが予想される状況となった後に行う。なお、2カ月程度前の時点の事前相談が望ましいとされている（平成26年3月31日公正取引委員会「「独占禁止法第十一条の規定による銀行又は保険会社の議決権の保有等の認可についての考え方（案）」に対する意見の概要とこれに対する考え方」3番）。

免除される。

⑷　貸金業法

第6章7⑹参照。

⑸　契　約　書

　組合契約で無限責任組合員または業務執行組合員の権限を規定している。金商法や各組合の根拠法は、最低限の事項を定めているにすぎず、無限責任組合員または業務執行組合員の権限の多くは組合契約によって定められている。たとえば、投資の決定プロセスや報酬の計算等が重要となる。

第 8 章

自己募集に係る規制

① 顧客に対する誠実義務

　自己募集勧誘を行おうとする者、その役員および使用人は、顧客に対して誠実かつ公正に業務を遂行する義務を負う（金商法36条1項）。

② 名義貸しの禁止

　自己募集勧誘を行おうとする者は、自己の名義をもって、他人に当該行為を行わせることはできない（金商法36条の3）。たとえば、第二種金融商品取引業者を形式的に帯同させ、実質的には自己募集行為を無登録で行うような場合、自己募集行為を行った者が無登録営業による金商法違反に該当するだけでなく、帯同した金融商品取引業者もこの名義貸しの禁止に違反するとされる可能性があると考えられる。

③ 広告規制

(1) 概　　要

　広告規制は、その内容から大きく2つの規制に分けられる。条文上も項を分けて、広告等には一定の事項を表示すべきとする規制（金商法37条1項）、誇大広告を禁止する規制（同条2項）の2つに分けられる。前者の対象は「金融商品取引業の内容について」の広告または広告類似行為であり、後者の対象は「金融商品取引業に関して」の広告または広告類似行為である。したがって、広告規制を考えるうえで、両者に共通する「広告」および「広告

類似行為」の定義が重要である。

　なお、金商法37条１項および２項の規定はいずれも金融商品取引業者等（適格機関投資家等特例業務を行う者も含む）に対する行為規制であるため、その主体として想定されているのも金融商品取引業者等と考えられる。とすれば、金融商品取引業者等以外の者が主体となる「広告」および「広告類似行為」は、原則として広告規制の対象外となる。もっとも、金融商品取引業者等が行っているか否かは、広告等に記載された名義がだれかなどの形式的な判断ではなく、より実質的に判断する必要があると思われる。そうでないと、公共の場所での広告等について規制が及ばなくなるおそれがあるからである。

⑵　「広告」の定義

　金商法には特段の定義がないため、金商法における「広告」とは、一般的な意味における「広告」と同義と考えるべきである。したがって、「広告」とは、媒体を問わず、一定の事項を広く世間に告げ知らせること、と考えられる。

⑶　「広告類似行為」の定義

　多数の者に対して同様の内容で行う情報の提供のうち、①法令等に基づく行政庁の処分に基づき作成された書類の配布、②アナリスト・レポートの配布、または③一定の事項のみが表示されているノベルティ・グッズの提供以外をいう（金商業等府令72条１項）。

　上記①については、平成28年１月14日改正の投資信託協会「広告等に関するガイドライン」８頁では、「法令又は法令に基づく行政官庁の処分に基づき作成された書類を配布する方法」の例として、法定公告、会社公告、目論見書、外国証券情報および投資信託の運用報告書があげられている。

　上記②のアナリスト・レポートに関連して、金融庁は「株価チャートや投

信の基準価格を、顧客に対し郵送する行為（アフターサービスの一環と認められるもの）」は一般的に広告規制の対象とならないとの見解を示している（平成20年2月21日金融庁・証券取引等監視委員会「金融商品取引法の疑問に答えます」4頁参照）。

　上記③のノベルティ・グッズは次の①〜④に掲げるすべての事項のみが表示されている景品その他の物品を提供する方法をいい、「広告類似行為」から除外される（金商業等府令72条1項3号、金商法施行令16条2項1号）。なお、当該事項のうち景品その他の物品に表示されていない事項がある場合、当該景品その他の物品と当該事項が表示されている他の物品とを一体のものとして提供する方法も含まれる。もっとも、他の事項が表示されている場合には、定義上「広告類似行為」から除外されない点に留意する必要がある。

①　出資対象事業もしくはその種類またはこれに準ずる事項の名称または通称

②　実際に情報の提供をする金融商品取引業者の商号もしくは名称またはこれらの通称

　当該事項については、特に明瞭かつ正確に表示しなければならない。

③　顧客が行う金融商品取引行為について金利、通貨の価格、金融商品市場における相場その他の指標に係る変動を直接の原因として損失が生ずることとなるおそれがある場合にあっては、当該おそれがある旨（当該損失の額が保証金等の額を上回ることとなるおそれがある場合にあっては、当該おそれがある旨を含む）

　当該事項の文字または数字は、当該事項以外の事項の文字または数字のうち最も大きなものと著しく異ならない大きさで、特に明瞭かつ正確に表示しなければならない。

④　次の(i)〜(iii)に掲げるいずれかの書面の内容を十分に読むべき旨

　(i)　契約締結前交付書面（下記11に記載）

　(ii)　目論見書（金商業等府令80条1項3号に規定。同号の規定により当該目論

見書と一体のものとして交付される書面がある場合には、当該目論見書および当該書面）

(iii) 契約変更書面（第9章8に記載）

なお、金商業等府令80条1項1号に規定する上場有価証券等書面（同府令72条1項3号ニ(2)）については、ファンド業者は一般的に交付しないものと思われる。

(4) 広告には一定の事項を表示すべきとする規制

金融商品取引業の内容について広告または広告類似行為をするときは、一定の事項を明瞭かつ正確に表示しなければならない（金商法37条1項、金商業等府令73条1項）。表示に際しては、いわゆるリスク情報に関する事項（以下の⑥および⑦）については、それ以外の事項の文字または数字のうち最も大きな文字または数字と著しく異ならない大きさで表示しなければならない（金商法37条1項、金商業等府令73条2項）。

「金融商品取引業の内容について」は、広告として表示される内容に関する要件である。したがって、表示内容が、金融商品取引業の内容に関するものでない限り、金商法上の広告等の規制の適用はないと考えられる。金融庁は、一般論という前提を置いたうえで、(i)従業員等の求人広告、(ii)口座開設の通知またはお礼状（ただし、特定銘柄および特定商品の説明の表示のないものに限る）、(iii)添書または電子メールの本文（特定銘柄および特定商品の説明の表示のないもの。また、審査ずみの広告等を添付するための時候の挨拶や「○○の資料をお送りします。御検討ください」等を記載した添書または電子メールの本文）、(iv)一般的な業務内容（特定銘柄および特定商品の説明の表示のないもの）を説明した資料は、「金融商品取引業の内容について」の要件に該当しないと考えられる、との見解を示している（2007年金融庁パブコメ234頁53番参照）。

ファンド業者にとって記載が必要となる事項は、以下の①～⑦のとおりである（金商法37条1項、金商法施行令16条1項、金商業等府令74条、76条）。

① 当該金融商品取引業者の商号または名称

② 金融商品取引業者である旨

③ 当該金融商品取引業者の登録番号

④ 次の(i)および(ii)。ただし、これらの表示をすることができない場合にあっては、その旨およびその理由（金商法37条1項3号、金商法施行令16条1項1号、金商業等府令74条1項）

  (i) 手数料、報酬、費用その他いかなる名称によるかを問わず、金融商品取引契約に関して顧客が支払うべき対価（手数料等）の種類ごとの金額もしくはその上限額またはこれらの計算方法の概要

    手数料等には、有価証券の価格そのものは含まない。計算方法には、当該金融商品取引契約に係る有価証券の価格もしくは運用財産の額に対する割合または金融商品取引行為を行うことにより生じた利益に対する割合を含む。

  (ii) 上記(i)の金額の合計額もしくはその上限額またはこれらの計算方法の概要

    別の投資ファンドに投資している場合は、投資先の投資ファンドに関する手数料等も記載する（金商業等府令74条2項～4項）。

⑤ 顧客が行う金融商品取引行為について金利、通貨の価格、金融商品市場における相場その他の指標に係る変動を直接の原因として損失が生ずることとなるおそれがある場合にあっては、次の(i)、(ii)に掲げる事項（金商法37条1項3号、金商法施行令16条1項4号）

  (i) 当該指標

  (ii) 当該指標に係る変動により損失が生ずるおそれがある旨およびその理由

    理由としては、当該指標に係る変動がどのような経路でどのような影響を与えた結果、損失が生ずるか、という因果関係を記載することになると考えられる。

146

⑥　当該金融商品取引契約に関する重要な事項について顧客の不利益となる
　事実（金商法37条１項３号、金商法施行令16条１項７号、金商業等府令76条１号）
　　　たとえば、金サ法４条１項５号の規定などが考えられる。

⑦　当該金融商品取引業者等が金融商品取引業協会に加入している場合に
　あっては、その旨および当該金融商品取引業協会の名称（金商法37条１項
　３号、金商法施行令16条１項７号、金商業等府令76条２号）

　その他、金商法施行令16条１項２号、３号、５号および６号に掲げる事項
は、デリバティブ取引に関する事項であるため、ファンド業者については記
載不要と思われる。

(5) そ の 他

　これらのほか、日本証券業協会の「広告等に関する指針」および第二種金
融商品取引業協会の「広告等に関するガイドライン」は、会員以外でも参考
になる。

4　顧客情報の収集・管理（個人情報保護法）

- -

　目的等の通知、第三者提供の同意取得など詳しくは、第６章７(4) c ～ g 参
照。

5　特定投資家制度

- -

(1) 概　　要

顧客が特定投資家に該当する場合、一定の行為規制の適用が除外される

（金商法45条、金商業等府令156条）。また、一定の特定投資家を除き、特定投資家およびそれ以外の投資家（一般投資家）のいずれについてもその属性に応じた告知などが必要となるため、顧客が特定投資家かそれ以外の投資家（一般投資家）に該当するかを勧誘に先立ち確認する必要がある。

（2）　特定投資家の範囲

特定投資家は、①一般投資家へ移行できない特定投資家、②一般投資家へ移行できる特定投資家、③一般投資家から移行してきた特定投資家、に分類できる。

①　一般投資家へ移行できない特定投資家

適格機関投資家、国、日本銀行（金商法2条31項1号〜3号）がこれに該当する。

適格機関投資家は定義府令10条に定められているが、そのうち、金融庁長官に届出を行い時限的に適格機関投資家となった者には、留意する必要がある。具体的には、届出の有効期間、有効期間経過後の再届出の有無を確認し、適格機関投資家であることを適宜確認する必要がある。確認に際しては、金融庁のウェブサイトにある「適格機関投資家に関する情報」を掲載したページが便利である。

なお、投資事業有限責任組合（投資事業有限責任組合法2条2項）は、法人格はないが、組合自体が適格機関投資家に該当する（定義府令10条1項18号）。また、農業協同組合連合会および共済水産業協同組合連合会については、業として預金もしくは貯金の受入れまたは共済に関する施設の事業をすることができるものに限られる（同項9号）。したがって、これらについては定款や登記事項証明書を確認する必要があると思われる。

同様に、農業協同組合および漁業協同組合連合会についても、業として預金または貯金の受入れをすることができるものに限られる（同項15号）。

いわゆる基金型の年金投資家からの場合、通常、年金基金が契約してい

る信託銀行が投資家に該当し、適格機関投資家に分類される（企業内容等の開示に関する留意事項2－5参照[1]）。

② 一般投資家へ移行できる特定投資家

　特別の法律により特別の設立行為をもって設立された法人、金商法79条の21に規定する投資者保護基金、預金保険機構、農水産業協同組合貯金保険機構、保険業法259条に規定する保険契約者保護機構、資産流動化法2条3項に規定する特定目的会社、上場会社、取引の状況その他の事情から合理的に判断して資本金の額が5億円以上であると見込まれる株式会社、金融商品取引業者（第一種金融商品取引業者（有価証券関連業に該当するものに限る）および投資運用業者は除く[2]）または金商法63条3項に規定する特例業務届出者である法人、および外国法人[3]が該当する（同法2条31項4号、定義府令23条）。地方公共団体は、2010年の金商法改正の際に一般投資家とされた。

③ 一般投資家から移行してきた特定投資家

　下記(5)の手続によって、特定投資家とみなされた者のことである（金商法34条の3、34条の4）。

1　信託銀行が、適格機関投資家以外の者に有価証券が交付されるおそれのある信託の契約に基づいて、有価証券を取得し、または買い付けようとする場合、これを知りながら当該信託銀行を相手方として勧誘を行うときには、当該信託銀行は適格機関投資家には該当しないものと取り扱われる（企業内容等の開示に関する留意事項2－5①）。

2　これらの者は、適格機関投資家に該当する（定義府令10条1項1号）ため、一般投資家へ移行できる特定投資家には該当しない（金商法2条31項4号）。

3　法人格のない団体等については、「それ自体に法人格がない信託及びLP等を特定投資家と取り扱うことは適当でなく、信託については受託者、LP等については業務執行者等を基準に特定投資家制度を適用することになるものと考えられます」（2007年金融庁パブコメ111頁36番）との見解が示されている。

(3) 適用が除外される規制

a 特定投資家に勧誘する場合

特定投資家に勧誘する場合、広告等の規制（金商法37条）、不招請勧誘等の禁止（同法38条4号～6号）および適合性の原則（同法40条1号）の適用が除外される（同法45条1号）。

b 特定投資家から申込みを受けた場合、または特定投資家と金融商品取引契約を締結した場合

特定投資家から申込みを受けた場合、または特定投資家と金融商品取引契約を締結した場合、取引態様の事前明示義務（金商法37条の2）、契約締結前交付書面の交付義務（同法37条の3）、契約締結時等交付書面の交付義務（同法37条の4）、保証金の受領に係る書面の交付義務（同法37条の5）、クーリングオフ（同法37条の6）、最良執行方針等書面の交付義務（同法40条の2第4項）および顧客の有価証券を担保に供する行為等に対する制限（同法43条の4）の適用が除外される（同法45条2号）。

締結した契約が投資顧問契約である場合は、投資助言業務に関連する金銭・有価証券の預託の受入れ等の禁止（同法41条の4）および金銭・有価証券の貸付け等の禁止（同法41条の5）の適用も除外される（同法45条3号）。

締結した契約が投資一任契約である場合は、投資運用業に関連する金銭・有価証券の預託の受入れ等の禁止（同法42条の5）、金銭・有価証券の貸付け等の禁止（同法42条の6）および運用報告書の交付義務（同法42条の7）の適用が除外される（同法45条4号）。

ただし、これらの適用除外を受けるためには、関連する顧客からの照会に速やかに回答できる体制など一定の体制の整備が要求される（同法45条ただし書、金商業等府令156条）。

(4) オプトアウト

a 概　要

　一般投資家に移行可能な特定投資家は、金融商品取引契約[4]の種類ごとに、以下の手続を経た後、期限の定めなく、一般投資家とみなされる。

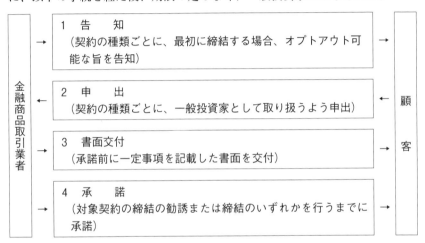

　投資ファンドに関連する金融商品取引契約の種類は、①投資ファンド持分の自己募集または私募もしくは募集の取扱いを行うことを内容とする契約、②投資顧問契約、および投資顧問契約の締結の代理または媒介を行うことを内容とする契約、③投資一任契約、および投資一任契約の締結の代理または媒介を行うことを内容とする契約、の3種類である（金商法34条、金商業等府令53条）。

　なお、金商業等府令53条各号には金商法2条8項15号に掲げる行為（ファンドの自己運用）を行うことを内容とする契約が掲げられていないため、同号に掲げる行為を行うことを内容とする金融商品取引契約については、特定

4　金融商品取引業者または登録金融機関が、顧客を相手方とし、または顧客のために金融商品取引行為（金商法2条8項各号に掲げる行為）を行うことを内容とする契約をいう（同法34条）。

投資家が特定投資家以外の顧客とみなされることが可能となる契約の種類に該当せず、オプトアウトの適用はない。

b 対 象 者

金商法34条の規定からは、金融商品取引契約を締結する相手方当事者が一般投資家へ移行可能な特定投資家か否かを判断すれば足りると考えられる。ただし、金融庁は、「最終的には実質的な取引の当事者が誰であるかを個別事例ごとに実態に即して実質的に判断すべきものと考えられます。したがって、例えば契約の相手方が他の金融商品取引業者により代理又は媒介されている場合であっても、基本的には当該契約の当事者について特定投資家への該当性を判断すべきであると考えられます」（2007年金融庁パブコメ183頁7番）との見解を示している。

c 告知義務

一般投資家に移行可能な特定投資家に対しては、ある金融商品取引契約を締結する際に、これと同じ種類の金融商品取引契約を過去に締結したことがない場合、当該金融商品取引契約を締結するまでに、これと同じ種類の金融商品取引契約については自らを一般投資家として扱うよう申し出ることができる旨を告知しなければならない（金商法34条）。

告知時期については、「当該申込みに係る金融商品取引契約を締結するまでに」行えば足り、契約の締結が具体化する以前の金融商品取引契約の申込みに係る販売・勧誘に際して行うことも可能と考えられる（2007年金融庁パブコメ185頁15番参照）。

また、条文の文言からは、ある種類の金融商品取引契約についてオプトアウトの告知を一度行えば足りると考えられるが、金融庁は「告知の有効期限は定められておらず、また再告知義務は規定されていません。ただし、適合性原則（金商法第40条第1号）を踏まえ、当初の告知から相当期間経過した後には改めて告知することが望ましい場合もあり得るものと考えられます」（2007年金融庁パブコメ185頁17番、18番）と見解を示している。たしかに、顧

客保護という観点からは、必要に応じてオプトアウトの告知をすることは望ましいと思われる。もっとも、相当期間がどの程度の期間を意味するのか不明瞭であるため、保守的な対応として個別の契約締結の直前にオプトアウトの告知を行うことが考えられる。

　告知の方法については特段の定めがないため、書面のほか電子メールや口頭による方法も可能と考えられる。もっとも、告知を行ったという記録を残す観点からは、口頭による方法は避けることが望ましい。

　金融庁によれば、「一律に一般投資家として取り扱う旨」を告げたとしてもこの告知義務が果たされたこととはならず、オプトアウトの告知として、ホームページに所要の情報を掲載する方法や店頭に掲示する方法では認められない（2007年金融庁パブコメ185頁・186頁21番〜24番参照）。そのため、金融商品取引業者は自らの責任でオプトアウトの告知対象となる者か否かを判断したうえで、個別にオプトアウトの告知を行う必要がある。

d　申　出

　一般投資家へ移行可能な特定投資家は、ファンド業者に対し、契約の種類ごとに、当該契約の種類に属する金融商品取引契約に関して自己を一般投資家として取り扱うよう申し出ることができる（金商法34条の2第1項）。

　申出は、金融商品取引契約の締結までに行えば足りる。ファンド業者には承諾義務があるため（同条2項）、オプトアウトの申出があった時点で承諾を行い、たとえ契約直前であっても、契約締結前交付書面の交付など一般投資家に対して必要な行為を行う必要がある。

e　オプトアウト承諾前の交付書面

　ファンド業者は、承諾に先立ち、オプトアウトの申出をした特定投資家に対し、次の①〜④に掲げる事項を記載した書面を交付しなければならない（金商法34条の2第3項、金商業等府令55条）。

①　オプトアウトの申出を承諾する日

②　対象契約の属する契約の種類（上記aの分類に従って記載）

③　申出者は、金商法34条の2第2項の規定による承諾を行ったファンド業者のみから対象契約に関して特定投資家以外の顧客として取り扱われることになる旨

④　ファンド業者が対象契約に基づき申出者を代理して他の金融商品取引業者等との間で承諾日以後に締結する金融商品取引契約については、当該他の金融商品取引業者等からも特定投資家以外の顧客として取り扱われる旨

f　一般投資家とみなすこと

以上のc～eの手続を経てファンド業者が承諾すると、期限の定めなく、当該業者との間で、当該種類の契約について当該申出者を一般投資家とみなすことになる（金商法34条の2第5項）。

なお、承諾日以後に申出者が新たに適格機関投資家となった場合、適格機関投資家は一般投資家に移行可能な特定投資家ではないため、当該申出者が適格機関投資家となった日以後は金商法34条の2第5項～8項の規定は適用されず、一般投資家ではなく特定投資家となる（同条9項）。

g　復帰の申出

再び特定投資家として取り扱うよういつでも申出を行うことができるが、その際にはオプトインとほぼ同様の手続が必要となる（金商法34条の2第10項、11項、金商業等府令57条の2）。元の状態に復帰するだけではあるが、一定の保護を受けられなくなるという意味でオプトインの場合と同様の手続を要求している。

(5)　オプトイン

a　概　　要

特定投資家以外の法人は、ある一定の期間、特定投資家に移行することができる。個人は、一定の要件を満たす者のみが特定投資家に移行することができる。なお、個人が特定投資家に移行する場合、法人が移行する場合に比べて、厳格な手続が定められている。

オプトアウトの場合と異なり、オプトインについては、オプトインの告知義務、一般投資家から特定投資家への移行の申出があった場合の承諾義務は規定されていない。その趣旨は、オプトインの申出を受けたファンド業者は、対象となる金融商品取引契約について申出者を特定投資家として取り扱うことの適否を適合性の原則（金商法40条1号）等に照らして判断する必要がある（同法34条の3第2項、34条の4第2項）ためである。金融庁も「例えば、知識・経験・財産の状況に照らして「特定投資家」として取り扱うことがふさわしくない顧客から「特定投資家への移行」の申出を受けた場合には、適合性の原則（金商法第40条第1号）により、当該申出を承諾してはならないものと考えられます」（2007年金融庁パブコメ196頁5番）との見解を示している。

b 法人が特定投資家に移行する場合

(ア) 移行手続

法人は以下の手続を経た後、特定投資家とみなされる。

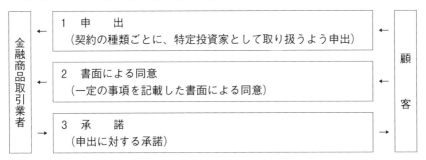

(A) 申　出

法人は、ファンド業者に対し、金融商品取引契約の種類ごとに、当該契約の種類に属する金融商品取引契約に関して自己を特定投資家として取り扱うよう申し出ることができる（金商法34条の3第1項）。申出の形式は定められていない。

(B) 書面による同意および承諾

　ファンド業者は、法人によるオプトインの申出を承諾する場合には、あらかじめ、次の①〜⑪に掲げる事項を記載した書面により、申出者の同意を得なければならない（金商法34条の３第２項、金商業等府令59条）。ファンド業者にオプトインの申出に対する承諾義務はないが、承諾をする場合には、オプトインの申出者に特定投資家に移行することのリスク等を再度確認させる趣旨で一定事項を記載した書面による同意を求めていると考えられる。承諾の可否については、顧客の知識、経験、財産の状況、投資目的に照らして「特定投資家」として取り扱うことがふさわしいかを考慮する必要がある（金商業者等監督指針Ⅲ−２−３−１(1)③）。

① 承　諾　日

　同意の時点では承諾日は定まっていないため、承諾を予定する日を記載することになる。なお、仮に実際の「承諾日」および「期限日」が当該同意書に記載した「承諾日」および「期限日」と異なることとなった場合には、ファンド業者は実際の「承諾日」および「期限日」を当該顧客に対してあらためて書面で通知する必要がある（2007年金融庁パブコメ197頁７番参照）。

② 期　限　日

　当該申出に係る契約の種類に属する金融商品取引契約（対象契約）の締結の勧誘または締結をする場合において、申出者を特定投資家として取り扱う期間の末日を意味し、原則として承諾日から１年を経過する日がこれに該当する。

③ 対象契約の属する契約の種類

　契約の種類については、上記(4) a 参照。

④ 当該申出者が以下の(i)および(ii)を理解している旨

　(i) 金商法45条各号に掲げる規定は、対象契約に関して申出者が当該各号に定める者である場合、同条ただし書に規定する場合を除き、適用され

ない旨

　つまり、一定の投資家保護規制が不適用となる旨であり、適用が除外
される規制については上記(3)参照。

　金融庁によれば、「文字どおり「法第45条各号に掲げる規定が適用さ
れない」と記載するにとどまらず、その趣旨が申出者に的確に理解され
るように記載することが適当と考えられます」（2007年金融庁パブコメ
197頁9番）とのことである。法律の定め方としては、一定の事項を記
載した「書面により」同意を得なければならない（金商法34条の3第2
項）とされていることから、書面に記載した事項についても同意を得る
必要があるとも解釈できる。また、理解している旨の記載を求めている
のは、申出者に自らが理解しているか慎重に判断させる趣旨もあると思
われる。だとすると、金融庁の見解のとおり、実際に申出者に理解させ
るように記載自体も工夫する必要があると考えられる。

(ii)　対象契約に関して特定投資家として取り扱われることがその知識、経
　験および財産の状況に照らして適当ではない者が特定投資家として取り
　扱われる場合には、当該者の保護に欠けることとなるおそれがある旨

　　ファンド業者は適合性原則の観点からオプトインの申出を承諾するか
　否かを判断するが、これとは別に申出者の側でもオプトインをしたこと
　によるリスクを十分に認識することは顧客保護の観点から重要と思われ
　る。このような意味で上記(i)と同様に申出者に的確に理解させるよう記
　載自体を工夫する必要があると考えられる。

⑤　期限日以前に対象契約の締結の勧誘または締結をする場合において、当
　該申出者を特定投資家として取り扱う旨

⑥　期限日後に対象契約の締結の勧誘または締結をする場合において、当該
　申出者を特定投資家以外の顧客として取り扱う旨

⑦　期限日以前に締結した対象契約（投資顧問契約および投資一任契約を除
　く）に関して法令の規定または契約の定めに基づいて行う行為について

は、期限日後に行うものであっても、申出者を特定投資家として取り扱う
旨

⑧　オプトイン申出に係る契約の種類が投資顧問契約（金商業等府令53条3
号）および投資一任契約（同条4号）に掲げるものである場合にあっては、
対象契約（投資顧問契約および投資一任契約に限る）に関して法令の規定ま
たは契約の定めに基づいて行う行為については、期限日以前に行うものに
限り、申出者を特定投資家として取り扱う旨

⑨　申出者は、金商法34条の3第2項の規定による承諾を行ったファンド業
者のみから対象契約に関して特定投資家として取り扱われることになる旨

⑩　ファンド業者が対象契約に基づき申出者を代理して他の金融商品取引業
者等との間で期限日以前に締結する金融商品取引契約については、当該他
の金融商品取引業者等からも特定投資家として取り扱われる旨

⑪　申出者は、承諾日以後いつでも、ファンド業者に対し、対象契約に関し
て自己を再び特定投資家以外の顧客として取り扱うよう申出（金商法34条
の3第9項）ができる旨

　なお、申出者が、特定投資家の更新を申し出ることができる期間は、期
限日の1カ月前以降とされている（金商法34条の3第7項、金商業等府令60
条1項柱書、同項1号）。

　㈡　移　　　行

以上の申出と書面による同意および承諾の手続を経ると、承諾日から期限
日までの期間、当該ファンド業者との間では、当該種類の契約について当該
申出者を特定投資家とみなすことになる（金商法34条の3第4項）。

　㈢　復　　　帰

申出者は、承諾日後いつでも、自己を再び特定投資家以外の顧客として取
り扱うよう申し出ることができ（金商法34条の3第9項）、ファンド業者は、
かかる復帰申出を承諾しなければならない（同条10項）。

c　個人が特定投資家に移行する場合

㋐　移行手続

個人は以下の手続を経た後、特定投資家とみなされる。

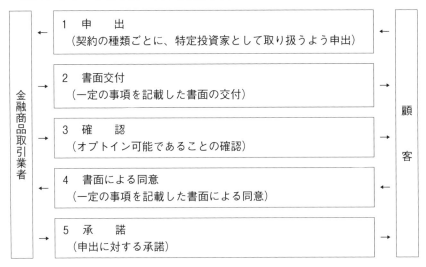

(A)　申　　出

　適格機関投資家を除き、以下の①〜④の個人は、ファンド業者に対し、契約の種類ごとに、当該契約の種類に属する金融商品取引契約に関して自己を特定投資家として取り扱うよう申し出ることができる（金商法34条の4第1項）。なお、契約の種類については、上記(4)a参照。

①　(i)匿名組合契約の営業者で、(ii)金商法34条の4第1項の規定による申出を行うことについてすべての匿名組合員の同意を得ており、かつ(iii)その締結した匿名組合契約に基づく出資の合計額が3億円以上である個人（金商法34条の4第1項1号、金商業等府令61条1項1号、2号）

　「匿名組合契約」については、条文の文言からは当該営業者が締結しているすべての匿名組合契約が含まれるとも読めなくもないが、金融庁によれば、「同一の投資事業に係る」と限定して解釈する必要がある、とのことである（2007年金融庁パブコメ199頁4番）。匿名組合は、それぞれが1対

１の契約によって成り立つものではあるが、ある１つの投資事業に関して、それに出資する複数の投資家の匿名組合契約（出資金額等を除き同一の契約条項を有する）をひとまとめにしたものが、１つの投資ファンドを構成するというのが通常である。ここでの趣旨は、実質的にはこのような１つの投資ファンドを特定投資家として扱うことと思われるため、金融庁の解釈は合理的と考えられる。また、「出資」には「出資の約束」は含まれないため、コミットメント型の契約の場合は実際に出資された額でなければならない（2007年金融庁パブコメ198頁・199頁２番、３番参照）。

さらに、条文上は、「営業者である個人」というにすぎず、当該個人が匿名組合の営業者として行為する場面に明示的に限定がなされていないため、この要件を満たし特定投資家として取り扱われることになった営業者が純粋に個人として行為する場合にも特定投資家として取り扱われるように読める。しかし、金融庁によれば、個人として行為する場合ではなく、当該匿名組合契約の営業者として行為する場面に限って特定投資家として取り扱われる、とのことである（2007年金融庁パブコメ199頁５番～７番参照）。

② (i)任意組合の業務執行組合員で、(ii)金商法34条の４第１項の規定による申出を行うことについて他のすべての組合員の同意を得ており、(iii)当該組合契約に基づく出資の合計額が３億円以上である個人（金商法34条の４第１項１号、金商業等府令61条２項１号イ、ロ）

③ (i)有限責任事業組合の重要な業務の執行の決定に関与し、かつ、当該業務を自ら執行する組合員で、(ii)金商法34条の４第１項の規定による申出を行うことについて他のすべての組合員の同意を得ており、(iii)当該有限責任事業組合契約に基づく出資の合計額が３億円以上である個人（金商法34条の４第１項１号、金商業等府令61条２項２号イ、ロ）

④ 次の(i)～(iii)の要件をすべて満たす個人（金商法34条の４第１項２号、金商業等府令62条）

（ｉ）　取引の状況その他の事情から合理的に判断して、承諾日における申出
者の資産の合計額から負債の合計額を控除した額が３億円以上になると
見込まれること

（ⅱ）　取引の状況その他の事情から合理的に判断して、承諾日における申出
者の一定の金融資産（金商業等府令62条２号イ〜ト）の合計額が３億円以
上になると見込まれること

（ⅲ）　申出者が最初に当該金融商品取引業者との間で金商法34条の４第１項
の規定による申出に係る契約の種類に属する金融商品取引契約を締結し
た日から起算して１年を経過していること

(B)　オプトイン申出時の交付書面

　ファンド業者は、個人によるオプトインの申出を受けた場合には、当該申
出者に対し、以下の①および②の事項を記載した書面を交付するとともに、
申出者が上記(A)の①〜④のいずれかに該当することを確認しなければならな
い（金商法34条の４第２項）。

①　金商法45条各号に掲げる規定は、対象契約に関して申出者が当該各号に
定める者である場合、同条ただし書に規定する場合を除き、適用されない
旨

　　一定の投資家保護規制が不適用となる旨であり、適用が除外される規制
については上記(3)参照。

②　対象契約に関して特定投資家として取り扱われることがその知識、経験
および財産の状況に照らして適当ではない者が特定投資家として取り扱わ
れる場合には、当該者の保護に欠けることとなるおそれがある旨

　　上記①および②のいずれも趣旨が申出者に的確に理解されるよう記載自体
を工夫する必要があると思われる（上記ｂ(B)④参照）。

　特定投資家への移行要件（上記(A)①〜④）を確認する義務については、ファ
ンド業者に対して独自の調査をすべき法的義務を課すものではないと考えら
れている。また、確認方法について法令に特段の定めがないため、ファンド

業者における当該顧客からの預り資産の額、取引状況、当該顧客の自己申告の内容および当該顧客が任意に提供した資料を活用すること等の確認方法が考えられる（2007年金融庁パブコメ202頁30番〜41番参照）。なお、顧客の自己申告のみを根拠に移行要件を満たしていると判断することは、確認義務を果たしたとは言いがたいと思われる。

　㈡　移行・復帰

　b㈠、㈢と同様（金商法34条の4第6項）。

6 　適合性の検討

（1）　概　　要

　適合性の原則とは、金融商品取引行為について、顧客の知識、経験、財産の状況および金融商品取引契約[5]を締結する目的に照らして不適当と認められる勧誘を行って投資者の保護に欠けることのないように、または欠けることとなるおそれがあることのないように、その業務を行わなければならない、とする原則をいう（金商法40条1号）。適合性の原則には、講学上、「狭義の適合性原則」と「広義の適合性原則」があるといわれている。狭義の適合性原則は、一定の属性の顧客にはどのような説明をしても一定の商品を売ってはいけないとする原則で、広義の適合性原則は、顧客の属性に見合った形で勧誘を行わなければいけないとする原則である。金商法上、この区分は明確になされていないが、実務においては形式的に顧客を類型化し、その類型に沿った説明をするという対応に陥りやすいため、特に狭義の適合性原則を意識して適合性の原則を運用するほうが望ましいと思われる。金融庁

5　前掲注4参照。

も、銀行についてであるが、まず狭義の適合性原則を考え、次に広義の適合性原則を考えるという対応が必要との見解を示している（2007年金融庁パブコメ635頁・636頁1番参照）。

　また、適合性の原則は「勧誘」に関する規制である（金商法40条1号）ため、「勧誘」がない場合は適用がないと考えられる。金融庁も、「顧客の依頼に応じて商品の内容の説明を行うことは、必ずしも「勧誘」に該当しないことから直ちに、いわゆる「適合性の原則」（金商法第40条第1号）に違反することとはならないものと考えられます」（2007年金融庁パブコメ415頁6番）との見解を示している。もっとも、「勧誘」に該当するかは事実認定の問題である。また、当初は「勧誘」に該当しなくても途中から「勧誘」に該当するようになることもありうる。そのため、具体的な場面において「勧誘」に該当しないとして適合性の原則をいっさい考慮しないという対応は避けるべきであろう。なお、特定投資家に対して金融商品取引契約の締結の勧誘を行う場合、形式的には適合性の原則を考慮する必要はない（金商法45条1号、40条1号）。

　適合性の原則は金融商品取引業者（特例業務届出者を含む）に課された行為規制であるため、金融商品取引業者として適切な業務運営が行えるような態勢を整備する必要がある。顧客の知識、経験、財産の状況および金融商品取引契約を締結する目的に照らして不適当と認められる勧誘を行わないためには、勧誘に先立ちこれらの情報を取得する必要がある。金商業者等監督指針においても、「顧客の属性等及び取引実態を的確に把握し得る顧客管理態勢を確立することが重要」（Ⅲ－2－3－1　適合性原則、Ⅸ－1－1②　適合性原則）と指摘しているのは、これと同趣旨と考えられる。なお、金商業者等監督指針では、たとえば、以下の①、②に留意して適合性の原則の遵守状況を検証するとしている。

① 　顧客属性等の的確な把握および顧客情報の管理の徹底
　（i）　顧客の投資意向、投資経験等の顧客属性等を適時・適切に把握するた

め、顧客カード等については、顧客の投資目的・意向を十分確認して作成し、顧客カード等・顧客管理票等に登録された顧客の投資目的・意向を金融商品取引業者と顧客の双方で共有しているか。また、顧客の申出に基づき、顧客の投資目的・意向が変化したことを把握した場合には、顧客カード等・顧客管理票等の登録内容の変更を行い、変更後の登録内容を金融商品取引業者と顧客の双方で共有するなど、投資勧誘にあたっては、当該顧客属性等に即した適正な勧誘に努めるよう役職員に徹底しているか

(ⅱ) 元本の安全性を重視するとしている顧客に対して、通貨選択型ファンドなどのリスクの高い商品を販売する場合には、管理職による承認制とするなどの慎重な販売管理を行っているか

(ⅲ) 内部管理部門においては、顧客属性等の把握の状況および顧客情報の管理の状況を把握するように努め、必要に応じて、顧客属性等に照らして適切な勧誘が行われているか等についての検証を行うとともに、顧客情報の管理方法の見直しを行う等、その実効性を確保する態勢構築に努めているか

② 顧客の取引実態の的確な把握およびその効果的活用

(ⅰ) 顧客の取引実態の把握については、たとえば、顧客口座ごとの売買損、評価損、取引回数、手数料の状況等といった取引状況を、顧客の取引実態の把握の参考としているか

(ⅱ) 取引実態の把握において、取引内容を直接顧客に確認する必要があると判断した顧客については、たとえば各営業部門における管理責任者等（担当者以外の責任者で内部管理責任者、部店長等を含む。以下同じ）による顧客面談等を適時・適切に実施し、取引実態の的確な把握に努めているか。また、契約締結以降も、長期にわたって取引が継続するデリバティブ取引等の実態の把握について、同様の取組みをしているか

(ⅲ) 内部管理部門においては、各営業部門における管理責任者等が行う顧

客面談等に係る具体的な方法を定め、当該方法を役職員に周知徹底するとともに、顧客面談等の状況を把握・検証し、当該方法の見直し等、その実効性を確保する態勢を構築するよう努めているか

また、一般投資家の申出による特定投資家への移行については、金商法34条の3第1項の規定に基づき、「一般投資家」である顧客より「特定投資家」への移行の申出を受けた際には、顧客の知識、経験、財産の状況、投資目的に照らして「特定投資家」として取り扱うことがふさわしいか否かを考慮したうえで、承諾の可否について判断しているかについても検証される。

(2) 顧客カード・顧客管理票の作成

顧客属性の的確な把握および顧客情報の管理には、顧客カード・顧客管理票を用いることが一般的である。具体的な勧誘に先立ち、顧客自身に資産の状況、投資経験、投資の目的、取引の動機（目的）等を申告してもらい、これを基礎情報として顧客カード・顧客管理票を作成する。いったん作成した場合でも、その後必要に応じて勧誘を行うことがあるため、当該顧客の具体的な取引動向等、適合性を判断するうえで重要な情報を随時更新したり、定期的に資産状況や取引の動機等を確認していくことが重要となる。このうち取引動向は、当該顧客の「投資の目的」を判断する重要な資料となる。適合性の原則の観点からは、顧客の申告内容を基礎としつつ、実際にどのような取引を行っているか等の客観的な事実をも考慮することで、当該顧客にとっての「投資の目的」を判断することが重要だからである。

なお、実務上は、顧客カード・顧客管理票を確認記録と兼ねる形にすると書類保存の負担が軽減されると思われる。

(3) 適合性の原則違反と民事責任

適合性の原則は業法上の規制であるため、その違反が私法上の違法と直結するものではない。もっとも、「証券会社の担当者が、顧客の意向と実情に

反して、明らかに過大な危険を伴う取引を積極的に勧誘するなど、適合性の原則から著しく逸脱した証券取引の勧誘をしてこれを行わせたときは、当該行為は不法行為上も違法となると解するのが相当である」（最判平17.7.14民集59巻6号1323頁）とされており、適合性原則違反が社会通念上許容できる範囲を超えた場合などには、不法行為（民法709条）が成立しうる。

⑦ 説明義務

(1) 概　要

　金商法成立以前の証券取引法には、証券会社に対して顧客に対する説明義務を課す規定は存在しなかった。もっとも、判例では、証券会社には、顧客との間の情報量格差を理由に、顧客に対する信義則上の説明義務が生じるとされてきた。金商法では、いわゆる実質的説明義務（金商法38条9号、金商業等府令117条1項1号）⁶が規定されたが、これが規定されたことによって、判例で認められてきた信義則上の説明義務が認められなくなると考えるべきではない。なぜなら、判例で認められている信義則上の説明義務は、顧客との間の私法上の義務であるのに対して、金商法上の説明義務は、金融商品取引業者に課せられた業法上の義務であり、両者は並存すると考えられるからである。

　両者の関係は、金商法上の義務が「顧客に理解されるために必要な方法及び程度による説明」（金商業等府令117条1項1号）を求めていることから、金

6　顧客に対して、契約締結前交付書面の必要的記載事項について顧客の知識、経験、財産の状況および金融商品取引契約を締結する目的に照らして当該顧客に理解されるために必要な方法および程度による説明をすることなく、金融商品取引契約を締結することは禁止される。

商法上の義務を果たしている限り、信義則上の説明義務を果たしていないとされる可能性は低いという関係にあるといえよう。なお、特定投資家に勧誘を行う場合には、金商法上の説明義務は課せられていない。

この観点から、信義則上の説明義務について参考となる裁判例（東京地判平21.3.31金法1866号88頁）がある。この裁判例は、金商法成立以前の証券取引法下のもので、いわゆるプロとみられる投資家に対する説明義務違反を認めたものである。この裁判例の考え方が金商法のもとでも適用があるとすると、たとえ金商法上は説明義務がなくとも、私法上は引き続き一定の説明義務があるということになろう。

(2) 説明資料

広告規制（上記3参照）のほか、記載に虚偽がないか（金商法38条1号）、不確実な事項について断定的な記載となっていないか、確実であると誤解させるような記載はないか（同条2号）という観点から検討が必要である。「断定的判断」に該当するか否かは、「必ず」や「絶対」等の文言を用いるか否かではなく、一連の勧誘行為全体を考慮して実質的に判断する必要がある。「確実であると誤認させるおそれのあること」についても形式的な文言だけではなく、勧誘行為全体を考慮しなければならない。投資ファンド持分の取得勧誘に際しては、勧誘資料のなかで過去の実績をチャート等で示すことが多い。過去の実績は将来の成績を判断するうえで1つの重要な資料になることは否定できないが、経済環境等さまざまな要因によって投資の成績は左右されることを誤解のないように説明する必要がある。誤解を避ける1つの方法として、実務上は、チャート等の資料のすぐそばに「過去の実績を示すもので、将来の投資成績を予測・保証するものではございません」等の記載をすることが多いと思われる。

また、金商業者等監督指針Ⅴ−2−1−1(4)①で十分な説明が必要とされている「組合契約等の概要や、当該ファンドが現に行っている事業の概要、

当該契約に基づく権利のリスク」についての記載には注意する必要がある。

(3) 金 サ 法

投資ファンドの申込みが行われるまでの間に、顧客に対し、一定の重要事項について説明をしなければならない（金サ法 4 条 1 項）。具体的には金サ法 4 条 1 項各号に定められているが、おおむね、価格変動リスク、信用リスク、その他元本欠損が生じるおそれがある場合に、その旨およびそれがどのような要因によって発生するおそれがあるかを説明する必要がある。この説明は、顧客の知識、経験、財産の状況および当該金融商品の販売に係る契約を締結する目的に照らして、当該顧客に理解されるために必要な方法および程度によるものでなければならない（同条 2 項）。なお、顧客が特定投資家である場合、または重要事項について説明を要しない旨の意思表明があった場合は、重要事項の説明義務はなくなる（同条 7 項）。

 # 8 勧誘に関する禁止行為

(1) 禁止行為

勧誘に関しては以下の行為が禁止される。

① 投資ファンド持分の勧誘に関して顧客に虚偽のことを告げる行為（金商法38条 1 号）

② 顧客に対し、不確実な事項について断定的判断を提供し、または確実であると誤解させるおそれのあることを告げて投資ファンド持分を勧誘する行為（同条 2 号）

③ 次の(i)～(iii)に掲げる書面の交付に関し、あらかじめ、顧客（特定投資家を除く）に対して、金商法37条の 3 第 1 項 3 号～ 7 号に掲げる事項（下記

11(2)参照）について、当該顧客の知識、経験、財産の状況および金融商品取引契約を締結する目的に照らして当該顧客に理解されるために必要な方法および程度による説明をすることなく、金融商品取引契約を締結する行為（金商法38条9号、金商業等府令117条1項1号）

(i)　契約締結前交付書面

(ii)　金商業等府令80条1項3号に掲げる場合にあっては、同号に規定する目論見書（同号の規定により当該目論見書と一体のものとして交付される書面がある場合には、当該目論見書および当該書面）

(iii)　契約変更書面

　いずれの書面についても、単に必要事項を記載した書面を交付しただけでは足りず、顧客が理解できる程度の説明をすることがファンド業者の義務とされている。文言からは、顧客の知識や経験等に照らして当該顧客が理解するために必要な方法および程度による説明をすれば足り、顧客が実際に理解したか否かは問わない形となっている。もっとも、客観的にどれだけの説明をすれば、必要な方法および程度による説明であるかということは明確とは言いがたい。また、実際に顧客がまったく理解していないことが説明当時の状況から明らかな場合、当該説明が必要な方法および程度による説明と判断される可能性は低いといえる。したがって、実務的には、顧客の理解を確かめながら、説明を補っていくなどの工夫が必要になるであろう。金融庁も同様の理解と思われる（2007年金融庁パブコメ388頁・389頁53番〜58番参照）。

　また、この禁止行為は一般投資家の保護という政策目的のためにファンド業者に対する規制を定めたものであり、たとえ顧客が「説明は不要」との意思を表示した場合でも、ファンド業者の説明義務の程度は影響を受けないと考えられる（2007年金融庁パブコメ393頁73番参照）。この点で、金サ法の重要事項の説明義務が顧客の意思によって免除される（金サ法4条7項2号）ことと異なる。

なお、上場有価証券等書面（金商業等府令117条1項1号ロ）は、ファンド業者は一般的に交付しないものと思われる。

④　金融商品取引契約の締結またはその勧誘に関して、虚偽の表示をし、または重要な事項につき誤解を生ぜしめるべき表示をする行為（金商法38条9号、金商業等府令117条1項2号）

　「告げる行為」（金商法38条1号）や「広告等」（同法37条2項）に含まれない行為についてカバーする趣旨の規定とされている（2007年金融庁パブコメ381頁2番参照）。「重要な事項」が具体的に何を意味するかは不明確だが、顧客の投資判断に与える影響の重大性を基準に「重要な事項」に該当するかを判断すると考えるのが妥当と思われる。金融庁も、「重要な事項につき」との文言を削除すべきとのパブリックコメントに対して、「顧客の判断に影響を及ぼすような重要な事項を禁止対象とする旨を明確化することが適当と考えられます」（2007年金融庁パブコメ393頁74番）と回答していることから、「重要な事項」とは顧客の判断に影響を及ぼすような事項と考えていると思われる。

⑤　金融商品取引契約につき、顧客もしくはその指定した者に対し、特別の利益の提供を約し、または顧客もしくは第三者に対し特別の利益を提供する行為（第三者をして特別の利益の提供を約させ、またはこれを提供させる行為を含む）（金商法38条9号、金商業等府令117条1項3号）

　勧誘する行為に伴うか否かを問わず、金融商品取引契約につき特別の利益の提供等を行うという事実自体を禁止している。「特別な利益」については、損失補てん等の禁止（金商法39条1項）の場合と異なり、「財産上の利益」に限定されていない点に留意が必要である。また、何が「特別」に当たるかが明確ではないが、ファンド業者は顧客に対して誠実かつ公正にその業務を遂行する義務を負っていること（同法36条）から、合理的に説明できる範囲を超えてある顧客を有利に扱う場合は、「特別な利益」の提供があったと認定されやすいと考えられる。

⑥　金融商品取引契約の締結または解約に関し、偽計を用い、または暴行もしくは脅迫をする行為（金商法38条9号、金商業等府令117条1項4号）

⑦　金融商品取引契約に基づく金融商品取引行為を行うことその他の当該金融商品取引契約に基づく債務の全部または一部の履行を拒否し、または不当に遅延させる行為（金商法38条9号、金商業等府令117条1項5号）

　　遅延については不当な遅延に制限されているが、履行の拒否について特段の制限がなされていない。この点について、金融庁は「真に「顧客の責めに帰すべき事由」や「正当な理由」が存する場合等において債務を履行しないことまでを一律に禁止するものではないと考えられます」（2007年金融庁パブコメ395頁81番、82番）との見解を示している。

⑧　金融商品取引契約の締結または解約に関し、顧客に迷惑を覚えさせるような時間に電話または訪問により勧誘する行為（金商法38条9号、金商業等府令117条1項7号）

　　この⑧でいう「顧客」とは、当該金融商品取引契約が抵当証券等および商品ファンド関連受益権の売買その他の取引に係るもの、金商法施行令16条の4第1項に規定する契約ならびに同条2項に掲げる契約以外のものである場合にあっては、個人に限られているため、ファンド業者につきかかる行為が問題となる場合、通常個人の顧客に限られる。

⑨　ファンド業者の役員（役員が法人であるときは、その職務を行うべき社員を含む）もしくは使用人または個人であるファンド業者が、自己の職務上の地位を利用して、顧客の有価証券の売買その他の取引等に係る注文の動向その他職務上知りえた特別の情報に基づいて、またはもっぱら投機的利益の追求を目的として有価証券の売買その他の取引等をする行為（金商法38条9号、金商業等府令117条1項12号）

⑩　顧客の有価証券の売買その他の取引等に関し、受渡状況その他の顧客に必要な情報を適切に通知していないと認められる状況に該当しないように業務を行わなければならない（金商法40条2号、金商業等府令123条1項8号）

(2) 関連する論点

a 不招請勧誘等

投資ファンド持分の取得勧誘およびファンド財産の運用については、不招請勧誘の禁止、勧誘受託意思の確認義務および再勧誘の禁止のいずれの規制も適用がない（金商法38条5号、金商法施行令16条の4第1項、金商法38条5号および6号、金商法施行令16条の4第2項）。

b 自社の役職員に対する勧誘の可否

ファンド業者にとって、役員や従業員に対して自らが運用する投資ファンドへの投資機会を与えることは、役員や従業員のインセンティブを高めるうえで有用な方法である。

金商法上、ファンド業者が自社の役員や従業員に対して自社の商品を販売することは禁止されていない。もっとも、雇用関係等を背景として、販売について事実上の強制が働かないように留意する必要があると思われる。なお、自社の役員や従業員であっても金融商品取引業の登録の要否を検討する必要がある。

⑨ 損失補てんの禁止

(1) 概　　要

以下の①～③の行為は禁止される（金商法39条1項）。

① 有価証券の売買その他の取引につき、当該有価証券について顧客に損失が生ずることとなり、またはあらかじめ定めた額の利益が生じないこととなった場合には自己または第三者がその全部または一部を補てんし、または補足するため、当該顧客または第三者に財産上の利益を提供する旨を、

当該顧客またはその指定した者に対し、申し込み、もしくは約束し、または第三者に申し込ませ、もしくは約束させる行為

② 有価証券の売買その他の取引につき、自己または第三者が当該有価証券について生じた顧客の損失の全部もしくは一部を補てんし、またはこれらについて生じた顧客の利益に追加するため当該顧客または第三者に財産上の利益を提供する旨を、当該顧客またはその指定した者に対し、申し込み、もしくは約束し、または第三者に申し込ませ、もしくは約束させる行為

③ 有価証券の売買その他の取引につき、当該有価証券について生じた顧客の損失の全部もしくは一部を補てんし、またはこれらについて生じた顧客の利益に追加するため、当該顧客または第三者に対し、財産上の利益を提供し、または第三者に提供させる行為

投資ファンドの運用期間終了後において顧客への分配金額が出資金額を下回っている際には、当該投資ファンドの運用業者は過去に受領した成功報酬の範囲内でこの出資金との差額を顧客に返還するという合意（いわゆるクローバック条項）が損失補てんの約束に該当するかという問題があるが、基本的には「成功報酬」の一部として損失補てんには該当しないと整理できる。金融庁も同様の見解と思われる（2007年金融庁パブコメ403頁4番参照）。そのため、クローバック条項を規定する場合は、ファンド運営者の成功報酬の一部として規定するように留意する必要がある。

なお、損失補てん等の合意は、私法上無効と考えられており、損失補てん等の禁止が刑罰の対象とされる以前に成立した損失保証契約について、公序良俗に反し無効とした判例がある（最判平9.9.4民集51巻8号3619頁）。

(2) 事　故

a　概　要

金商法39条1項の規定は、同項各号の申込み、約束または提供が事故によ

る損失の全部または一部を補てんするために行うものである場合については、適用しない（金商法39条3項本文、金商業等府令118条）。

　金商法39条1項2号の申込みまたは約束および同項3号の提供にあっては、その補てんに係る損失が事故に起因するものであることにつき、当該金融商品取引業者があらかじめ当局等の確認を受けている場合その他一定の場合（金商業等府令119条）に限る（金商法39条3項ただし書、194条の7）。

　この確認を受けようとする者は、一定の方法（金商業等府令120条）により、その確認を受けようとする事実等（同府令121条）を記載した申請書に当該事実を証するために必要な書類（同府令122条）を添えて事故の発生した本店等の所在地を管轄する財務局長に提出しなければならない（金商法39条5項、194条の7）。

b　事故の範囲

　ファンド業者について関係する主な事故は、有価証券売買取引等につき、金融商品取引業者の代表者、代理人、使用人その他の従業者（代表者等）が、当該金融商品取引業者の業務に関し、以下の①または②に掲げる行為を行うことにより顧客に損失を及ぼしたものである（金商業等府令118条1号）。

①　以下の(i)～(iii)に掲げるものについて顧客を誤認させるような勧誘をすること

（i）　有価証券等の性質

（ii）　取引の条件

（iii）　金融商品の価格の騰貴もしくは下落の発生の有無

②　その他法令に違反する行為を行うこと

c　確認を要しない場合

　当局の確認を要しない場合は、以下の①～⑪のとおりである（金商法39条3項ただし書、金商業等府令119条）。

　金融商品取引業者は、以下の⑨または⑪に掲げる場合において、金商法39条3項ただし書の確認を受けないで、顧客に対し、財産上の利益を提供する

旨を申し込み、もしくは約束し、または財産上の利益を提供したときは、その申込みもしくは約束または提供をした日の属する月の翌月末日までに、確認申請書の記載事項（金商業等府令121条各号に掲げる事項）を、当該申込みもしくは約束または提供に係る事故の発生した本店その他の営業所または事務所の所在地を管轄する財務局長（当該所在地が福岡財務支局の管轄区域内にある場合にあっては福岡財務支局長、国内に営業所または事務所を有しない場合にあっては関東財務局長）に報告しなければならない（金商業等府令119条3項）。

① 裁判所の確定判決を得ている場合

② 裁判上の和解（民事訴訟法275条1項に定めるものを除く）が成立している場合

③ 民事調停法16条に規定する調停が成立している場合または同法17条の規定により裁判所の決定が行われ、かつ、同法18条1項に規定する期間内に異議の申立がない場合

④ 金融商品取引業協会または認定投資者保護団体のあっせん（金商法77条の2第1項（金商法78条の7および79条の13において準用する場合を含む）に規定するあっせんをいう）による和解または指定紛争解決機関（金商法施行令19条の7各号に掲げる指定を受けた者を含む）の紛争解決手続による和解が成立している場合

⑤ 弁護士法33条1項に規定する会則もしくは当該会則の規定により定められた規則に規定する機関におけるあっせんによる和解が成立している場合または当該機関における仲裁手続による仲裁判断がされている場合

⑥ 消費者基本法19条1項もしくは25条に規定するあっせんによる和解が成立している場合または同条に規定する合意による解決が行われている場合

⑦ 認証紛争解決事業者（裁判外紛争解決手続の利用の促進に関する法律2条4号に規定する認証紛争解決事業者をいい、有価証券売買取引等に係る紛争が同法6条1号に規定する紛争の範囲に含まれるものに限る）が行う認証紛争解

決手続（同法2条3号に規定する認証紛争解決手続をいう）による和解が成立している場合

⑧　和解が成立している場合であって、以下の(i)～(iii)に掲げるすべての要件を満たす場合

　(i)　当該和解の手続について弁護士または司法書士（司法書士法3条1項7号に掲げる事務を行う場合に限る）が顧客を代理していること

　(ii)　当該和解の成立により金融商品取引業者が顧客に対して支払をすることとなる額が1,000万円（上記(i)の司法書士が代理する場合にあっては、司法書士法3条1項7号に規定する額）を超えないこと

　(iii)　上記(ii)の支払が事故による損失の全部または一部を補てんするために行われるものであることを上記(i)の弁護士または司法書士が調査し、確認したことを証する書面が金融商品取引業者に交付されていること

⑨　事故による損失について、金融商品取引業者と顧客との間で顧客に対して支払をすることとなる額が定まっている場合であって、次に掲げるすべての要件を満たす場合

　(i)　金融商品取引業者が顧客に対して支払をすることとなる額が1,000万円（(ii)に規定する委員会が司法書士である委員のみにより構成されている場合にあっては、司法書士法3条1項7号に規定する額）を超えないこと

　(ii)　(i)の支払が事故による損失を補てんするために行われるものであることが、金融商品取引業協会の内部に設けられた委員会（金融商品取引業協会により任命された複数の委員（事故に係る金融商品取引業者等および顧客と特別の利害関係のない弁護士または司法書士である者に限る）により構成されるものをいう）において調査され、確認されていること

⑩　金融商品取引業者の代表者等が金商業等府令118条1項1号イ～ホに掲げる行為により顧客に損失を及ぼした場合で、1日の取引において顧客に生じた損失について顧客に対して申し込み、約束し、または提供する財産上の利益が10万円に相当する額を上回らない場合

ここでいう「利益」は、金商業等府令118条１項１号イ〜ホに掲げる行為の区分ごとに計算するものとする。金商業等府令118条１項１号ハまたはニに掲げる行為の区分に係る利益の額については、下記⑪に掲げる場合において申し込み、約束し、または提供する財産上の利益の額を控除するものとする（金商業等府令119条２項）。

⑪　金融商品取引業者の代表者等が金商業等府令118条１項１号ハまたはニに掲げる行為により顧客に損失を及ぼした場合（金商法46条の２、47条もしくは48条に規定する帳簿書類または顧客の注文の内容の記録により事故であることが明らかである場合に限る）

⑩　私募告知

投資ファンドの持分の私募またはその取扱いは、金商法23条の13第４項に規定する「少人数向け勧誘等[7]」に該当することが多い。これに該当する場合、勧誘を行うファンド業者は、以下の①および②を勧誘の相手方に告知しなければならない（同項本文、特定有価証券開示府令20条１項）。

①　当該特定有価証券の有価証券発行勧誘等（金商法４条１項４号）が少人数向け勧誘（金商法23条の13第４項に規定する少人数向け勧誘をいう）に該当することにより、当該有価証券発行勧誘等に関し金商法４条１項の規定による届出が行われていないこと

②　当該特定有価証券が金商法２条２項各号に掲げる権利であること

　また、当該少人数向け勧誘等により有価証券を取得させる場合には、あらかじめまたは同時にその相手方に対し、上記①および②を記載した書面を交

7　２項有価証券について、金商法２条３項３号に掲げる場合に該当しない場合、または２条の２第４項３号に掲げる場合に該当しない場合をいう（同法23条の13第４項２号イ、ロ）。

付しなければならない（金商法23条の13第5項）。ただし、(i)当該有価証券に関して開示が行われている場合、(ii)発行価額の総額が1億円未満である少人数向け勧誘に係る有価証券について行う場合は、当該告知を行う必要はない（同条4項、特定有価証券開示府令20条2項）。この書面の交付時期は、顧客が有価証券を取得する以前であれば足り（金商法23条の13第5項）、勧誘に先立つことまでは必要ないと考えられる。加えて、告知事項を記載した書面の交付については一定事項を記載した書面を交付する義務があるにすぎず、規定の文言上、この告知を行うための書面を独自に用意する必要まではない。

　なお、実務上は、勧誘時に使用する勧誘資料に告知事項を記載するとともに告知を行うのが一般的と思われる。

　記載例としては以下のようになる。

　「本組合の出資持分は日本の金融商品取引法第2条第2項第5号に掲げる権利に該当するものの、当該出資持分の取得の申込みの勧誘は同法第2条第3項第3号に該当しないことから、同法第23条の13第4項に規定する少人数向け勧誘に該当しますので、かかる勧誘に関して同法第4条第1項の規定による届出はなされておらず、またその予定もありません」

 契約締結前交付書面

(1)　契約締結前交付書面が必要となる場面

　ファンド業者は、金融商品取引契約[8]を締結しようとするときは、あらかじめ、顧客に対し、以下の(2)で掲げる事項を記載した書面を交付しなければ

---

[8] 金融商品取引業者または登録金融機関が、顧客を相手方とし、または顧客のために金融商品取引行為（金商法2条8項各号に掲げる行為）を行うことを内容とする契約をいう（同法34条）。

ならない（金商法37条の3第1項本文）。

　ファンド業者が自己募集および自己運用を行う場合、各々について金融商品取引契約が成立することになる。この点、二以上の金融商品取引業者等が書面交付しなければならない場合に関するパブリックコメントに対する回答のなかで、金融庁は「各金融商品取引業者等がそれぞれの法令上の要件を満たす一つの書面を連名で作成して、顧客に交付する方法も妨げられないものと考えられます」（2007年金融庁パブコメ289頁88番）との見解を示しており、この見解と同様に考え、自己募集および自己運用を行っている業者は1つの契約締結前交付書面に必要な事項を記載すれば足りると考えられる。

　なお、投資ファンドの出資形態として、組合契約締結時に組合員が一定の出資義務のみを負い、実際の払込みの請求（キャピタル・コール）があった場合に行うというものがある。この形態では、キャピタル・コール時に新たな組合契約を締結するものではないため、キャピタル・コール時に契約締結時交付書面などの交付を行う必要はないと考えるべきである。金融庁も同様の見解を示している（2007年金融庁パブコメ283頁62番参照）。

（2）　記載事項

a　概　　要

　契約締結前交付書面の記載事項は、金商法令で定められている。規定の構成としては、すべての金融商品取引契約に共通する記載事項を定めたうえで（金商法37条の3第1項、同項7号、金商業等府令82条）、各金融商品取引契約の性質に応じて追加的に記載すべき事項を定めている（金商法37条の3第1項7号、金商業等府令83条～96条）。

b　共通記載事項

　当該書面の内容を十分に読むべき旨の記載（金商法37条の3第1項7号、金商業等府令82条1号）のほか、大きく分けて、金融商品業者に関する事項、契約を締結した場合のリスクおよび費用の記載が求められる。

㋐　金融商品業者に関する事項

　商号や住所（金商法37条の3第1項1号）、登録番号など（同項2号）、当該金融商品取引業者の概要（同項7号、金商業等府令82条11号）、行っている金融商品取引業の概要（金商業等府令82条12号）、連絡先（同条13号）、加入金融商品取引業協会[9]（同条14号）、苦情処理措置および紛争解決措置など（同条15号）を記載する必要がある。

㋑　当該金融商品取引契約を締結した場合のリスク

　当該金融商品取引契約の概要（金商法37条の3第1項3号）、終了事由（同項7号、金商業等府令82条8号）、クーリングオフの有無など（金商業等府令82条9号、10号）、変動によって損失を生ずる各種指標など（金商法37条の3第1項5号、7号、金商業等府令82条3号）、当該金融商品取引業者その他の関係者の業務または財産の状況に基づくリスク（金商業等府令82条5号）、租税に関する事項（同条7号）について記載する必要がある。

㋒　費用に関する事項

　手数料その他の当該金融商品取引契約に関して顧客が支払うべき対価に関する事項（金商法37条の3第1項4号、金商業等府令81条1項）の記載が必要である。

　金融商品取引契約に関して顧客が支払うべき手数料等の種類ごとの金額もしくはその上限額またはこれらの計算方法（当該金融商品取引契約に係る有価証券の価格、金商法施行令16条1項3号に規定するデリバティブ取引等の額もしくは運用財産の額に対する割合または金融商品取引行為を行うことにより生じた利益に対する割合を含む）および当該金額の合計額もしくはその上限額またはこれらの計算方法を記載する。これらの記載ができない場合は、その旨およびその理由を記載する。

9　加入していない場合はその旨を記載する。

㈐　その他実務上記載が望ましい事項

①　当該書面が、金商法37条の３の規定に基づく契約締結前交付書面である旨

　　書面の法的性質を明記することは、顧客の利便性に資するだけでなく、契約締結前交付書面の写しを法定帳簿として保存すべき義務があること（下記16参照）に照らすとファンド業者内部の管理上も有用である。

②　交付する相手方である顧客の名前または名称

　　上記①と同様の理由により、内部管理上、有用である。なお、契約締結時交付書面については、必要的記載事項である（金商法37条の４第１項、金商業等府令99条１項６号）。

c　有価証券の売買等に係る追加的記載事項

　　当該有価証券の譲渡に制限がある場合にあっては、その旨および当該制限の内容（金商法37条の３第１項７号、金商業等府令83条１項１号）の記載が必要である。

　　投資ファンド持分には、譲渡制限が付されていることが通常であるため、譲渡制限がある旨とその内容を記載することになる。譲渡制限の内容については、組合契約の規定をもとに正確な記載が必要となる。

d　出資対象事業持分の自己募集・私募の取扱い等の場合に係る追加的記載事項

　　出資対象事業持分の売買等、自己募集、私募の取扱いの場合に係る追加的記載事項として、出資対象事業持分取引契約に関する事項、出資対象事業の運営に関する次に掲げる事項および出資対象事業の経理に関する次に掲げる事項の記載が求められる（金商業等府令87条）。

㈎　出資対象事業持分取引契約に関する事項

①　出資対象事業持分の名称

　　「出資対象事業持分」とは、金商法２条２項５号または６号に掲げる権利のことをいう（金商業等府令16条の６第２号）。つまり、投資ファンドの

ビークルである組合の組合員たる地位を意味すると考えられる。とすれば、これに該当する組合員たる地位が均一である場合、組合の名称を記載すれば足りると思われる。金融庁も金商業等府令238条3号イに規定する「出資対象事業持分の名称」について、いわゆる「ファンド名」を示すものと考えられる旨の見解を述べている（2012年2月金融庁パブコメ66頁176番）。

② 出資対象事業持分の形態

「形態」とは法的形態を意味するものと考えられるため、たとえば、「投資事業有限責任組合契約に関する法律第3条第1項に規定する投資事業有限責任組合契約に基づく権利」「民法第667条に規定する組合契約に基づく権利」等の記載が考えられる。

③ 出資対象事業持分取引契約の締結の申込みに関する事項

「出資対象事業持分取引契約」とは、出資対象事業持分の売買その他の取引にかかわるものをいう（金商業等府令87条1項）。したがって、この契約の申込みをどのように行うかを記載する必要がある。具体的には、申込みを扱っている場所、申込方法、申込期限については記載する必要があると思われる。特に、申込方法については、どのように申し込めばよいかがわかる程度に具体的に記載すべきと思われる。

④ 出資または拠出をする金銭の払込みに関する事項

金銭の払込みをどのように行うかを記載する必要がある。通常、投資ファンドの組合契約において出資の払込方法を規定するため、これと同程度の記載をすれば足りると思われる。

⑤ 出資対象事業持分に係る契約期間がある場合にあっては、当該契約期間

投資ファンドの組合契約の契約期間を記載することになる。投資事業有限責任組合では契約期間を定める必要がある（第7章3(1)b(ウ)参照）ため、必ず記載することになる。

⑥ 出資対象事業持分に係る解約に関する次の(i)〜(iii)に掲げる事項

出資対象事業持分に係る解約とは、投資ファンドのビークルである組合からの脱退と同じ意味と考えることができる。

(i) 解約の可否（脱退の可否）

　　文言上は、「可否」のみを記載すれば足りる。もっとも、組合から脱退できる場合でも、どのような事由があるときに脱退できるかが重要であり、こうした事由を知らずに脱退できることのみを知らせることにあまり意味はない。そのため、脱退事由とあわせて脱退の可否を記載することが望ましいと思われる。

　　民法上の任意組合および投資事業有限責任組合のいずれについても、法令上、やむをえない場合の脱退の自由は認められている（第7章3(1)参照）。また、組合契約において個別の脱退事由を定めているのが通常であり、これらの脱退事由を列記し脱退が可能な旨を記載することが望ましいと思われる。

(ii) 解約により行われる出資対象事業持分に係る財産の分配に係る金銭の額の計算方法、支払方法および支払予定日

　　いわゆる脱退時の払戻しに関する事項を記載することになる。払戻金の計算方法、払戻しの方法および払戻しが行われる予定日を記載すれば足りる。

(iii) 解約に係る手数料

　　払戻金の計算のなかで事実上手数料を控除している場合の記載が悩ましいところではある。もっとも、顧客にとって重要なことは、最終的にどれだけの金額が払い戻されるか、である。この観点からみれば、払戻手数料として記載するか、払戻金の計算方法のなかの一要素として記載するかの違いに意味はないと考えられる。とすれば、手数料という形式で請求しない以上、手数料についてはなしと記載すれば足りると思われる。

⑦　損害賠償額の予定に関する定めがあるときは、その内容

損害賠償の予定には、違約金を含む。

⑧　顧客の権利および責任の範囲に関する次の(i)〜(v)に掲げる事項

　(i)　出資対象事業に係る財産に対する顧客の監視権の有無および顧客が当該監視権を有する場合にあっては、その内容

　　　組合の業務および財産状況に関する検査権などがこれに当たると考えられる。

　(ii)　出資対象事業に係る財産の所有関係

　　　民法上の任意組合および投資事業有限責任組合のいずれについても、組合財産は共有になる（民法668条、投資事業有限責任組合法16条）。

　(iii)　顧客の第三者に対する責任の範囲

　　　民法上の組合の場合は無限責任である旨、投資事業有限責任組合の場合は有限責任である旨を記載することとなる。

　(iv)　出資対象事業に係る財産が損失により減じた場合の顧客の損失分担に関する事項

　　　上記(iii)と同様に、民法上の組合であれば出資を限度としない旨、投資事業有限責任組合の場合は出資を限度とする旨を記載することとなる。

　(v)　出資対象事業持分の内容

　　　出資対象事業持分とは、投資ファンドのビークルである組合の組合員たる地位を意味すると考えられる。とすれば、出資対象事業持分の内容とは、組合員たる地位の内容、つまり組合員としていかなる権利義務を有するかを意味するといえる。なお、権利義務のうち別の項目で記載ずみの内容を重複して記載する必要はないと考えられる。

　(イ)　出資対象事業の運営に関する次に掲げる事項

①　出資対象事業の内容および運営の方針

　　出資対象事業の内容は、組合契約書に規定した組合の事業内容を記載することになる。具体的には、投資対象などを記載することになると思われる。運営の方針は、組合財産の運用方針を記載することになる。

② 組織、内部規則、出資対象事業に関する意思決定に係る手続その他の出資対象事業の運営体制に関する事項

　　組合の運営体制をある程度具体的に記載することになる。どのようなプロセスを経て投資や回収の意思決定がなされるか、投資ファンド内部はどのような組織になっており、どのようなガバナンスになっているのか、利益相反などに対する牽制は利いているのか、等を投資家に理解できるように記載することになろう。

③ 出資対象事業持分の発行者の商号、名称または氏名、役割および関係業務の内容

　　「関係業務」とは、金融庁によれば、出資対象事業に関係して行っている業務とのことである（2007年金融庁パブコメ311頁226番参照）。

④ 出資対象事業の運営を行う者の商号、名称または氏名、役割および関係業務の内容

　　自己運用を行う場合、上記③と同様となるため別に記載する必要はない。この場合、出資対象事業持分の発行者の役割および関係業務として、出資対象事業の運営を記載することになる。適格投資家向け投資運用業を行う業者である場合は、その旨を記載する。

⑤ 出資対象事業が有価証券に対する投資を行う事業であるものである場合にあっては、次の(i)、(ii)に掲げる者の商号、名称または氏名、役割および関係業務の内容

　(i)　当該有価証券（投資の総額に占める割合が大きいものから順次その順位を付し、その第1順位〜第30順位のものに限る）の発行者。なお、当該投資ファンドが組合型投資ファンドに投資するものである場合、当該組合型投資ファンドが他の有価証券に対する投資を行うときは、当該組合型投資ファンドが投資する有価証券も同様に記載する必要がある。

　(ii)　出資対象事業持分の発行者または上記(i)に掲げる者から金銭その他の財産の運用または保管の委託を受ける者（当該者が運用を再委託する者は

出資対象事業持分の発行者または上記(i)に掲げる者から委託を受ける者とみなす)

契約締結前の時点で投資対象が未確定な場合は、未確定である旨を記載すれば足りると考えられる（2007年金融庁パブコメ311頁229番、230番参照）。なお、この者が適格投資家向け投資運用業を行う業者である場合は、その旨も記載する。

⑥　出資対象事業から生ずる収益の配当または出資対象事業に係る財産の分配（配当等）の方針

⑦　事業年度、計算期間その他これに類する期間

　　組合の会計年度がこれに該当する。

⑧　出資対象事業に係る手数料等の徴収方法および租税に関する事項

⑨　金商法40条の3に規定する管理の方法

　　組合財産の分別管理の方法を記載する。

　㈢　**出資対象事業の経理に関する次に掲げる事項**

投資ファンド持分の当初募集時は、経理に関する事項は基本的に記載することができないと思われる。したがって、たとえば、「当該組合契約の成立は○○の予定であり、貸借対照表は作成されておりません」等の記載をすることが考えられる。

①　貸借対照表

②　損益計算書

③　出資対象事業持分の総額

④　発行ずみの出資対象事業持分の総数

⑤　配当等に関する次の(i)〜(iv)に掲げる事項

　(i)　配当等の総額

　(ii)　配当等の支払方法

　(iii)　出資対象事業に係る財産の分配が金商業等府令87条1項1号ホに掲げる契約期間の末日以前に行われる場合にあっては、当該分配に係る金銭

の支払方法

⒤　配当等に対する課税方法および税率

⑥　総資産額、純資産額、営業損益額、経常損益額および純損益額

⑦　出資対象事業持分一単位当たりの総資産額、純損益額および配当等の金額

⑧　自己資本比率および自己資本利益率

⑨　出資対象事業が有価証券に対する投資を行う事業であるものである場合にあっては、当該有価証券に関する次の⒤～⒤に掲げる事項

　⒤　発行地または金融商品取引所その他これに準ずるものが所在する地域ごとの銘柄、当該有価証券が株券である場合にあっては、当該株券の発行者の業種、数量、金額（簿価の総額および時価の総額または評価額の総額をいう）ならびに当該有価証券が債券である場合にあっては、利率および償還金額

　⒤　⒤の金額の評価方法

　⒤　⒤の金額がそれぞれ出資対象事業に係る資産の総額に占める割合

⑩　出資対象事業が有価証券以外の資産に対する投資を行う事業であるものである場合にあっては、当該資産に関する次の⒤～⒤に掲げる事項

　⒤　資産の種類ごとの数量および金額

　⒤　⒤の金額の評価方法

　⒤　⒤の金額がそれぞれ出資対象事業に係る資産の総額に占める割合

　㈍　外国籍の投資ファンドの場合

上記①～⑩に加えて、以下の記載が必要となる（金商業等府令88条1項）。

⑪　外国籍ファンドに係る契約その他の法律行為の準拠法の名称およびその主な内容

⑫　外国籍ファンド持分の発行者が監督を受けている外国の当局の有無ならびに当該当局がある場合にあっては、その名称および当該監督の主な内容

⑬　配当等、売却代金その他の送金についての為替管理上の取扱い

⑭　日本国内に住所を有する者であって、裁判上および裁判外において当該
　　外国籍ファンド持分の発行者を代理する権限を有する者の有無ならびに当
　　該者がある場合にあっては、その氏名または名称および住所ならびに当該
　　権限の内容

⑮　当該外国籍ファンド持分に係る契約その他の法律行為に当該外国籍ファ
　　ンド持分に関する訴訟について管轄権を有する裁判所の定めがある場合に
　　あっては、その名称および所在地ならびに執行の手続

　㋕　ファンド間売買を行う場合

　例外的に許容される一定のファンド間売買（金商業等府令129条 1 項 3 号、
4 号）を行う場合は、その旨（同87条 1 項 4 号）を記載する。

（3）　記載方法

a　表現について

　契約締結前交付書面は、投資判断に必要となる情報をあらかじめ提供する
ことにより顧客に十分な検討の機会を与えるものである。また、顧客に対し
て、契約締結前交付書面の必要的記載事項について顧客の知識、経験、財産
の状況および金融商品取引契約を締結する目的に照らして当該顧客に理解さ
れるために必要な方法および程度による説明をすることなく、金融商品取引
契約を締結することは禁止されている（金商法38条 9 号、金商業等府令117条
1 項 1 号）。これらのことを考慮すると、必要的記載事項については、必要
な情報を契約締結前交付書面の交付先である顧客が内容を十分に理解できる
よう平易な表現で記載するべきであろう。

b　文字サイズおよび記載の順序について

　記載事項の重要性などに即して、次の①～③のように、文字サイズおよび
記載の順序が定められている。

①　日本工業規格 Ｚ 8305に規定する12ポイント以上の大きさの文字および数
　　字を用いて、以下の(ⅰ)および(ⅱ)を最初に平易に記載する（金商法37条の 3

第1項、金商業等府令79条3項)。「最初」とは、カバー、表題は含まず、当該契約締結前交付書面の対象となる商品の名称など合理的に考えて冒頭にくるべき内容を除いた最初という意味である。

(i)　当該契約締結前交付書面の内容を十分に読むべき旨（金商業等府令82条1号に掲げる事項）

(ii)　上記(2)に掲げる記載事項のうち顧客の判断に影響を及ぼすこととなる特に重要なもの

　　「特に重要なもの」とは、「基本的に「当該金融商品取引契約の概要」（金商法第37条の3第1項第3号）等のうち特に重要な事項や元本損失・元本超過損が生ずるおそれがある旨等」（2007年金融庁パブコメ296頁136番～138番）との金融庁の見解が参考になる。もっとも、最終的には、個別の契約をもとに顧客保護の観点から重要性を判断することにならざるをえないと思われる。

②　枠のなかに日本工業規格Z8305に規定する12ポイント以上の大きさの文字および数字を用いて、以下の(i)～(v)までを明瞭かつ正確に記載し、かつ、上記①の次に記載する（金商法37条の3第1項、金商業等府令79条2項）。

(i)　顧客が支払うべき対価に関する事項（金商法37条の3第1項4号に掲げる事項）の概要

(ii)　ある指標の変動により損失が生ずるおそれがある旨（金商法37条の3第1項5号に掲げる事項）

(iii)　ある指標の変動を直接の原因として損失が生ずるおそれがある場合、その旨および当該指標（金商業等府令82条3号に掲げる事項）

(iv)　信用リスクがある場合、その旨および対象となる信用リスク先（金商業等府令82条5号に掲げる事項）

(v)　クーリングオフの適用の有無（金商業等府令82条9号に掲げる事項）

　　なお、金商法37条の3第1項6号、金商業等府令82条4号および6号に掲げる事項については、デリバティブ取引に関する事項であるため、一般

的にファンド業者については記載は不要と思われる。

③　日本工業規格Ｚ8305に規定する 8 ポイント以上の大きさの文字および数字を用いて、上記①および②以外の事項について明瞭かつ正確に記載する（金商法37条の 3 第 1 項、金商業等府令79条 1 項）。

(4)　届　　出

契約締結基準で500名以上となる場合、契約締結前交付書面を金融庁長官または管轄財務局の長へ届け出る必要がある（金商法37条の 3 第 3 項、金商法施行令16条の 2 、金商法194条の 7 第 1 項、 6 項、金商法施行令42条 2 項 4 号）が、実務上500名以上になることはあまり想定されていないと思われる。

また、500名以上の顧客と契約を締結することになった場合でも、勧誘について金商法 4 条 1 項または 2 項の届出を行っており、この届出に契約締結前交付書面に記載すべき事項がすべて記載されている場合は、別途契約締結前交付書面を届け出る必要はない（金商法37条の 3 第 3 項ただし書、金商業等府令97条）。

⑫　契約締結時交付書面

(1)　概　　要

契約締結時交付書面は、顧客が自身の締結した契約の内容を確認するためのものである。そのため、これから契約を締結するか否かを判断する段階で交付する契約締結前交付書面と比較して、簡潔な記載で足りると考えられる（2007年金融庁パブコメ351頁84番、85番参照）。また、下記(3)の記載事項がすべて記載されていれば、投資ファンドに係る組合契約書を契約締結時交付書面とすることができる（2007年金融庁パブコメ349頁71番～73番参照）。

(2) 必要となる場面

　金融商品取引契約が成立したときは遅滞なく作成し、顧客に交付する必要がある（金商法37条の4第1項）。「遅滞なく」とは、取引の一般通念に従い相当と認められる期間内に、という意味である。

(3) 記載事項

a　共通記載事項

　契約締結時交付書面の共通記載事項は以下のとおりである（金商法37条の4第1項、金商業等府令99条1項）。

① 　当該金融商品取引業者の商号、名称または氏名

② 　当該金融商品取引業者の営業所または事務所の名称

　　当該契約の管理および実行を主管する営業所または事務所を記載することになる（2007年金融庁パブコメ351頁83番参照）。

③ 　当該金融商品取引契約の概要

　　「（次条から第107条までに規定するものを除く）」（金商業等府令99条1項3号）と規定されているがこれは記載の重複を避ける趣旨であり、金融商品取引契約の概要としてこれらに規定されている事項以外に記載すべき事項がない場合は、記載は不要である（2007年金融庁パブコメ351頁86番～88番参照）。

④ 　当該金融商品取引契約の成立の年月日

⑤ 　当該金融商品取引契約に係る手数料等に関する事項

⑥ 　顧客の氏名または名称

⑦ 　顧客が当該金融商品取引業者に連絡する方法

　　契約締結前交付書面における記載（上記11(2)参照）と同様である。

b　有価証券の売買等に係る追加記載事項

　有価証券の売買等の場合には以下の事項の記載が求められる（金商法37条

の4第1項、金商業等府令100条1項)。

① 自己または委託の別

② 売付け等または買付け等の別

　「売付け等」とは売付けその他の有償の譲渡または解約もしくは払戻しをいい、「買付け等」とは買付けその他の有償の取得をいう。契約締結時交付書面の交付先である顧客にとって、売付け等または買付け等のいずれになるかを判断して記載することとなる。したがって、自己募集・自己運用の際は、顧客は投資ファンドの持分を買付け等していると考えられる。

③ 銘　　柄

　「銘柄」には、取引の対象となる金融商品、金融指標その他これらに相当するものを含む。投資ファンド持分の場合、投資ファンドのビークルである組合の名称がこれに妥当すると考えられる。

④ 約定数量（数量がない場合にあっては、件数または数量に準ずるもの）

　投資ファンド持分の場合、出資口数がこれに妥当すると考えられる。

⑤ 単価、対価の額、約定数値その他取引一単位当たりの金額または数値

　投資ファンド持分の場合、一口当たりの金額がこれに妥当すると考えられる。

⑥ 顧客が支払うこととなる金銭の額および計算方法

　手数料等が想定されているようである（2007年金融庁パブコメ357頁121番、358頁126番参照）。投資ファンドの場合、たとえば、申込手数料、払戻手数料、管理報酬、成功報酬、投資ファンドのビークルである組合の設立費用や運営費用等が考えられる。

⑦ 取引の種類

　投資ファンド持分の場合、投資ファンド持分を取得し投資ファンドのビークルである組合契約を締結することを内容とする取引である旨を記載することになると思われる。また、「取引」とあることから、投資ファンド持分の取得だけでなく、その対価の支払についても記載することが望ま

しい。特に、出資の払込みについてキャピタル・コール方式を採用している場合、当該投資ファンド持分の対価である出資金額の支払が持分の取得と同時ではないため、その旨を記載する必要があると思われる。

⑧　その他取引の内容を的確に示すために必要な事項

投資ファンド持分の場合、当該投資ファンドの投資対象やリスク要素などを記載することが考えられる。

⑬　取引残高報告書

(1)　必要となる場面

原則として、3カ月以内の期間を報告対象期間として、その期間の末日に必要となる（金商法37条の4第1項、金商業等府令98条3号ロ）。当該対象期間に有価証券の売買その他の取引に係る金融商品取引契約が成立しておらず、かつ有価証券または金銭の受渡しを行っていない場合は、基本的に不要と考えられる。もっとも、保有有価証券または金銭の残高がある場合は、最後に取引残高報告書を作成した日から1年間以下の期間を定めて当該期間の末日に交付する必要があると考えられる（金商業等府令98条1項3号ロ(1)）。

なお、報告対象期間の末日が営業日でない場合、取引残高報告書の基準日は当該末日であるが、交付については、遅滞なく交付する限り、当該末日以降の営業日に行うことも可能と考えられる（金商法37条の4第1項）。金融庁も同様の見解を示している（2007年金融庁パブコメ346頁54番参照）。また、有価証券または金銭の受渡しについては、有価証券の売買その他の取引もしくはデリバティブ取引等に係る金融商品取引契約に基づくものに限られない。なんらかの原因により受渡しが発生した場合には、取引残高報告書の交付義務が発生する（2007年金融庁パブコメ341頁32番参照）。

例外として、顧客より当該金融商品取引契約の成立または当該受渡しのつど、交付を受けることの請求があった場合は、そのつど交付する必要がある（金商法37条の4第1項、金商業等府令98条1項3号イ）。この請求は書面によるものに限られず、口頭によるものも含まれる。また、請求があった場合は、つどの交付に加えて、報告対象期間の末日における交付は原則として不要である。もっとも、金商業等府令108条5項の規定により同条1項5号および6号に掲げる事項の記載を省略する場合には、つどの交付に加えて、報告対象期間の末日における交付も必要となる（金商業等府令98条1項3号ロ(2)）。

なお、同内容の取引残高報告書を複数の金融商品取引業者が交付しなければならない場合、そのうちの一の金融商品取引業者が取引残高報告書を交付すれば足りる（金商業等府令108条2項、4項）。自己募集および自己運用を行う金融商品取引業者については、同一業者が異なる業務に基づき取引残高報告書の交付義務を負う場合であり、この規定の適用はない。もっとも、交付義務の対象は金融商品取引業者である（金商法37条の4第1項）ため、このような場合にも取引残高報告書は1種類で足りることになる。

また、金融商品取引業者は、新たに取引残高報告書を作成し、これを顧客に交付することに代えて、同報告書の必要的記載事項を通帳に記載する方法により顧客に対して通知することができる（金商業等府令108条6項）。

投資ファンドへの投資を受けることは、有価証券である出資対象事業持分の売買または自己募集であるため、この報告書の交付義務の対象となる（2007年金融庁パブコメ340頁27番、28番参照）。キャピタル・コールに基づく出資は、当初の契約に基づく義務の履行であるため金融商品取引契約の成立には該当しないが、金銭の受渡しが行われるため、同じく交付義務の対象となる（2007年金融庁パブコメ340頁29番参照）。また、金融庁によれば、投資事業有限責任組合における無限責任組合員の出資持分の第三者への譲渡についても、有価証券の売買その他の取引に含まれるとのことである（2007年金融庁パブコメ341頁31番）。

(2) 記載事項

a 顧客の請求を受けて金融商品取引契約の成立または金銭等の受渡しのつど交付される場合

　顧客の請求があった場合、金商業等府令98条1項3号イに基づき金融商品取引契約の成立または金銭等の受渡しのつど交付されるが（成立した金融商品取引契約に係る有価証券および金銭の受渡しが終了している場合に限る）、この取引残高報告書の記載事項は以下の①〜⑤のとおりである（金商業等府令108条3項）。

①　顧客の氏名または名称

②　成立した金融商品取引契約に係る銘柄

③　当該個別の有価証券の売買その他の取引に係る金銭の受渡しが終了した後の当該有価証券および金銭の残高

④　当該個別の有価証券の売買その他の取引に係る金銭の受渡しが終了した後の、当該有価証券および金銭を除く、有価証券および金銭の残高

⑤　当該個別の有価証券の売買その他の取引に係る金銭の受渡しが終了している旨

　なお、有価証券の受渡しの年月日（金商業等府令108条3項1号、1項2号ロ）は、券面が存在しない投資ファンド持分については記載不要と思われる。加えて、信用取引等の未決済勘定明細および評価損益（同条3項4号）もファンド業者については記載不要と思われる。また、金商業等府令98条1項3号イに基づく交付に加えて、報告対象期間の末日ごとに交付する場合は、同号イの金融商品取引契約に係る有価証券および金銭の受渡しが終了した時における当該顧客に係る上記③に掲げる事項の記載を省略することができる（同108条5項）。

b 上記a以外に基づく交付の場合

　顧客の請求を受けて金融商品取引契約の成立または金銭等の受渡しのつど

交付される場合以外の取引残高報告書の記載事項は以下のとおりである（金商業等府令108条1項）。

① 顧客の氏名または名称

② 報告対象期間において成立した金融商品取引契約に係る次に掲げる事項

  (i) 約定年月日

  (ii) 売付け等または買付け等の別

  (iii) 有価証券の種類

  (iv) 銘　　柄

    取引の対象となる金融商品もしくは金融指標または契約書に記載されている契約番号その他取引の対象を特定するものを含む。

  (v) 約定数量

    数量がない場合にあっては、件数または数量に準ずるもの。

  (vi) 単価、対価の額、約定数値、選択権料その他取引一単位当たりの金額または数値

    金商業等府令110条1項5号または6号の規定により、契約締結時交付書面を交付しない顧客から同一日における同一銘柄の注文を一括することについてあらかじめ同意を得ている場合には、同一日における当該銘柄の取引の単価の平均額を記載することができる（金商業等府令108条7項）。

  (vii) 支払金額（手数料を含む）

③ 報告対象期間において行った有価証券の受渡しの年月日ならびに当該有価証券の種類および株数もしくは口数または券面の総額

④ 報告対象期間において行った金銭の受渡しの年月日およびその金額

⑤ 報告対象期間の末日における金銭および有価証券の残高

　なお、有価証券の受渡しの年月日（金商業等府令108条1項2号ロ）は、券面が存在しない投資ファンド持分については記載不要と思われる。金商業等府令108条1項2号リ、6号〜13号に掲げる事項は、信用取引、発行日取引

またはデリバティブ取引に関する事項であるため、一般的にファンド業者については記載は不要と思われる。

⑭ 各書類の電磁的方法による交付

(1) 顧客に対する提供

オプトアウトを承諾する場合に交付義務がある書面（上記5⑷）、オプトイン（個人）を承諾する場合に交付義務がある書面（上記5⑸）、契約締結前交付書面（上記11）、契約締結時等の交付書面（契約締結時交付書面、取引残高報告書）（上記12、13）、契約変更書面（第9章8）、運用報告書（第9章9）について、ファンド業者は、書面の交付に代えて、あらかじめ、当該事項を提供する相手方に対し、その用いる電磁的方法の種類および内容を示し、書面または電磁的方法による承諾を得て、当該書面に記載すべき事項を一定の情報通信の技術を利用する方法（金商業等府令56条）により提供することができる。この場合において、当該ファンド業者は、当該書面を交付したものとみなされる（金商法34条の2第4項、金商法施行令15条の22、金商業等府令56条、金商法34条の4第3項、37条の3第2項、37条の4第2項、42条の7第2項、金商業等府令80条2項）。

(2) 顧客から得る同意

オプトアウトからの復帰を承諾する場合の顧客の同意書面、オプトインを承諾する場合の顧客の同意書面（法人および個人）について、ファンド業者は、書面による同意に代えて、あらかじめ、当該同意を得ようとする相手方に対し、その用いる電磁的方法の種類および内容を示し、書面または電磁的方法による申出者の承諾を得て、当該書面による同意を一定の情報通信の技

術を利用する方法（金商業等府令57条の３）により得ることができる。この場合において、当該ファンド業者は、当該書面による同意を得たものとみなされる（金商法34条の２第12項、金商法施行令15条の23、金商業等府令57条の３、金商法34条の３第３項、同法34条の４第３項、６項）。

(3) 少人数私募に関する告知について

ファンド業者は、告知事項を記載した書面の交付に代えて、告知を行う相手方に、その用いる電磁的方法の種類および内容を示し、書面または電磁的方法による承諾を得て、当該書面に記載すべき事項を電磁的方法（特定有価証券開示府令32条の３第２項各号に掲げる方法）により提供することができる。この場合において、ファンド業者は、当該書面を交付したものとみなされる（金商法27条の30の９第２項、１項、特定有価証券開示府令32条の３第１項）。

⑮ 取引時確認

(1) 取引時確認手続

顧客との間で特定取引を行うに際しては、一定の方法により取引時確認を行わなければならない（犯罪収益移転防止法４条１項）。取引時確認の方法については、第６章７(5)を参照。

ファンド業者として取引時確認が必要となる典型的な特定取引として、投資ファンド持分の私募もしくは私募の取扱いが考えられる（犯罪収益移転防止法施行令７条１項１号リ）。投資一任契約および投資顧問契約の締結については、顧客より金銭の預託を受けない限り特定取引に該当せず（同号ヌ）、取引時確認は原則として不要だが[10]、私募の取扱いを行う金融商品取引業者は投資ファンド持分の取得者について取引時確認を行うことが必要である。

また、取引時確認の完了時期については、「行うに際しては」との規定（犯罪収益移転防止法 4 条 1 項）から、取引開始時までに完了している必要はない。もっとも、取引時確認を行う趣旨からすれば、できる限り取引開始時までに取引時確認を完了することが望ましく、取引通念上合理的な範囲に限り、取引開始後にずれ込むことも許されると考えられる。

　なお、顧客の担当者（「特定取引等の任に当たっている自然人」（同条 2 項））に変更があった場合は、本人特定事項の確認が必要となる特定取引に該当しないため、本人特定事項の確認は不要とされている。

(2)　確認記録

　取引時確認を行った場合には、直ちに確認記録を作成し、一定期間保存しなければならない（犯罪収益移転防止法 6 条）。確認記録は、以下の①〜㉚を文書、電磁的記録またはマイクロフィルムを用いて作成しなければならない（犯罪収益移転防止法施行規則19条 1 項 1 号、20条）。もっとも、書式は定められていないため、顧客カードと兼用することも可能である。なお、確認記録には、必要に応じて資料を添付しなければならない場合がある（同規則19条 1 項 2 号）。

①　取引時確認を行った者の氏名その他の当該者を特定するに足りる事項

　　実際に取引時確認を行った者について記録することになるため、たとえば取引時確認の事務を外部委託した場合は、委託先の者について記載することになる。

②　確認記録の作成者の氏名その他の当該者を特定するに足りる事項

③　顧客等または代表者等の本人特定事項の確認のために本人確認書類または補完書類の提示を受けたときは、当該提示を受けた日付および時刻（当

10　ただし、「疑わしい取引」または「同種の取引の態様と著しく異なる態様で行われる取引」（犯罪収益移転防止法施行令 7 条 1 項、犯罪収益移転防止法施行規則 5 条）に該当すれば取引時確認が必要となる。

該提示を受けた本人確認書類または補完書類の写しを確認記録に添付し、確認記録とともに7年間保存する場合は、日付のみで可）

④　本人特定事項の確認のために本人確認書類もしくは補完書類またはその写しの送付を受けたときは、当該送付を受けた日付

⑤　犯罪収益移転防止法施行規則6条1項1号ロもしくはチからルまでまたは3号ロからニまでに掲げる方法または同規則12条2項の規定により本人特定事項の確認を行ったときは、特定事業者が取引関係文書を送付した日付

⑥　同規則6条1項1号ホに掲げる方法により本人特定事項の確認を行ったときは、特定事業者が本人確認用画像情報の送信を受けた日付

⑦　同号ヘに掲げる方法により本人特定事項の確認を行ったときは、特定事業者が本人確認用画像情報の送信を受けた日付ならびにICチップに記録された氏名、住居、生年月日および写真の情報の送信を受けた日付

⑧　同号トに掲げる方法により本人特定事項の確認を行ったときは、特定事業者が本人確認用画像情報の送信を受けた日付またはICチップに記録された氏名、住居および生年月日の情報の送信を受けた日付ならびに同号ト(1)または(2)に掲げる行為を行った日付

⑨　同号チに掲げる方法により本人特定事項の確認を行ったときは、特定事業者が本人確認書類の送付またはICチップに記録された氏名、住居および生年月日の情報もしくは本人確認用画像情報の送信を受けた日付

⑩　同項3号ロに規定する方法により本人特定事項の確認を行ったときは、特定事業者が登記情報の送信を受けた日付

⑪　同号ハに規定する方法により本人特定事項の確認を行ったときは、特定事業者が公表事項を確認した日付

⑫　同規則6条4項または12条3項の規定により本人特定事項の確認を行ったときは、同項に規定する交付を行った日付

⑬　同規則14条1項2号に掲げる方法において本人確認書類もしくは補完書

類の提示を受け、または本人確認書類もしくはその写しもしくは補完書類もしくはその写しの送付を受けたときは、当該提示または当該送付を受けた日付

⑭　犯罪収益移転防止法4条1項2号〜4号に掲げる事項または資産および収入の状況の確認を行ったときは確認を行った事項に応じ、確認を行った日付

⑮　取引時確認を行った取引の種類

⑯　本人特定事項の確認を行った方法

⑰　本人特定事項の確認のために本人確認書類または補完書類の提示を受けたときは、当該本人確認書類または補完書類の名称、記号番号その他の当該本人確認書類または補完書類を特定するに足りる事項

⑱　犯罪収益移転防止法施行規則6条2項の規定により顧客等または代表者等の現在の住居または本店もしくは主たる事務所の所在地の確認を行ったときは、当該確認の際に提示を受けた書類の名称、記号番号その他の当該書類を特定するに足りる事項

⑲　同規則6条3項もしくは12条3項の規定により当該各項に規定する場所に宛てて、取引関係文書を送付することにより本人確認を行ったとき（または同規則6条4項もしくは12条4項の規定により取引関係書類を交付したとき）は、営業所の名称、所在地その他の当該場所を特定するに足りる事項および当該場所の確認の際に提示を受けた書類の名称、記号番号その他の当該書類を特定するに足りる事項

⑳　顧客等の本人特定事項

㉑　代表者等による取引のときは、当該代表者等の本人特定事項、当該代表者等と顧客等との関係および当該代表者等が顧客等のために特定取引等の任にあたっていると認めた理由

　　代表者等の役職名を記載することなどが考えられる。

㉒　顧客等が取引を行う目的

㉓　顧客等の職業または事業の内容ならびに顧客等が法人である場合にあっ
ては、事業の内容の確認を行った方法および書類の名称その他の当該書類
を特定するに足りる事項

㉔　顧客等が法人であるときは、実質的支配者の本人特定事項および当該実
質的支配者と当該顧客等との関係ならびにその確認を行った方法（当該確
認に書類を用いた場合には、当該書類の名称その他の当該書類を特定するに足
りる事項を含む）

㉕　資産および収入の状況の確認を行ったときは、当該確認を行った方法お
よび書類の名称その他の当該書類を特定するに足りる事項

㉖　顧客等が自己の氏名および名称と異なる名義を取引に用いるときは、当
該名義ならびに顧客等が自己の氏名および名称と異なる名義を用いる理由

㉗　取引記録等を検索するための口座番号その他の事項

㉘　顧客等が犯罪収益移転防止法施行令12条3項各号に掲げるもの（いわゆ
る外国PEPs）であるときは、その旨および同項各号に掲げるものであると
認めた理由

㉙　犯罪収益移転防止法4条2項1号に掲げる取引に際して確認を行ったと
きは、関連取引時確認を行った日付その他の事項

㉚　犯罪収益移転防止法施行規則8条2項の規定により在留期間等の確認を
行ったときは、同項に規定する旅券または許可書の名称、日付、記号番号
その他の当該旅券または許可書を特定するに足りる事項

(3)　取引記録

ファンド業者は、特定業務に係る取引[11]を行った場合には、原則として、
直ちに、以下の①～⑤に関する記録を文書、電磁的記録またはマイクロフィ

11　当局によれば、投資一任契約または投資顧問契約に基づく報酬の支払を受けること
は、顧客からの金銭の預託の有無にかかわらず、「特定業務に係る取引」に該当する、
と解されている。

ルムを用いて作成しなければならない（犯罪収益移転防止法7条1項、犯罪収益移転防止法施行規則23条、24条）。例外として、一定の取引については作成が不要となる（犯罪収益移転防止法7条1項、犯罪収益移転防止法施行令15条、犯罪収益移転防止法施行規則22条）。

　ファンド業者の場合、基本的に顧客勘定元帳（下記16⑶参照）で取引記録を代替することが可能であるが、顧客勘定元帳を作成しない取引については別途取引記録を作成する必要がある。

①　口座番号その他の顧客等の確認記録を検索するための事項（確認記録がない場合は、氏名その他の顧客等または取引を特定するに足りる事項）

②　取引の日付

③　取引の種類

④　取引に係る財産の価額

⑤　財産移転（財産に係る権利の移転および財産の占有の移転）を伴う取引にあっては、当該取引および当該財産移転に係る移転元または移転先（当該特定事業者が行うのが当該財産移転に係る取引、行為または手続の一部分である場合は、それを行った際に知りえた限度において最初の移転元または最後の移転先をいう）の名義その他の当該財産移転に係る移転元または移転先を特定するに足りる事項

⑯　法定帳簿の作成および保存

⑴　概　　要

　「法定帳簿」は金商法で定義された用語ではない。金融商品取引業者が法令に基づき作成および保存を義務づけられた帳簿を、一般的に法定帳簿と呼ぶ。法定帳簿の目的は、「金融商品取引業者の業務または財産の状況を正確

に反映させ、業務の適切性や財務の健全性を検証することなどによって、投資者保護に資するため法令にその作成および保存義務が規定されているものである」（金商業者等監督指針Ⅲ－3－3）。

したがって、業務内容に沿った形で帳簿を作成する必要があり、「帳簿書類の記載事項のうち、該当する事項に直接合致しないものについては、当該事項に準ずるものを記載し、該当する事項がないものについては記載を要しない」（金商業者等監督指針Ⅲ－3－3(1)④）ということになる。

法定帳簿作成上の一般的な留意事項として、おおむね以下の①～⑤の事項が金商業者等監督指針で指摘されている。

① 「帳簿書類について、一の帳簿書類が合理的な範囲において、他の帳簿書類を兼ねること、又はその一部を別帳とすること若しくは金商業等府令第157条及び第181条に規定する名称と異なる名称を用いることがそれぞれできるものとする。ただし、それぞれの帳簿書類の種類に応じた記載事項がすべて記載されている場合に限る」（金商業者等監督指針Ⅲ－3－3(1)①）

② 「金商業等府令第157条第1項第1号イ(4)に規定する書面（金商法第37条の4第1項に規定する契約締結時等交付書面）の写しについては、当該書面と同時に機械的処理により作成されるものであって、当該書面の記載事項がすべて記載された他の帳簿書類をもってこれに代えることができる」（金商業者等監督指針Ⅲ－3－3(1)⑤）

③ 「注文伝票、媒介又は代理に係る取引記録、募集若しくは売出し又は私募に係る取引記録、募集若しくは売出しの取扱い又は私募の取扱いに係る取引記録及び投資顧問契約又は投資一任契約の締結の代理又は媒介に係る取引記録の作成に当たり、取引を行う際に取引契約書を取り交わす場合には、それぞれの帳簿書類の記載事項がすべて記載されている取引契約書をもってそれぞれの帳簿書類とすることができる。当該取引契約書は別つづりとする」（金商業者等監督指針Ⅲ－3－3(1)⑥）

④ 「帳簿書類の記載事項については、当該金融商品取引業者において統一

した取扱いをしているコード又は略号その他の記号により記載することができる」（金商業者等監督指針Ⅲ－3－3⑴⑦）

⑤ 「帳簿書類の記載事項の一部について、当該記載事項が記載された取引契約書と契約番号等により関連付けがされており、併せて管理・保存されている場合には、これらを一体として当該帳簿書類とすることができる」（金商業者等監督指針Ⅲ－3－3⑴⑧）

⑵ 募集もしくは売出しまたは私募に係る取引記録

a 概　　要

募集もしくは売出しまたは私募に係る取引記録は、原則として、募集等に係る申込みを受けたときに速やかに作成しなければならない（金商業等府令181条1項2号イ、157条1項7号、162条2項1号）。約定が不成立となった場合には、その旨を表示しなければならない（同府令181条1項2号イ、157条1項7号、162条2項2号）。

類似の帳簿に、「注文伝票」「募集もしくは売出しの取扱いまたは私募の取扱いに係る取引記録」がある。いずれも受注または発注時に作成するものであるが、それぞれ下表のように金融商品取引業者が行う行為に応じて作成する帳簿が異なってくる。なお、投資ファンドに関連して第二種金融商品取引業者が行う行為は、下表の2または3のいずれかになる。

1	注文伝票	金商法2条8項1号～4号
2	募集もしくは売出しまたは私募に係る取引記録	金商法2条8項7号、8号
3	募集もしくは売出しの取扱いまたは私募の取扱いに係る取引記録	金商法2条8項9号

b 記載事項

募集もしくは売出しまたは私募に係る取引記録の記載事項は以下のとおりである（金商業等府令162条1項）。

① 顧客の氏名または名称

② 銘　　柄

③ 募集もしくは売出しもしくは私募もしくは特定投資家向け売付け勧誘等
または買取りもしくは解約もしくは払戻しの別

④ 受注数量、受注単価および受注金額

「受注数量」について数量がない場合は、件数または数量に準ずるもの
を含む。

⑤ 約定数量、約定単価および約定金額

「約定数量」について数量がない場合は、件数または数量に準ずるもの
を含む。

⑥ 受注日時

⑦ 約定日時

受注および約定について「日」だけでなく「時」も記載する必要がある
（金商業等府令162条1項6号、7号）。

　なお、この記載については、募集もしくは売出しまたは私募に係る有価証
券が「同一日において価格が変動しない投資信託受益証券等」に該当すれ
ば、それぞれ「日」の記載で足りる（金商業等府令162条3項1号）。「投資信
託受益証券等」は金商業等府令123条9号に定義されているが、この定義
上、投資事業有限責任組合や民法上の組合の持分等投資ファンドの持分はこ
れに該当しない。したがって、文言上は、原則のとおり「時」も記載する必
要がある。もっとも、投資ファンドの持分は一般的に流動性が低いため、投
資ファンドの持分につき「時」の記載はあまり意味がないように思われる。

　電磁的記録により作成する場合は、(i)上記⑤および⑦以外の事項について
募集等に係る申込みを受けたときに電子計算機へ入力、(ii)募集等に係る申込
みを電子計算機へ入力した日付および時刻が自動的に記録される形で作成し
なければならない（金商業等府令162条2項3号）。

(3) 顧客勘定元帳

a 概　　要

　顧客勘定元帳は、顧客が行った取引に関して必要な事項を記録した帳簿書類をいう（金商法47条、金商業等府令181条1項2号イ、157条1項9号）。

　顧客が組合形態の投資ビークルを使って投資を行う場合、顧客勘定元帳に記載する取引は、①顧客による投資ビークルへの出資（組合持分の購入）、②投資ビークルによる個別の投資、が考えられる。②については、組合の財産は共有であるため、組合が一定の財産を取得した場合、組合員にその持分が帰属することを理由に、記録が必要と整理することもできると思われる。

　もっとも、投資ビークルが株式会社等独立の法人格を有するものであった場合には、当該投資ビークルへの出資についてのみ顧客勘定元帳に記載すれば足りることと、アンバランスな感がある。また、②の場合、法形式上、取引を行っているのは投資ビークルたる組合であり、個別の組合員ではないため、文言上は「顧客が行う取引」（金商業等府令164条1項）に該当しないとも考えられる。

b 記載事項

　顧客勘定元帳の記載事項は以下のとおりである（金商業等府令164条1項2号）。

①　顧客の氏名または名称

②　約定年月日

③　銘　　柄

④　数量、単価および金額

⑤　受渡年月日

　投資ファンド持分の場合、一般的に券面がないことから有価証券の受渡しは観念できず、金銭の受渡しについてのみ記載することになると思われる。

⑥　借方、貸方および残高

　顧客が行った取引を記録するという性質上、借方と貸方の区別は、顧客を基準に考えることになると思われる。もっとも、組合の財産は共有であることからすると、組合の勘定と別に組合員の勘定を観念することはむずかしいと思われる。組合員は、組合の財産に対する共有持分を有しているにすぎないからである。そのため、この記載にあたっては、たとえば、あたかも組合独自の勘定が各組合員の勘定と別に存在し、各組合員の持分に応じて当該組合の勘定と各組合員の勘定との間で金銭等のやりとりが行われていると仮定して記載する等の対応が必要と思われる。

　なお、スタート分の取引、エンド分の取引、現先取引に関する事項（金商業等府令164条1項2号ト、チ）は、一般的にファンド業者の場合、記載は不要と思われる。

(4)　特定投資家制度に関連する法定帳簿

①　オプトアウト承諾前の交付書面（上記5(4)e参照）の写し（金商法47条、金商業等府令181条1項1号、157条1項1号イ(1)）

②　オプトイン申出時の交付書面（上記5(5)c(B)参照）の写し（金商法47条、金商業等府令181条1項1号、157条1項1号イ(2)）

③　オプトイン承諾前の同意書面（上記5(5)b(B)参照）（金商法47条、金商業等府令181条1項1号、157条1項2号イ）

④　契約締結前交付書面（上記11参照）の写し（金商法47条、金商業等府令181条1項1号、157条1項1号イ(3)）

⑤　契約締結時交付書面（上記12参照）の写し（金商法47条、金商業等府令181条1項1号、157条1項1号イ(4)）

⑰ 分別管理の確保

投資ファンド持分の私募または私募の取扱い等を行う場合、当該投資ファンドについて一定の方法による分別管理が確保されていなければならない（金商法40条の3）。この規定は、投資ファンドの分別管理の確保を、その持分の販売を行う第二種金融商品取引業者の義務として定めたものである。

分別管理の確保については、別途、投資ファンドの運用を行う投資運用業者に対しても定められている。もっとも、投資運用業者に対する分別管理義務は、事実状態として分別管理が行われているようにすることで足りるのに対して、第二種金融商品取引業者としての分別管理の確保義務は、次に示すように、投資ファンドの運営者の定款や投資ファンドのビークルである組合の組合契約等で、投資ファンドの運営者に対して一定の方法による分別管理を行う義務を定める必要がある。この点、投資ビークルとして海外のリミテッド・パートナーシップを用いる場合、ジェネラル・パートナーに一定の方法による分別管理義務を課すような規定を設けることは一般的でないため、十分に注意する必要がある。

具体的な分別管理の確保は、投資ファンドの運営者に対し、当該運営者の定款（投資ファンドに係る規約その他の権利または有価証券に係る契約その他の法律行為を含む）により以下のaおよびbに掲げる基準を満たすことが義務づけられることである（金商法40条の3、金商業等府令125条）。

a　以下の①～③のすべて

① 投資ファンドの運営者による金銭を充てて行われる事業の対象および業務の方法が明らかにされること

② 投資ファンドに係る組合の組合財産がそれぞれ区分して経理されること

③ 上記①および②の内容が投資者の保護を図るうえで適切であること

b　投資ファンドに係る組合の組合財産である金銭が以下の①～③のいずれかの方法により適切に管理されていること

①　他の金融商品取引業者等（有価証券等管理業務として受けるものに限る）、または外国の法令に準拠し、外国において有価証券等管理業務を行う者への預託

②　銀行、協同組織金融機関、株式会社商工組合中央金庫、または外国の法令に準拠し、外国において預金または定期積金等の受入れ（銀行法10条1項1号）を行う者への預金または貯金

③　信託業務を営む金融機関、または外国の法令に準拠し、外国において信託業務を行う者への金銭信託で元本補てんの契約のあるもの

　　金銭信託については、当該金銭であることがその名義により明らかなものに限る。

　分別管理の確保という概念自体は特異のものではないが、これらの基準を満たす必要がある。組合契約を変更しようとする場合、投資家の同意が必要となることが多いが、外国籍のファンドにおいて日本独自の規定を組合契約自体に追加的に設けることが容易ではない場合もあるため、申込契約書に規定する方法なども考えられる。もっとも、金商業等府令125条にいう「法律行為」でなければならないため、組合契約上の申込契約書の位置づけや規定の仕方等をふまえての検討が必要になる。この点、投資ファンドの運営者の定款は他の投資家を巻き込むことなく変更可能であることが多いため、投資ファンドの運営者の定款に分別管理の規定を定めることも選択肢となる。

⑱　金銭の流用の禁止

　投資ファンド持分の私募または私募の取扱いを行う場合、当該投資ファンドにおいて出資または拠出された金銭等が、当該金銭等を充てて行われる事

業に充てられていないことを確認する必要がある（金商法40条の3の2参照）。条文上は、確認義務までは求められていないものの、私募の取扱いを行う場合、一定の調査を行うべきと思われる。実務上は、販売契約において、ファンドの運営者に金銭の流用が行われていないことを表明保証させることが多い。

⑲　外 為 法

（1）　対内直接投資等

外国からの投資については、まず対内直接投資等（外為法26条2項）に該当しないかを検討する必要がある。対内直接投資等に該当する場合、原則として、当該外国投資家が日本銀行を経由して財務大臣および事業所管大臣に事後報告（同法55条の5第1項）または事前届出（同法27条1項）を行う必要があるからである。

対内直接投資等とは、「外国投資家」（同法26条1項）が行う外為法26条2項各号に掲げる行為をいう。したがって、対内直接投資等に該当するか否かは、①「外国投資家」に該当するか、②外為法26条2項各号に掲げられた行為に該当するか、の2つの要件で判断することになる。

「外国投資家」とは、非居住者である個人および外国法令に基づいて設立された法人その他の団体または外国に事務所を有するその他の団体（同法26条1項1号、2号）その他同項に列挙されているものをいう。そのため、いわゆる外国人投資家であれば、外為法上の「外国投資家」に該当すると考えられる。なお、「その他の団体」と規定されているため、法人格をもたない社団や組合もここに含まれると考えられている。

外国投資家が投資ファンドに投資することが、外為法26条2項各号に掲げ

られた行為に該当するかについては、投資ビークルが投資事業有限責任組合や任意組合等の組合である場合、外国投資家が取得するのはあくまで当該組合の持分（組合員たる地位）である、ということをふまえる必要がある。組合持分の取得は外為法26条2項各号に掲げられた行為、つまり対内直接投資等として規定されていないため、対内直接投資等に該当しない。なお、組合持分の取得に近い概念に「会社の株式又は持分の取得」（同法26条2項1号）があるが、外為法上「会社」と「団体」という用語の使い分けをしていることから、団体たる組合は「会社」に含まれないと考えるべきであり、同号に組合持分の取得は含まれない。

したがって、外国人投資家による投資ファンド持分の取得は、原則として対内直接投資等に該当しないと考えられる。

なお、一定の外国の投資ファンドおよび外国人投資家のいる国内の投資ファンドは「外国投資家」に該当し（外為法26条1項2号、4号）、これによる上場会社の株式または議決権の取得で、それぞれ出資比率または議決権比率が1％以上となるものや非上場会社の株式または議決権の取得（比率は問わない）は、外国人投資家たる当該投資ファンドによる対内直接投資等に該当することにも留意する必要がある（同条2項3号、4号）。投資ファンドまたは投資一任を行う者による対内直接投資等については、第9章および第11章を参照されたい。

(2) 資本取引

外国からの投資について対内直接投資等に該当しない場合、さらに資本取引（外為法20条）に該当しないかを確認する必要がある。資本取引に該当する場合、原則として事後報告を行う必要がある（同法55条の3第1項）からである。

資本取引とは、外為法20条各号に掲げる取引または行為のうち、対内直接投資等に該当しないものをいう。対内直接投資等に該当しないことはすでに

上記(1)で検討ずみであるため、外国人投資家による組合持分の取得が外為法20条各号に掲げられた取引または行為のいずれかに該当するかを検討することになる。

　対内直接投資等を定めた外為法26条の規定とは異なり、同法20条では「非居住者」という用語が用いられている。非居住者とは、居住者以外の自然人および法人をいう（同法6条1項6号）。居住者に当たるか否かは、原則として、自然人の場合は住所または居所、法人の場合は主たる事務所をそれぞれ日本と外国のいずれに有するか、によって判断する（同項5号）。したがって、定義上、個人以外は「外国投資家」よりも広い概念となっている。もっとも、外為法20条各号に掲げられた行為のなかに、非居住者による組合の持分の取得は含まれないため、外国人投資家による投資ファンド持分の取得は、原則として資本取引に該当しないと考えられる。

　なお、組合型の投資ファンド持分のような、いわゆるみなし有価証券は、外為法上の「証券」（同項11号）に該当しないと解釈されており、外国人投資家による投資ファンド持分の取得は「居住者による非居住者に対する証券の譲渡」（同法20条5号）に該当しないというのが実務の取扱いである。日本銀行も「居住者が、法人格のない海外パートナーシップの持分を払込出資により新規取得することは、同持分が外為法上の証券に該当しませんので、資本取引にあたりません。したがって、外為法上、資本取引（または対外直接投資）としての手続きは不要です」（国際局国際収支課外為法手続グループ作成「外為法Q&A（資本取引編）」（令和3年10月改訂）32頁Q18に対する回答部分）との見解を示している。

(3)　支払の受領

　居住者が外国から本邦へ向けた支払の受領をしたときは、一定の例外を除き、当該居住者は、一定の事項を主務大臣に報告しなければならない（外為法55条1項）。外国人投資家から出資を受け入れる行為は、居住者である投

資ファンドの運営者が外国から本邦に向けた支払の受領に該当すると考えられるため、免除の例外に該当しない限り、報告義務が発生する。

　報告義務が免除される例外のうち、投資ファンドの運営者に特に関係があるのは、省令で定める小規模の支払等（外為令18条の4第1項1号）である。現在定められている小規模の支払等は、3,000万円に相当する額以下の支払等である（外国為替の取引等の報告に関する省令1条1項）。

　したがって、3,000万円以下の出資の受入れであれば、非居住者からの出資の受入れであっても、支払の受領に関する報告義務は発生しないと考えられる。なお、外為法では「債権の発生」と「支払の受領」を使い分けているため、支払の受領は実際の金銭の受領を意味すると考えられる。とすると、キャピタル・コール方式の場合、出資約束金額を基準に小規模の支払等に該当するかを判断するのではなく、キャピタル・コールに応じて実際に払い込まれた金額を基準に小規模の支払等に該当するかを判断することになる。

20　その他の留意点

(1)　消費者契約法

　消費者は、事業者が消費者契約の締結について勧誘をするに際し、重要事項について事実と異なることを告げられたことにより、その内容が事実であると誤認した場合（消費者契約法4条1項1号）、不確実な事項について断定的判断を提供されたことにより当該内容が確実であると誤認した場合（同項2号）、当該消費者契約の申込みまたはその承諾の意思表示を取り消すことができる。

　「事業者」とは、法人その他の団体および事業としてまたは事業のために当事者となる場合における個人をいう（同法2条2項）ため、金融商品取引

業者はこれに該当すると考えられる。また、「消費者」とは、事業としてまたは事業のために契約の当事者となる場合を除いた個人をいう（同条１項）ため、顧客が個人の場合は消費者に該当しうる。そして、「消費者契約」とは、消費者と事業者の間で締結される契約をいう（同条３項）ため、顧客が消費者に該当する場合、金融商品取引業者との間で締結する金融商品取引契約は消費者契約に該当すると考えられる。

したがって、顧客が消費者に該当する場合、当該顧客との間の金融商品取引契約について虚偽告知または断定的判断の提供があった場合、これらを理由に当該契約に関する申込みまたは承諾の意思表示が取り消されることがある点に留意が必要である。なお、虚偽告知および断定的判断の提供に関する金商法上の規制については、上記8(1)参照。

(2) 犯罪収益移転防止法

ファンド業者は、その業務において収受した財産が犯罪による収益である疑いがあり、または顧客がファンド業者の業務に関し組織的犯罪処罰法10条の罪もしくは麻薬特例法6条の罪に当たる行為を行っている疑いがあると認められる場合においては、速やかに、一定の様式に従い行政庁に届出を行わなければならない（犯罪収益移転防止法8条1項、犯罪収益移転防止法施行令16条、犯罪収益移転防止法施行規則25条）。取引時確認義務と異なり、私募または私募の取扱いを行う場合以外についても適用がある。

(3) 租税条約等の実施に伴う所得税法、法人税法及び地方税法の特例等に関する法律

投資ファンドの運営者が「報告金融機関等」に該当する場合、租税条約等の実施に伴う所得税法、法人税法及び地方税法の特例等に関する法律（以下「実特法」という）に基づき、当該運営者および投資家に対して「特定取引」について一定の義務が課される。

まず、報告金融機関等については、投資運用業として投資ファンドの資産を運用する金融商品取引業者および適格機関投資家等特例業務届出者について該当性が問題となり、当該投資ファンドの連続する３事業年度において、①当該ファンドの収入金額の合計額のうちに、②有価証券またはデリバティブ取引に係る権利に対する投資に係る収入金額の占める割合が50％以上である場合、当該３事業年度目の末日から２年を経過した日の属する年の12月31日後に報告金融機関等に該当することとなる（実特法10条の５第８項、実特法施行令６条の６第１項５号、２項、実特法施行規則16条の７第１項２号、２項)[12]。

　次に、特定取引については、投資事業有限責任組合契約などのファンド契約の締結がこれに該当する（実特法10条の５第８項３号、実特法施行令６条の７第３号）。

　報告金融機関等に該当することとなったファンド運営者は、ファンド契約を締結する際、ファンド投資家がそれを認識することができるよう必要な措置を講じておかなければならない（実特法施行規則16条の７第３項）。

　ファンド投資家は、氏名または名称、住所または本店もしくは主たる事務所の所在地、居住地国等を記載した届出書を特定取引の相手方である報告金融機関等に提出する必要があり、これを受領した報告金融機関等は当該届出書に記載されている事項を確認する義務を負う（実特法10条の５第１項、実特法施行令６条の２第１項、実特法施行規則16条の２）ほか[13]、[14]、所定の事項を記載した記録を作成し、５年間保管する義務を負う（実特法10条の８、実特

12　報告金融機関等の該当性は運用するファンドごとに判定されるため、特定のファンドについて運営者が報告金融機関等に該当したとしてもファンドの契約が特定取引であることからすると、報告金融機関等に該当した後に投資家の追加加入がないのであれば特定取引が存在しないことになる。そのため、多くのファンドにおいては実特法の義務が問題とならないと考えられる。

13　2017年１月１日以後に特定取引を行う場合に関する義務であり、それ以前の特定取引については別途の義務が定められている。

14　一定の場合には異動届出書の提出が必要となり、報告金融機関等それに伴い確認等が求められる（実特法10条の５第４項、５項）。

法施行規則16条の13）。また、報告金融機関等は、その年の12月31日におい
て、特定取引を行った者の居住地国が規則別表に定められる国（およそ100カ
国）である場合など、特定取引を行った者の締結した契約が報告対象契約に
該当する場合には、原則として、その報告対象契約ごとに、所定の報告事項
を翌年4月30日までに所轄税務署長に提供しなければならない（実特法10条
の6、実特法施行令6条の13、実特法施行規則16条の12）。

第 9 章

自己運用に係る規制

① 権利者に対する義務

自己運用を行う場合、顧客に対する誠実義務（第8章1参照）に加えて、投資家に対して忠実義務および善管注意義務を負う（金商法42条1項3号、2項）。

忠実義務とは「権利者のため忠実に投資運用行為を行わなければならない」とする義務で、主に利益相反に関する義務と考えられている。これに対して、善管注意義務は「権利者に対し、善良な管理者の注意をもって投資運用業を行わなければならない」とする義務で、主に運用について専門家として求められる義務と考えられている。いずれも業法上の義務を定めたものにすぎず、私法上の義務を定めたものではない。私法上の義務は、個別の契約関係から発生することになる。

多くの場合、組合契約において忠実義務や善管注意義務を具体化した規定を設けている。金商法42条の義務と異なり、組合契約は私法上の義務を定めたものであり、原則として当事者が自由に定めることができる。そこで、組合契約上許される行為であっても、別途金商法42条に定める義務に違反する場合が考えられるかという問題がある。

この点については、業法上の規制を私人の意思によって回避することはできないと考えるほうが合理的であり、組合契約でどのように規定したとしても金商法42条に定める義務違反は常に検討する必要があると思われる[1]。また、会社法においても、善管注意義務および忠実義務が強行規定であるとするのが判例・通説であり、文言上の根拠がない以上、金商法において異なる考え方をとる積極的理由はないと思われる。なお、ある行為が組合契約の規

---

[1] 結論を同じくするものとして、金融商品取引法研究会編『集団投資スキーム（ファンド）規制──金融商品取引法研究会研究記録第28号』16頁（日本証券経済研究所、2009年）など。

定にかかわらず、金商法42条に定める忠実義務または善管注意義務に違反するという場合、そもそも当該組合契約の規定は有効といえるかという議論もありうるように思われる。

 ## 名義貸しの禁止

第8章2参照。

 ## 顧客情報の収集・管理（個人情報保護法）

投資ファンドの申込書において個人情報を収集することが一般的である。詳細については、第6章7(4)c～g参照。

 ## 損失補てんの禁止

(1) 概　要

運用財産の運用として行った取引により生じた投資家の損失の全部もしくは一部を補てんし、または運用財産の運用として行った取引により生じた投資家の利益に追加するため、当該投資家または第三者に対し、財産上の利益を提供し、または第三者に提供させることが禁止されている（金商法42条の2第6号）。

第三者に対する財産上の利益の提供は、「権利者の損失の全部又は一部を補てんし、又は……権利者の利益に追加する」（同号）目的がある場合に限

られている（2007年金融庁パブコメ436頁・437頁54番参照）。

(2) 事故による例外

事故による損失の全部または一部を補てんする場合は禁止されない（金商法42条の2第6号）。

事故とは、投資助言業務または投資運用業に関し、以下の(i)〜(iii)により顧客または権利者（金商法42条1項に規定する権利者をいう）に損失を及ぼしたものである（金商業等府令118条2号）。なお、金商法39条3項と異なり、同法42条の2第6号に定める損失補てん禁止の例外については、当局による事故の確認を受ける義務は課されていない。したがって、投資運用業については損失補てん禁止の例外である「事故」に該当するかを各金融商品取引業者が自ら判断することになる。金融庁も同様の見解である（2007年金融庁パブコメ424頁6番〜9番、436頁52番、437頁57番〜59番参照）。

(i) 過失または電子情報処理組織の異常により事務処理を誤ること

(ii) 任務を怠ること

(iii) その他法令または投資顧問契約もしくは組合契約その他の法律行為に違反する行為を行うこと

法律行為とは、人が一定の法律効果を企図してする行為であって、法律に基づきその法律効果が生ずる行為をいう。なお、金融庁は、権利者等からの口頭の指示は上記(iii)には含まれず、こうした指示の違反は上記(ii)の該当性を検討することになるとの見解である（2007年金融庁パブコメ437頁56番参照）。

(3) 損失補てん等を定めた金商法39条との関係

同じく損失補てん等の禁止を定めた金商法39条は、文言上、投資運用業を行う場合を除外せず「金融商品取引業者等」を対象としている。そのため、投資運用業に関しては、金商法42条の2第6号に加えて、金商法39条の規制も適用されるか、が問題となる。この点について立案担当者の1人は、「ま

ず、投資助言業務・投資運用業に関して41条の２第５号または42条の２第６号に該当する場合には、仮に形式的には39条１項の構成要件に該当する場合でも、39条１項は適用されないと解するのが適当と思います。包括一罪ではなく法条競合ということになります。次に、投資助言業務・投資運用業に関して38条の２の約束がなされ、形式的に39条１項の構成要件にも該当する場合については、罰則のない38条の２が設けられている以上は、罰則を課さないのが法の趣旨であると考え、39条１項が重ねて適用されることはないと解するのが適当と思います。さらに、投資助言業務・投資運用業に関して38条の２、41条の２第５号または42条の２第６号に該当しないが、形式的に39条１項の構成要件に該当する場合（たとえば損失補てん等の申込みの場合）については、やはり39条１項の適用対象としないというのが法の趣旨であると思います」[2]との見解を述べている。

　なお、顧客を勧誘するに際し、顧客に対して、損失の全部または一部を補てんする旨を約束することは、別途禁止されている（金商法38条の２第２号）。

⑤　禁止行為

　自己運用を行う者は、第８章８⑴①～④および⑥～⑨に掲げる行為に加え、投資運用業に関して、以下の(A)～(P)に掲げる行為をしてはならない。

(A)　自己またはその取締役もしくは執行役との間における取引を行うことを内容とした運用を行うこと（金商法42条の２第１号）

　利益相反のおそれが特に高いと考えられる行為類型であることから、禁止を原則としている。例外として、次の①～③の場合は許容される（金商業等府令128条）[3]。

2　前掲注１・29頁、30頁。

① 第一種金融商品取引業、第二種金融商品取引業または登録金融機関業務として、運用財産に係る有価証券の売買またはデリバティブ取引の取次を行うことを内容とした運用を行うこと

② 次の(i)および(ii)を満たす取引を行うことを内容とした運用を行うこと

　(i) 個別の取引ごとにすべての投資家に取引説明を行い、当該すべての投資家の同意を得たものであるか、以下のア～ウの要件を満たすこと

　　ア 個別の取引ごとにすべての投資家に当該取引の内容および当該取引を行おうとする理由の説明（取引説明）を行ったこと

　　イ 投資ファンドに係る組合契約その他の法律行為において㋐および㋑の定めがあること

　　　㋐ すべての投資家の半数以上であって、かつ、投資ファンドの持分の4分の3以上に当たる多数の同意を得た場合には金商法42条の2第1号に掲げる行為を行うことができる旨

　　　㋑ 金商法42条の2第1号に掲げる行為を行うことに同意しない投資家が取引説明を受けた日から20日以内に請求した場合には、当該行為を行った日から60日を経過する日までに当該投資家の有する投資ファンドの持分を公正な価額で運用財産をもって買い取る旨（組合契約を解約する旨を含む）

　　　なお、「投資家の半数」「投資ファンドの持分の4分の3」および「取引説明を受けた日から20日」については、これらを上回る割合ま

3　いわゆるマスター・フィーダー方式でマスター・ファンドとフィーダー・ファンドのGPが同一の場合、フィーダー・ファンドによるマスター・ファンドへの出資がこの自己取引の禁止規定および運用財産相互間の取引禁止規定に抵触する可能性がある旨が金融庁によって指摘されている（2016年金融庁パブコメ103頁373番、374番）。もっとも、各フィーダー・ファンドの契約書その他の附属書類においてマスター・ファンドにおける投資方針やマスター・ファンド持分の内容が明らかとされており、各フィーダー・ファンドが他のフィーダー・ファンドと比較して有利または不利な条件とならないことが担保されているのであれば、基本的にはこれらの禁止規定に該当しない（2021年金融庁パブコメ45頁174番）。

たは期間を定めた場合はその割合または期間による。同じく「当該行
為を行った日から60日」については、これを下回る期間を定めた場合
はその期間による。

　ウ　上記イ(ア)の同意を得たこと

　　法令上、同意取得の方法が定められていないため、同意書等の権利
者が作成した書面が必要とまではいえないが、業務の記録として、
「同意」の記録を作成・保存することが望ましい。記録としては、権
利者の同意の有無を正確に記録するものであれば、各権利者に意向を
確認した旨を金融商品取引業者において記録しておくことでも足りる
と考えられる（2007年金融庁パブコメ428頁8番参照）。

(ⅱ)　以下のア〜ウのいずれかに該当するものであること

　ア　取引所金融商品市場または店頭売買有価証券市場における有価証券
の売買

　イ　市場デリバティブ取引または外国市場デリバティブ取引

　ウ　前日の公表されている最終の価格に基づき算出した価額またはこれ
に準ずるものとして合理的な方法により算出した価額により行う取引

　　合理的な方法により算出した価額について、金融庁は「価格算定が
恣意的なものではなく、商品属性に応じ、適切な市場慣行に従った合
理的な算定根拠に基づく価格を意味するものと考えられます」（2007
年金融庁パブコメ429頁13番）との見解を示している。また、合理的な
方法とは客観的に合理的な方法を意味すると考えるのが通常であり、
合理的な方法の具体例として金融庁は「未上場株式について第三者評
価機関の評価に基づき価額を算出する方法」（2007年金融庁パブコメ
429頁14番）をあげている。

③　その他投資者の保護に欠け、もしくは取引の公正を害し、または金融商
品取引業の信用を失墜させるおそれがないと認められるものとして所管金
融庁長官等の承認を受けた取引を行うことを内容とした運用を行うこと

(B)　運用財産相互間において取引を行うことを内容とした運用を行うこと（金商
　　法42条の２第２号）

　上記(A)と同様に利益相反のおそれが特に高いと考えられる行為類型である
ことから、原則禁止とされている。例外的に、次に掲げる①～③の場合は許
される（金商業等府令129条）[4]。なお、執行コストの面から投資ファンド間で
の取引（インターナルクロス取引）が投資家である顧客にとって有利な場合も
ある。このような場合にもすべて顧客の同意を必要とすると、金融商品取引
業者にとって多大な手間を生じさせるため、結果として、インターナルクロ
ス取引が行われず、そのコスト負担を顧客に負わせることになる。このよう
なことを避けるため、次の①と②は顧客の同意を得ないで可能な類型となっ
ている。特に①(i)エに留意が必要である。
①　(i)および(ii)を満たす取引を行うことを内容とした運用を行うこと
　(i)　以下のア～エのいずれかの場合に該当するものであること
　　　ア　一の投資ファンドの運用を終了させるために行うものである場合
　　　イ　投資ファンドの持分に係る払戻金の支払に応ずるために行うもので
　　　　　ある場合
　　　ウ　法令または投資ファンドに係る組合契約等の法律行為に定められて
　　　　　いる投資対象資産の保有額または保有割合に係る制限を超えるおそれ
　　　　　がある場合において、当該制限を超えることを避けるために行うもの
　　　　　であるとき
　　　エ　双方の投資ファンドについて、運用の方針、運用財産の額および市
　　　　　場の状況に照らして当該取引を行うことが必要かつ合理的と認められ
　　　　　る場合
　　　　　文言どおり、必要性の要件と合理性の要件を満たす必要がある。こ

4　①～③以外にも、ベンチャー・ファンド特例の要件に該当する場合の例外（金商業等
　府令129条１項３号、４号、第５章６(3)参照）、および不動産信託受益権の売買に限定さ
　れた例外（同項５号）がある。

れらの要件は、取引を行う時点において客観的に認められなければな
らず、事後的な判断ではないと考えられる（2007年金融庁パブコメ432
頁32番参照）。また、各投資ファンドの運用方針・運用財産額や市場
の状況に照らして、それぞれの投資ファンドについて当該取引を行う
ことに必要性と合理性が認められれば足り、他の投資ファンドとの間
で取引を行うこと自体が必要かつ合理的であると認められる必要はな
いと考えられる（2007年金融庁パブコメ431頁・432頁29番参照）。なお、
必要かつ合理的と認められる場合の具体例については、金商業者等監
督指針Ⅵ－2－5－1⑵③を参照。

(ⅱ) 以下に掲げる「対象有価証券売買取引等」について、それぞれ対応す
る「公正な価額により行うもの」であること

ア　金融商品取引所に上場されている有価証券の売買

　　　取引所金融商品市場において行うもの、または前日の公表されてい
る最終価格に基づき算出した価額もしくはこれに準ずるものとして合
理的な方法により算出した価額により行うもの。

イ　店頭売買有価証券の売買

　　　店頭売買有価証券市場[5]において行うもの、または前日の公表され
ている最終価格に基づき算出した価額もしくはこれに準ずるものとし
て合理的な方法により算出した価額により行うもの。

ウ　指定外国金融商品取引所に上場されている有価証券の売買

　　　指定外国金融商品取引所において行うもの、または前日の公表され
ている最終価格に基づき算出した価額もしくはこれに準ずるものとし
て合理的な方法により算出した価額により行うもの。

エ　上記ア〜ウに掲げる有価証券以外の有価証券で、㈎金商法2条1項
1号〜5号に掲げる有価証券[6]、㈏金商法2条1項9号に掲げる有価

5　ジャスダック証券取引所の創設に伴い、現在は存在しない。

証券[7]のうち、その価格が認可金融商品取引業協会または外国におい
て設立されているこれと類似の性質を有する団体の定める規則に基づ
いて公表されるもの、または(ウ)金商法2条1項10号および11号に掲げ
る有価証券の売買

　　前日の公表されている最終価格に基づき算出した価額、またはこれ
に準ずるものとして合理的な方法により算出した価額により行うも
の。

オ　市場デリバティブ取引

　　金融商品市場において行うもの。

カ　外国市場デリバティブ取引

　　外国金融商品市場において行うもの。

② 以下の(i)および(ii)を満たす取引を行うことを内容とした運用を行うこと

(i)　個別の取引ごとに双方の投資ファンドのすべての投資家に当該取引の
内容および当該取引を行おうとする理由の説明（取引説明）を行い、当
該すべての投資家の同意を得たものであるか、以下のア～ウの要件を満
たすこと

ア　個別の取引ごとに双方の運用財産のすべての投資家に取引説明を
行ったこと

イ　双方の投資ファンドに係る組合契約その他の法律行為において次の
(ア)および(イ)に掲げる事項のすべての定めがあること

(ア)　すべての投資家の半数以上であって、かつ、すべての投資家の有
する投資ファンドの持分の4分の3以上に当たる多数の同意を得た
場合には金商法42条の2第2号に掲げる行為を行うことができる旨

(イ)　金商法42条の2第2号に掲げる行為を行うことに同意しない投資

6　金商法2条1項17号に掲げる有価証券でこれらの有価証券の性質を有するものを含
む。
7　金商法2条1項17号に掲げる有価証券で当該有価証券の性質を有するものを含む。

家が取引説明を受けた日から20日以内に請求した場合には、当該行
為を行った日から60日を経過する日までに当該投資家の有する投資
ファンドの持分を公正な価額で運用財産をもって買い取る旨（組合
契約を解約する旨を含む）

なお、「投資家の半数」「投資ファンドの持分の4分の3」および
「取引説明を受けた日から20日」については、これらを上回る割合
または期間を定めた場合はその割合または期間による。同じく「当
該行為を行った日から60日」については、これを下回る期間を定め
た場合はその期間による。

ウ　上記イ(ｱ)の同意を得たこと

同意書等の投資家が作成した書面が必要とまではいえないが、業務
の記録として、「同意」の記録を作成・保存することが望ましい（上
記(A)②(ⅰ)ウ参照）。

(ⅱ)　以下のア～ウのいずれかに該当するものであること

ア　取引所金融商品市場または店頭売買有価証券市場における有価証券
の売買

イ　市場デリバティブ取引または外国市場デリバティブ取引

ウ　前日の公表されている最終の価格に基づき算出した価額またはこれ
に準ずるものとして合理的な方法により算出した価額により行う取引
合理的な方法により算出した価額について、上記(A)②(ⅱ)ウ参照。

③　その他投資者の保護に欠け、もしくは取引の公正を害し、または金融商
品取引業の信用を失墜させるおそれがないと認められるものとして所管金
融庁長官等の承認を受けた取引を行うことを内容とした運用を行うこと

(C)　特定の金融商品、金融指標またはオプションに関し、取引に基づく価格、指
標、数値または対価の額の変動を利用して自己または権利者以外の第三者の利
益を図る目的をもって、正当な根拠を有しない取引を行うことを内容とした運
用を行うこと（金商法42条の2第3号）

(D)　通常の取引の条件と異なる条件で、かつ、当該条件での取引が投資家の利益を害することとなる条件での取引を行うことを内容とした運用を行うこと（金商法42条の2第4号）

(E)　運用として行う取引に関する情報を利用して、自己の計算において有価証券の売買その他の取引等を行うこと（金商法42条の2第5号）

　この規定の趣旨は利益相反行為の防止といわれており、運用財産の運用として取引した有価証券と同一の有価証券について自己の計算で取引等を行うことを一律に禁止するものではない。規定の文言からも、禁止される取引は、運用に関する取引情報を利用した取引に限られる。

　また、同一のファンド運営者が運用を行う複数の投資ファンドが同一の有価証券に投資をする場合は、当該ファンド運営者が自己の計算において行う取引ではないため、ここでいう禁止に該当しないと考えられる（2007年金融庁パブコメ435頁48番、49番参照）。

(F)　自己の監査役、役員に類する役職にある者または使用人との間における取引を行うことを内容とした運用を行うこと（金商法42条の2第7号、金商業等府令130条1項1号）

　例外として、上記(A)①～③の場合は許容される。なお、監査役には、委員会設置会社における会社法400条4項に規定する監査委員が含まれる。

(G)　自己または第三者の利益を図るため、投資家の利益を害することとなる取引を行うことを内容とした運用を行うこと（金商法42条の2第7号、金商業等府令130条1項2号）

(H)　第三者の利益を図るため、その行う投資運用業に関して運用の方針、運用財産の額または市場の状況に照らして不必要な取引を行うことを内容とした運用を行うこと（金商法42条の2第7号、金商業等府令130条1項3号）

　金商法44条の3第1項3号、および2項3号に掲げる行為は除かれる。

(I)　他人から不当な取引の制限その他の拘束を受けて運用財産の運用を行うこと（金商法42条の2第7号、金商業等府令130条1項4号）

(J) 有価証券の売買その他の取引等について、不当に取引高を増加させ、または作為的な値付けをすることを目的とした取引を行うことを内容とした運用を行うこと（金商法42条の2第7号、金商業等府令130条1項5号）

(K) 第三者の代理人となって当該第三者との間における取引を行うことを内容とした運用を行うこと（金商法42条の2第7号、金商業等府令130条1項6号）

第一種金融商品取引業、第二種金融商品取引業または登録金融機関業務として当該第三者を代理して行うもの、ならびにあらかじめ個別の取引ごとにすべての投資家に当該取引の内容および当該取引を行おうとする理由を説明し、当該投資家の同意を得て行うものは除かれる（金商業等府令130条1項6号）。

(L) 運用財産の運用に関し、取引の申込みを行った後に運用財産を特定すること（金商法42条の2第7号、金商業等府令130条1項7号）

(M) 運用財産に関し、信用リスクを適正に管理する方法としてあらかじめ定めた合理的な方法に反することとなる取引を行うことを内容とした運用を行うこと（金商法42条の2第7号、金商業等府令130条1項8号の2）

(N) 次に掲げる者が有価証券の引受け等を行っている場合において、当該者に対する当該有価証券の取得または買付けの申込みの額が当該者が予定していた額に達しないと見込まれる状況のもとで、当該者の要請を受けて、当該有価証券を取得し、または買い付けることを内容とした運用を行うこと（金商法42条の2第7号、金商業等府令130条1項9号）

① 当該金融商品取引業者の関係外国法人等

② 直近2事業年度において金商法2条8項1号～3号、8号および9号に掲げる行為を行った運用財産に係る有価証券（当該運用財産に係る権利者の権利を表示するものまたは当該権利に限る）の合計額が当該2事業年度において発行された運用財産に係る有価証券の額の50％を超える者

⒪　金商法42条の３第１項の規定により投資家のため運用を行う権限の全部または一部の委託を行う場合において、当該委託を受けた者が当該委託に係る権限の再委託をしないことを確保するための措置を講じることなく、当該委託を行うこと（金商法42条の２第７号、金商業等府令130条１項10号）

　　ただし、権限の一部を、他の投資運用業者または外国の法令に準拠して設立された法人で外国において投資運用業を行う者にさらに委託する場合で、この委託を受けた者が当該委託に係る権限をさらに委託しないことを確保するための措置を講じている場合は除かれる（金商業等府令130条１項10号、金商法42条の３第１項、金商法施行令16条の12）。

　　この規定の反対解釈により、運用権限すべての再々委託は禁止されている（2007年金融庁パブコメ439頁69番）。実務上は、委託先との投資一任契約に再委託の禁止などを定めることが一般的である。

⒫　金融商品取引契約に基づく顧客の計算に属する金銭、有価証券その他の財産または委託証拠金その他の保証金を虚偽の相場を利用することその他不正の手段により取得する行為（金商法38条７号、金商業等府令117条１項６号）

⑥　自己執行

　　金融商品取引業者は、原則として、投資ファンドの運用行為を第三者に委託することができない。例外として、投資ファンドに係る組合契約その他の法律行為に以下の①～③の定めがある場合に限り、投資家のため運用を行う権限の全部または一部を他の投資運用業を行う金融商品取引業者等または外国の法令に準拠して設立された法人で外国において投資運用業を行う者に委託することができる（金商法42条の３第１項３号、金商業等府令131条、金商法施行令16条の12）。

　　ただし、組合契約に規定したとしても、投資運用業者が運用するすべての

運用財産に関する運用権限のすべてを委託することはできない（金商法42条の3第2項）。

① 投資家のため運用を行う権限の全部または一部の委託をする旨およびその委託先の商号または名称

「委託」には、当該委託に係る権限の一部をさらに委託するものを含む。また、委託先が適格投資家向け投資運用業を行う運用業者の場合はその旨も記載する。

② 委託の概要

③ 委託に係る報酬を運用財産から支払う場合には、当該報酬の額

あらかじめ報酬の額が確定しない場合は、当該報酬の額の計算方法を記載することで足りる。

なお、運用報告書の作成事務や議決権の代理行使の実施事務等の業務は、基本的に投資家のために運用を行う権限に該当しないと考えられる。そのため、これらの業務は、投資運用業を行う金融商品取引業者等または外国の法令に準拠して設立された法人で外国において投資運用業を行う者以外の者にも委託することができる（2007年金融庁パブコメ439頁・440頁3番参照）。

7 分別管理

投資運用業として自己運用を行う場合、運用財産と自己の固有財産および他の運用財産とを分別して管理しなければならない（金商法42条の4）。

具体的な分別管理の方法は、以下の(1)または(2)のとおりである。

(1) 金銭について

以下の①〜⑧のいずれかの方法で管理しなければならない（金商業等府令132条1項、125条2号）。日本の組合がビークルの場合、銀行への預金（③）

が一般的と思われる。この場合、預金口座の名義をどのように定めるかが実務上問題となる。預金債権の帰属という法的問題があるものの、分別管理の観点からは自己の財産と区別できるように対応すべきであろう。

① 他の金融商品取引業者等（有価証券等管理業務として受けるものに限る）への預託

② 外国の法令に準拠し、外国において有価証券等管理業務を行う者への預託

③ 銀行への預金

④ 協同組織金融機関への預金または貯金

⑤ 株式会社商工組合中央金庫への預金

⑥ 外国の法令に準拠し、外国において預金または定期積金等の受入れ（銀行法10条1項1号）を行う者への預金または貯金

⑦ 信託業務を営む金融機関への金銭信託で元本補てんの契約のあるもの

⑧ 外国の法令に準拠し、外国において信託業務を行う者への金銭信託で元本補てんの契約のあるもの

　上記⑦および⑧の金銭信託は、当該金銭であることがその名義により明らかなものでなければならない。

(2) 金銭以外について

　金銭以外については、以下の①〜④に定める方法で管理しなければならない（金商業等府令132条2項、3項）。

① 混蔵保管される財産

　保管者において、(i)保管場所を他の財産と明確に区分し、(ii)各運用財産の持分が金融商品取引業者の帳簿により直ちに判別できる状態で管理。

② 混蔵保管されない財産

　保管者において、(i)保管場所を他の財産と明確に区分し、(ii)どの運用財産であるかが直ちに判別できる状態で管理。

③　上記①または②以外のみなし有価証券

　ア　書類がある場合

　　　当該書類を運用財産とみなして、上記①または②に相応する方法。「当該有価証券等に係る権利を行使する際に必要となる当該権利を証する書類その他の書類」（金商業等府令132条2項5号イ）と規定されている。文言のとおり読むと、「当該有価証券等に係る権利を行使する際に必要となる当該権利を証する書類」はあくまでも例示であり、ここでいう「書類」は、権利を行使する際に必要となるものでなければならないわけではない。

　　　もっとも、金融庁は、「信託受益権証書や各種権利に係る契約書は、基本的に、金商業等府令第132条第2項第5号イの「書類」に該当するものと考えられます。ただし、権利行使の際に当該証書・契約書等を要しないこととされている場合は、これらの証書・契約書等自体は同号イの「書類」には該当せず、代わりに、当該権利を第三者（例えば、信託の受託者や集団投資スキームの運営者等）により管理させるとともに、当該管理の状況を自己の帳簿により直ちに把握できるようにしておくことが必要になると考えられます（同号ロ）」（2007年金融庁パブコメ441頁3番）との考え方を示している。当該規定は、一般的な有価証券の定義を意識した規定になっているように思われるが、一般的に、ある組合契約に基づく権利を行使する際に、当該組合契約に係る契約書が必要となる場合は少ないように思われる。

　イ　書類がない場合

　　　(i)第三者をして当該有価証券等に係る権利を運用財産として明確に管理させ、(ii)その管理の状況が自己の帳簿により直ちに把握できる状態で管理する方法。

④　金融商品取引業者と運用財産とが共有しており、上記①〜③により管理できない有価証券等

運用財産に係る各運用財産の持分が自己の帳簿により直ちに判別できる状態で管理する方法。

 ## 8) 契約変更書面

(1) 必要となる場面

すでに成立している金融商品取引契約の一部の変更をすることを内容とする金融商品取引契約を締結しようとする場合に、必要となる（金商業等府令80条1項4号）。

締結ずみの金融商品取引契約の一部を変更する契約を締結する場合も、「金融商品取引契約の締結」に当たることから、原則として契約締結前交付書面および契約締結時交付書面の交付義務がある（金商法37条の3、37条の4）。もっとも、これらの書面について変更すべき事項を記載した書面を交付した場合は、これらの書面の交付義務が免除される（金商法37条の3、37条の4、金商業等府令80条1項4号ロ、110条1項6号ロ）。この変更すべき事項を記載した書面を契約変更書面という。

(2) 記載事項

すでに成立している金融商品取引契約に係る契約締結前交付書面または契約締結時交付書面の記載事項のうち、変更すべき記載事項（金商業等府令80条1項4号ロ、110条1項6号ロ）。

⑨ 運用報告書

(1) 必要となる場面

　対象期間経過後、遅滞なく作成し、知れている権利者に交付しなければならない（金商法42条の7第1項、金商業等府令134条4項）。対象期間は、6カ月以内（適格機関投資家等特例業務について金商業等府令134条3項2号に定める一定の場合、すなわちベンチャー・ファンド特例の適用があるファンドの場合は1年以内）でなければならない（金商法42条の7第1項、金商業等府令134条3項）。

　「遅滞なく」とは、取引の一般通念に従い相当と認められる期間内に、という意味である。交付の方法は特に定められていない。

(2) 記載事項

　記載事項は以下の①〜⑧である。

① 対象期間

　　直前の基準日（運用報告書の作成の基準とした日をいう）の翌日（当該運用報告書が初めて作成するものである場合にあっては、運用財産の運用を開始した日）から当該運用報告書の基準日までの期間をいう。

② 基準日における運用財産の状況として次に掲げる事項

　（i）金銭の額

　（ii）有価証券の銘柄、数および価額

　（iii）デリバティブ取引の銘柄、約定数量および単価等

　　「銘柄」には、取引の対象となる金融商品、金融指標その他これらに相当するものを含む。「約定数量」には、数量がない場合にあっては、件数または数量に準ずるものを含み、「単価等」とは、単価、対価の

額、約定数値その他の取引一単位当たりの金額または数値をいう。

③ 対象期間における運用の状況として次に掲げる事項

　（i）取引を行った日

　（ii）取引の種類および金融商品取引行為の相手方の商号、名称または氏名

　（iii）取引の内容として次に掲げる事項

　　ア　有価証券の売買その他の取引にあっては、取引ごとに有価証券の銘柄、数、価額および売付け等または買付け等の別

　　イ　デリバティブ取引にあっては、取引ごとにデリバティブ取引の銘柄、約定数量、単価等および売付け等または買付け等の別

　　運用明細書の必要的記載事項は、この③に掲げる事項をカバーしている。そのため、実務上は、対象期間の運用明細書の写しを添付するという方法が考えられる。

④ 対象期間において支払を受けた運用財産の運用に係る報酬の額

⑤ 対象期間において運用財産に係る取引について第二種金融商品取引業に該当する行為を行った場合にあっては、対象期間における当該行為に係る手数料、報酬その他の対価の額

⑥ 対象期間において次の(i)〜(iii)に掲げる者との間における取引を行ったときは、その内容

　（i）自己またはその取締役、執行役、監査役、役員に類する役職にある者もしくは使用人

　（ii）他の運用財産

　（iii）自己の親法人等または子法人等 8

⑦ 対象期間において行った金融商品取引行為に係る取引総額に占める、上記⑥(i)〜(iii)に掲げる者を相手方とする金融商品取引行為に係る取引総額の割合

8　親法人等（金商業等府令1条3項14号）および子法人等（同項16号）の意義については第14章3(2)参照（同項14号）。

⑧　対象期間における運用財産の運用として行った金融商品取引行為の相手
方で、その取引額が当該運用財産のために行った金融商品取引行為に係る
取引総額の10％以上である者がいる場合にあっては、当該相手方の商号、
名称または氏名ならびに当該運用報告書の対象期間において行った金融商
品取引行為に係る取引総額に占める、当該相手方に対する金融商品取引行
為に係る取引総額の割合

(3)　交付義務の免除

交付義務が免除される場合は、以下の①～④のとおりである（金商法42条
の7第1項、金商業等府令134条5項）。

①　投資家の同居者が確実に運用報告書の交付を受けると見込まれる場合、
かつ当該投資家が当該運用報告書の交付を受けないことについてその基準
日までに同意している場合。ただし、当該基準日までに当該権利者から当
該運用報告書の交付の請求があった場合を除く。

②　運用財産に係る受益証券が特定投資家向け有価証券に該当する場合で
あって、運用報告書に記載すべき事項に係る情報が対象期間経過後遅滞な
く金商法27条の32第1項に規定する発行者情報として同項または同条2項
の規定により提供され、または公表される場合

③　他の法令の規定により、6カ月に1回以上、運用財産に係る知れている
投資家に対して運用報告書に記載すべき事項を記載した書面が交付され、
または当該事項を記録した電磁的記録が提供される場合

　　たとえば、「信託財産状況報告書（信託業法第27条）は、6カ月に1回以
上交付され、運用報告書に記載すべき事項がすべて記載されているもので
あれば、金商業等府令第134条第4項第2号に規定する書面に該当し得る
ものと考えられます」（2007年金融庁パブコメ445頁13番）とのことである。

④　適格機関投資家等特例業務を行う場合であって、当該適格機関投資家等
特例業務に係る契約の相手方が特定投資家の場合

⑷ 届出義務

投資ファンドの自己運用に関する運用報告書を作成したときは、原則として、遅滞なく金融庁長官に届け出る必要がある（金商法42条の7第3項本文、194条の7第1項）。例外として、1つの投資ファンドに対する投資家の数が499名以下である場合、または運用報告書に記載すべき事項が記載された有価証券報告書の提出義務がある場合には、届出は不要となる（金商法42条の7第3項ただし書、金商法施行令16条の14、金商業等府令135条）。

⑩ 各書類の電磁的方法による交付

第8章14参照。

⑪ 法定帳簿

⑴ 投資ファンドに関する組合契約の内容を記載した書面

投資ファンドに関する組合契約の内容を記載した書面が法定帳簿とされるが、組合契約の内容を別途まとめる必要はなく、組合契約の写しを保存すれば足りると思われる（金商法47条、金商業等府令181条1項4号、157条1項17号イ、金商法42条の3第1項3号）。

⑵ 運用報告書の写し

上記9の運用報告書の写しが法定帳簿とされる（金商法47条、金商業等府令181条1項4号、157条1項17号ロ）。

(3) 運用明細書

a 概　　要

運用明細書とは、運用行為の明細を記録する帳簿である（金商業等府令181条1項4号、157条1項17号ハ）。そのため、運用明細書は、投資ファンドごとに作成しなければならない（金商業等府令170条2項）。

b 記載事項

運用明細書の記載事項は以下の①～⑧である（金商業等府令170条1項各号）。

① 取引年月日

② 取引の種類

③ 銘　　柄

④ 売付けまたは買付け（次の(i)～(iv)に掲げる取引にあっては、それぞれ(i)～(iv)に定めるもの）の別

　運用の明細を記録するものであるため、「売付けまたは買付け」は運用者（運用財産）を主体として記載することになる。

(i) インデックス型先物取引

　現実数値が約定数値を上回った場合に金銭を支払う立場の当事者となるものまたは金銭を受領する立場の当事者となるもの

(ii) オプション取引

　オプションを付与する立場の当事者となるものまたはオプションを取得する立場の当事者となるもの

(iii) スワップ取引

　相手方と取り決めた金融商品の利率等または金融指標が約定した期間に上昇した場合に金銭を支払う立場の当事者となるものまたは金銭を受領する立場の当事者となるもの

(iv) クレジットデリバティブ取引等

　当事者があらかじめ定めた事由が発生した場合に金銭を支払う立場の

当事者となるものまたは金銭を受領する立場の当事者となるもの

⑤　数　　量

数量がない場合にあっては、件数または数量に準ずるものを含む。

⑥　約定価格

⑦　取引の相手方の氏名または名称

「名称」については取引の相手方の「商号」が含まれる（2007年金融庁パブコメ500頁226番参照）。

⑧　他の者が運用財産の保管を行っているときは、その者の商号または名称およびその者に対し運用の内容を連絡した年月日

金融庁は、「他の者が運用財産の保管を行っているとき」には、「「組合で保有する有価証券を信託銀行において保管している場合」、「現金を銀行口座で保管している場合」も該当すると考えられます（金商業等府令第170条第1項第8号）」との見解を示している（2007年金融庁パブコメ500頁230番）。投資ファンドの場合、分別管理のため組合財産をファンドの運用者とは別の者が保管することが一般的であるため、この記載は通常必要となろう。

金融庁は「「運用の内容を連絡した年月日」には、当事者間で実質的に連絡が行われた日が該当すると考えられます」との見解を示している（2007年金融庁パブコメ500頁227番、228番）。通常は運用の結果、組合財産の移転が生じるため、その指示を行った時がこれに該当することになると思われる。

C　作成時期等

関係法令上、作成時期に関する規定は見当たらない。運用明細書は業者が行った運用の明細を記録するものであるが、運用明細書と記載事項が一部重複し、個々の運用行為を記録するという性質の発注伝票（下記(4)参照）は個々の運用行為ごとに作成すべきとされている（金商業等府令170条2項）。このことからすると、この発注伝票と異なるタイミングで作成義務があると

考えることが合理的である。また、運用報告書の必要的記載事項（上記9(2)参照）と運用明細書の必要的記載事項を比較すると、運用報告書のなかで記載すべき「当該運用報告書の対象期間における運用の状況として次に掲げる事項」（金商業等府令134条1項3号）をさらに詳細にしたものが運用明細書とも考えられる。とすれば、運用報告書と同じタイミングで作成すれば十分と考えられる。

(4)　発注伝票

a　概　　要

　発注伝票とは、運用財産についてどのような発注を行い、その注文が最終的にどうなったかを記録する帳簿である（金商業等府令181条1項4号、157条1項17号ニ）。運用財産の運用として行う取引の発注時に作成しなければならない（金商業等府令171条2項1号）。

　もっとも、一定の事項を記載した運用財産の運用として行う取引に係る取引契約書がある場合、これをもって発注伝票とすることができる（同条4項）。ここでいう取引契約書は定義された用語ではないため、字義のとおり取引に関する契約書と考えるべきである。金融庁も「個別の取引契約書が作成され、その中で運用財産及び運用内容を特定するために必要な事項が記載されている場合には当該契約書を発注伝票とすることができるとしたものであり、特定の取引を想定しているものではありません」（2007年金融庁パブコメ507頁271番）と同様の見解を示している。また、金商業等府令171条4項が「前三項の規定にかかわらず」と規定していることから、4項の要件を満たす取引契約書であれば足り、同条1項各号に掲げるすべての事項が当該契約書に記載されている必要はない。4項の要件とは、(i)運用財産の名称その他の運用財産を特定するために必要な事項、(ii)契約年月日その他運用の内容を特定できる事項、が記載されていることである（金商業等府令171条4項）。通常の契約書であれば、契約の締結日を記載しているため、実質的には(i)を

記載することに留意する必要がある。

したがって、たとえば投資ビークルが投資事業有限責任組合で、当該組合が組合財産の運用として匿名組合出資を行う場合、投資運用業者である当該組合の無限責任組合員が当該組合の名称を記載して営業者との間で取り交わした匿名組合契約書は発注伝票とすることができると考えられる。同様に、当該組合が未公開株式などの有価証券を取得する場合、当該組合の名称を記載して有価証券売買契約書を取り交わすと、当該契約書を発注伝票とすることができると考えられる。

b　記載事項

発注伝票の記載事項は①〜⑪である（金商業等府令171条1項各号）。

① 運用財産の名称その他の運用財産を特定するために必要な事項

② 取引の種類

③ 銘　　柄

④ 売付けまたは買付けの別

⑤ 発注数量

数量がない場合にあっては、件数または数量に準ずるものを含む。

⑥ 約定数量

数量がない場合にあっては、件数または数量に準ずるものを含む。

⑦ 指値または成行の別

指値の場合にあっては、その価格および注文の有効期限（当該有効期限が当日中であるものを除く）を含む。

⑧ 発注日時

⑨ 約定日時

⑩ 約定価格

⑪ 他の者が運用財産の保管を行っているときは、その者の商号または名称

c　作成時期等

発注伝票は、発注時に作成し、日付順につづり込んで保存しなければなら

ない（金商業等府令171条 2 項 1 号、 2 号）。「運用財産の保管を行っている者
ごと」である必要はない（2007年金融庁パブコメ504頁253番～255番参照）。発
注時に記載することが不可能な事項は、記載可能となった時点で速やかに記
載すれば足りると考えられる（2007年金融庁パブコメ504頁251番参照）。

　電磁的記録により作成する場合は、(i)上記⑥、⑧～⑩以外の事項について
は発注を行うときまでに、⑧は発注時に電子計算機へ入力し、(ii)発注内容を
電子計算機へ入力した日付および時刻が自動的に記録される形で作成しなけ
ればならない（金商業等府令171条 2 項 5 号）。

(5)　自己運用を行う際には不要と考えられる法定帳簿

以下の法定帳簿は、自己運用を行う際には不要と考えられる。
① 　最良執行方針に従って執行された旨の説明書面（金商法40条の 2 第 5 項）
　　最良執行方針は、有価証券の売買およびデリバティブ取引に関して定め
　なければならない方針であり、投資ファンドの運用および投資ファンド持
　分の販売を行うファンド業者については適用はないと考えられる。した
　がって、この説明書面については、作成・保存義務はないと思われる。
② 　上場有価証券等書面（金商業等府令80条 1 項 1 号）
　　市場取引等に係るリスク情報等を記載した書面で、有価証券の売買その
　他の取引に係る金融商品取引契約に関するものである。したがって、投資
　ファンドの運用および投資ファンド持分の販売を行うファンド業者につい
　ては、基本的に適用はないと考えられる。
③ 　金商業等府令80条 1 項 3 号に規定する目論見書（同号の規定により当該
　目論見書と一体のものとして交付される書面がある場合には、当該目論見書お
　よび当該書面）
　　私募の形をとらず、目論見書を交付する場合には、作成・保存する必要
　がある。私募の場合、適用はないと思われる。
④ 　顧客の有価証券を担保に供すること等に関する同意書面（金商法43条の

4第1項)

　レバレッジローンを活用する場合、投資ファンドの財産をレンダーに担
保提供する必要が生じる。これについては、金融商品取引業者が運営する
投資ファンドにおいて、当該投資ファンドの財産として保有する有価証券
は、金商法43条の4第1項の「顧客の計算において自己が占有する有価証
券又は顧客から預託を受けた有価証券」に該当しないことから、当該規定
による規制の対象とならないと考えられている（2007年金融庁パブコメ449
頁1番参照）。

⑫ 公開買付け規制

(1) 概　要

　公開買付け規制とは、有価証券報告書の提出を義務づけられている発行者
が発行する株券等の当該発行者以外による買付け等で、以下の①〜⑥のいず
れかに該当する場合は、原則として公開買付けによらなければならない、と
いう規制である（金商法27条の2第1項本文）。なお例外として、金商法施行
令6条の2第1項各号に掲げる場合は公開買付け規制の適用を受けない（金
商法27条の2第1項ただし書）。

①　取引所金融商品市場外における株券等の買付け等の後における株券等所
　有割合がその特別関係者と合計して5％超となる場合（金商法27条の2第
　1項1号）

　　ただし、店頭売買有価証券市場[9]における買付け、一定の要件を満たす
　PTS取引による買付け、および金融庁長官が指定する外国の取引所におけ

9　前掲注5参照。

る買付け（金商法施行令6条の2第2項）ならびに60日間に10名以下の者から買付けを行う場合（同条3項）は除く。

② 取引所金融商品市場外における株券等の買付け等であって、60日間に10名以下の者から行う買付け等の後における株券等所有割合がその特別関係者と合計して3分の1超となる場合（金商法27条の2第1項2号、金商法施行令6条の2第3項）

　ただし、上記店頭売買有価証券市場、PTSおよび外国の取引所における買付け（金商法施行令6条の2第2項）は除く。

③ 立会外取引による買付け等の後における株券等所有割合がその特別関係者と合計して3分の1超となる場合（金商法27条の2第1項3号、平成20年金融庁告示4号「証券取引法第27条の2第1項第3号の規定に基づき競売買の方法以外の方法による有価証券の売買等を定める件の一部を改正する件」）

④ 3カ月以内に行った買付け等または新規発行取得した株券等の以下の算式により算出される割合が10％超となり、かつ取引所金融市場外における買付け等（公開買付けを除く）および立会外取引による買付け等した株券等の同じ算式により算出される割合が5％超となる場合であって、その後の株券等所有割合がその特別関係者と合計して3分の1超となる場合（金商法27条の2第1項4号、金商法施行令7条2項〜4項、他社株買付府令4条の2第1項）

　（3カ月間に新たに取得した株券等に係る議決権の数）／（総株主等の議決権の数＋取得者およびその特別関係者に新規発行された株券等に係る議決権の数）

⑤ 買付者の株券等所有割合が3分の1超の場合に、他者による公開買付け期間中に買付け等した株券等の上記④の算式により算出される割合が5％超となる場合（金商法27条の2第1項5号、金商法施行令7条5項、6項、他社株買付府令4条の2第1項）

⑥ 特別関係者とともに行う上記④に該当する場合（金商法27条の2第1項

6号、金商法施行令7条7項、金商法27条の2第1項4号)

(2) 株券等所有割合

株券等所有割合は、以下の算式に従って算出する（金商法27条の2第8項）。

（所有に係る当該株券等の議決権数の合計）／（総議決権数＋買付者および
その特別関係者の所有に係る潜在株式の議決権数の合計）

(3) 特別関係者

特別関係者には、形式基準による特別関係者と実質基準による特別関係者
がある（金商法27条の2第7項）。

① 形式基準による特別関係者

法人等である買付者にとっての特別関係者は、(i)当該法人等の役員、(ii)
当該法人等が特別資本関係を有する法人等およびその役員、(iii)当該法人等
に対して特別資本関係を有する個人および法人等ならびに当該特別資本関
係を有する法人等の役員である（金商法27条の2第7項1号、金商法施行令
9条2項）。特別資本関係とは、おおむね、直接または子会社もしくは孫
会社等を通じて議決権の20％以上を保有している関係をいう（金商法施行
令9条1項2号、3項）。また、役員には取締役または監査役に限らず、こ
れらに準ずる者も含まれるとされている。

組合型の投資ファンドの場合、買付け等の主体が組合自体か組合のジェ
ネラル・パートナーたるファンドの運営者かという問題があるが、投資事
業有限責任組合や海外のリミテッド・パートナーシップについては組合自
体を買付け等の主体とした実例が存在する。組合自体を買付者と考える
と、組合に出資している組合員も直接対象会社の株券等を所有しているよ
うな場合に、株券等所有割合の算定上、このような組合員が組合と特別資
本関係を有する者に該当するかが問題となる。つまり、組合の持分を有す
ることが当該組合の議決権を有することを意味するかということである

が、投資事業有限責任組合における有限責任組合員は、通常、組合の意思決定に関する権限を有していないと考えることができる（投資事業有限責任組合法7条参照）。また、仮に有限責任組合員に株式会社における株主の議決権と同等の権利が認められうるとしても、少なくとも、当該組合に組合員集会等の意思決定機関が存在せず、その他有限責任組合員に、組合契約の変更の同意等ごく限られた場合にのみ意思決定権が認められるにすぎない場合（換言すると、有限責任組合員の有する権利が、株式会社における完全無議決権株式に認められるものに相当するような場合）には、このような有限責任組合員は、出資額が20％以上であっても形式基準による特別関係者には該当しないと考えることができる。この考え方は、組合においては出資と支配の関係が一致するとは限らないという実態や、大量保有報告においては資本関係ではなく実質支配関係にある組合をみなし共同保有者としている金商法令（金商法施行令14条の7第1項4号、大量保有府令5条の3、財務諸表等規則8条3項）の趣旨に沿うものと思われる。

　なお、この解釈を前提とすると、投資事業有限責任組合の無限責任組合員は、当該組合のすべての議決権を有する者との整理が素直であろう。

② 実質基準による特別関係者

　買付者との間で、(i)共同して株券等を取得または譲渡すること、(ii)共同して株券等の発行者の株主としての議決権その他の権利を行使すること、(iii)株券等の買付け等の後に相互に当該株券等を譲渡または譲り受けること、のいずれかを合意している者をいう（金商法27条の2第7項2号）。

　複数の投資ファンドで共同投資を行う場合には、共同投資を行う他の投資ファンドは実質基準による特別関係者に該当することにならざるをえないであろう。

⑬ 大量保有報告

(1) 概　　要

　上場会社が発行者である株券等の株券等保有割合が5％を超える保有者（大量保有者）は、大量保有者となった日から行政機関の休日[10]を除いた5日以内に、EDINETを使用して大量保有報告書を提出しなければならない（金商法27条の23第1項、27条の30の3、27条の30の2、金商法施行令14条の5）。大量保有者となった後、株券等保有割合が1％以上増減した場合または金商法施行令14条の7の2に規定する重要な事項に変更が生じた場合は、変更報告書を提出しなければならないが、保有株式等の総数が変わらない限り、変更報告書の提出は不要である（金商法27条の25第1項）。また、大量保有報告書または変更報告書について、これらの内容が事実と相違したり、記載すべき重要な事項または誤解を避けるために必要となる重要な事実の記載が、不十分であったり欠けていたりする場合は、訂正報告書を提出しなければならない（同条3項）。

　なお、特例報告については、金商法2条8項15号に掲げる行為を投資運用業として行う場合が対象から除外されているため、投資ファンドの運営者に適用されない（同法27条の26第1項、大量保有府令11条1号）。

(2) 株　券　等

　大量保有報告制度において、「株券等」とは、株券、新株予約権証券、新株予約権付社債券、投資証券等（投資証券および外国投資証券で投資証券に類する証券をいう）その他一定の有価証券（金商法施行令14条の4に列挙される。

10　日曜日、土曜日、国民の祝日に規定する休日、12月29日〜31日、1月1日〜3日（行政機関の休日に関する法律1条1項）。

これらは金商法27条の23第１項において「株券関連有価証券」と定義される）で
あって、上場または店頭登録されているものの発行者である法人が、(i)下記
アの場合には自ら発行者となっている①～④の有価証券、(ii)下記イの場合に
は、それぞれの対象有価証券の発行者となっている⑤～⑨の有価証券、をい
う。

　ア　①株券（議決権のない株式であって、発行会社が議決権株式と交換する旨
　　　の定款の定めのないものを除く（大量保有府令３条の２））、②新株予約権証
　　　券および新株予約権付社債券（議決権のない株式のみを取得する権利のみ
　　　を付与されているものを除く）、③投資証券等、ならびに④外国の者の発
　　　行する証券または証書で①、②または③の性質を有するもの（以上につ
　　　き、金商法27条の23第２項、金商法施行令14条の５の２。これらは金商法27
　　　条の23第２項において「対象有価証券」と定義される）

　イ　⑤対象有価証券に係るコールオプションを表示するカバードワラン
　　　ト、⑥対象有価証券を受託有価証券とする有価証券信託受益証券、⑦対
　　　象有価証券に係る権利を表示する預託証券、⑧対象有価証券により償還
　　　可能な他社発行の社債券、および⑨外国の者の発行する証券または証書
　　　で⑧の性質を有するもの（以上につき、金商法27条の23第１項、金商法施
　　　行令14条の４の２）

　大量保有報告制度は、基本的には上場株・REITに関するものと考えてよ
いが、厳密には、大量保有報告制度の対象たる「株券等」は、発行者が上場
されている株券関連有価証券の発行者であれば、それ自体は金融商品取引所
に上場されているかは問わない。さらに、上記イ記載の有価証券は、オプ
ション、預託または償還の対象たる有価証券の発行者が上場されている株券
関連有価証券の発行者であれば、「株券等」に該当し、その発行者自身が上
場有価証券の発行者である必要すらない。したがって、上場有価証券の発行
者の発行する非上場有価証券、またはこのような発行者の発行する証券に関
するカバードワラント、預託証券、他社株転換社債等を投資対象とする投資

ファンドを運営する場合は、大量保有報告義務が発生しないかについて留意する必要がある。また、売買の一方の予約、または証券に表示されるもの（すなわちカバードワラント）ではない形でのオプションの取得により、株券等について買主としての地位を取得する権利を有する場合にも、株券等の引渡し請求権を有する者に準じる者として、大量保有報告の義務が生じうることにも留意する必要がある（金商法施行令14条の6）。

(3) 保 有 者

　投資ファンドに係る組合の財産として株券等を保有した場合には、組合自体が保有者に該当するのではなく、通常は、組合財産に関する投資の権限を有する、組合のジェネラル・パートナーたる投資ファンドの運営者が保有者に該当すると考えられる（金商法27条の23第3項2号、大量保有府令第1号様式記載上の注意(9)a）。なお、投資ファンドの運営者とは別に、投資ファンドの持分を有する者が持分割合に応じた株券等の保有者として扱われるかという問題があるが、実務的には、投資ファンドの運営者のみを保有者として扱っているようである[11]。

(4) 株券等保有割合

　株券等保有割合は、以下の算式に従って算出する（金商法27条の23第4項）。
（自己保有分の株式数および潜在株式数＋共同保有者分の株式数および潜在株式数）[12]／（発行済株式等総数＋自己保有分および共同保有者分の潜在株式数）

　共同保有者には、実質共同保有者とみなし共同保有者がある。実質共同保有者とは、株券等の保有者と共同して株券を取得し、譲渡し、または議決権

11　根本敏光『大量保有報告制度の理論と実務』412頁（商事法務、2017年）。
12　ファンドの運営者については基本的に関係ないと思われるが、自己株式については保有株式数から除外される（金商法27条の23第4項）。

の行使等を行うことを合意している者をいう（同条５項）。みなし共同保有者とは、株式の所有関係、親族関係その他の政令で定める特別の関係のある者をいうが、投資ファンドの運営者との関係でみなし共同保有者となりうるのは、実質支配関係にある親子会社および兄弟会社ならびに他に運営している投資ファンド等である（同条６項、金商法施行令14条の７、大量保有府令５条の３、財務諸表等規則８条３項）。

⑭ 特定組合等に関する規制

(1) 特定組合等

　特定組合等とは、上場会社等の議決権の10％以上を組合財産として有する投資ファンドのうち、ビークルとして民法上の任意組合、投資事業有限責任組合もしくは有限責任事業組合またはこれらに類似する外国の法令に基づき設立された団体をいう（金商法165条の２第１項、金商法施行令27条の８）[13]。

(2) 売買等に関する報告義務

　特定組合等に該当する投資ファンドの運用として10％以上の議決権を有する上場会社等の特定有価証券等に係る買付け等または売付け等（金商法163条１項）をした場合、原則として、当該ファンドの運営者は、その売買等があった日の属する月の翌月15日までに、特定組合等の売買報告書（取引規制府令別紙様式第４号）を財務局長に提出しなければならない（金商法165条の２第１項、取引規制府令41条）。

13　外為法上の「特定組合等」（同法26条１項４号）はまた別の概念である。

(3) 短期売買差益の返還

　特定組合等が、10％以上の議決権を有する上場会社等の特定有価証券等について6カ月の間に行った売買により利益を生じた場合、当該上場会社等は、当該特定組合等の財産をもってその利益を当該上場会社等に提供すべきことを請求することができる（金商法165条の2第3項）。組合財産による完済ができなかった場合は、当該上場会社等はファンドの運営者に対して不足額の提供を請求することができる（同条4項）。また、これらの請求は、上場会社等の株主により行われることもある（同条7項）。

　なお、実際の流れとしては、上記(2)の売買報告書の内容から利益が生じたと財務局が判断すると、当該売買報告書を提出した者（通常は、ファンドの運営者）に対して財務局が売買の内容について確認を求め、これについて特段の異議が申し立てられない場合、売買報告書の該当部分を上場会社等に送付し、当該上場会社等が利益の発生を知ることになる（同条9項～11項）。

⑮　外 為 法

(1) 概　　要

　第8章19(1)記載のとおり、「外国投資家」（外為法26条1項）が同条2項各号に掲げる行為を行う場合、事前届出または事後報告が必要となる。外国籍のファンドに限らず、日本法に基づく組合についても組合員次第では「外国投資家」に該当する場合がある。また、外為法26条2項各号に掲げる行為には、上場会社の株式または議決権の1％以上の取得、投資先の指定業種に属する事業の譲渡や廃止について同意すること、投資先の役員選任について自己またはその関係者を候補者とする議案に同意することなどが含まれる。そ

のため、投資ファンドによる投資が対内直接投資等に該当して事前届出または事後報告が必要となる場合がある。

(2) 外国投資家

　組合形態の投資ファンドの外国投資家該当性については、組合の性質によるが、日本法に準拠する組合の場合、民法上の組合（1人または数人の組合員にその業務の執行を委任しているもの）および投資事業有限責任組合は、(イ)非居住者等[14]の出資割合が50％以上または(ロ)業務執行組合員もしくは無限責任組合員の過半数が非居住者等の場合に、組合自体が「特定組合等」（外為法26条1項4号）として外国投資家としての届出または報告義務を負い、各組合員はこれを負わない。外国法に準拠する組合の場合も同様の性質を有する場合には「特定組合等」に該当するが、「外国法令に基づいて設立された法人その他の団体または外国に主たる事務所を有する法人その他の団体」（外為法26条1項2号）として外国投資家に該当することも多い。

(3) 対内直接投資等

　外国投資家たる投資ファンドが行う以下の行為が、株式を投資対象とする投資ファンドとの関係で典型的な対内直接投資等である。これら以外であっても、たとえば貸付や社債の取得も対内直接投資等になりうる。また、対内直接投資等に該当する行為であっても、以下で記す以外にも事前届出・事後報告義務の対象外とされている行為もある（外為法27条1項、直投令3条1

14　非居住者である個人および外国法令に基づいて設立された法人その他の団体または外国に事務所を有するその他の団体（外為法26条1項1号、2号）のみならず、これらの者により直接または間接に保有される議決権の合計が50％以上を占める会社（同項3号）であれば、日本の会社も含まれる。ただし、特定の外国投資家またはその子会社による実質株式ベースの出資比率および実質保有等議決権ベースの議決権比率が密接関係者と合わせて10％未満の上場会社、すなわち「特定上場会社等」（直投令2条4項）は除かれる。

項)。

① 国内の上場会社の株式または議決権の取得で、それぞれ出資比率または議決権比率が1％以上となるもの（外為法26条2項3号、4号、直投令2条8項、10項）

　実質株式または実質保有等議決権ベースで出資比率または議決権比率が1％以上になる場合にのみ、届出および報告の手続が必要になる（外為法27条1項、直投令3条1項9号、10号。日銀ホームページの外為法Q&A（対内直接投資・特定取得編）Q1(1)参照）。

　実質株式とは、株主としての議決権その他の権利を行使することができる株式をいい、その権限（指図権限を含み、「議決権等行使等権限」という）が株主以外のものに委任され、かつ、当該委任により当該株主が当該株式に係る株主としての議決権その他の権利を行使できない場合の株式は除かれる（直投令2条4項1号）。たとえば、外国投資家たる投資ファンドが、投資一任契約に基づいて投資に関する権限を他者に委託する場合において、取得した株式の議決権も含めた株主としての権利をすべて他者に委託していて自分では権利を行使できない場合には、当該株式は「実質株式」から除かれ、出資比率の計算には含まれないことになる。

　実質保有等議決権とは、この逆で株式を保有していなくとも、議決権行使等権限を委任され、かつ、当該委任により当該保有等議決権を保有する場合の当該保有等議決権をいう。たとえば、外国投資家たる投資ファンドが投資した株式の所有権が、グローバル・カストディアンを株主の名義人として取得されている場合には、投資ファンドは当該株式の株主ではないものの議決権行使等権限を保有していると考えられ（対内直接投資等パブコメ11頁28番）、その権限が「実質保有等議決権」に含まれる。

② 国内の非上場会社の株式または持分の取得（外為法26条2項1号）

　非上場会社の場合は、比率にかかわらず該当する。ただし、発行済株式または持分を他の外国投資家からの譲受けにより取得する場合は対内直接

投資等から除かれ、「特定取得」（外為法26条 3 項）となり、投資先または
その子会社もしくは議決権半数子会社の事業に特定取得に係る指定業種が
含まれている場合に限り、事前届出が必要となる（同28条 1 項）。

③　上場会社の議決権行使等権限の取得であって、当該取得の後における取
得者の実質保有等議決権ベースの議決権比率が 1 ％以上となるもの（外為
法26条 2 項 9 号、直投令 2 条16項 5 号）

④　上場会社の株式への一任運用で、実質株式ベースの出資比率または実質
保有等議決権ベースの議決権比率が 1 ％以上となるもの（外為法26条 2 項
9 号、直投令 2 条16項 3 号）

　　投資ファンドから投資一任を受けている場合、この類型に該当しうる。

⑤　上場会社の議決権に係る議決権代理行使受任で、実質保有等議決権ベー
スの議決権比率が10％以上となるもの（外為法26条 2 項 9 号、直投令 2 条16
項 4 号）

　　たとえば、プロキシーファイト（委任状争奪戦）で株主から議決権行使
を受任する場合は、これに該当する。

⑥　議決権の 3 分の 1 以上を保有する上場会社の事業目的の実質的な変更へ
の同意（外為法26条 2 項 5 号、直投令 2 条12項 1 号）

　　当該変更に係る変更後の事業目的が、指定業種に該当しない場合は、事
前届出・事後報告は不要である（外為法27条 1 項、直投令 3 条 1 項12号、直
投命令 3 条 2 項 5 号）。

⑦　議決権の 1 ％以上を保有する上場会社につき、自らまたは一定の関係者
を取締役または監査役に選任する議案への同意（外為法26条 2 項 5 号、直投
令 2 条11項 1 号、12項 2 号、直投命令 2 条 1 項）

⑧　議決権の 1 ％以上を保有する上場会社の事業譲渡等の議案への同意（外
為法26条 2 項 5 号、直投令 2 条11項 2 号～ 5 号、直投命令 2 条 2 項、直投令 2
条12項 2 号）

　　もっとも、第三者により株主総会に提出された議案の場合、事前届出・

事後報告が不要とされている（外為法27条1項、直投令3条1項12号、直投命令3条2項9号）。指定業種に属する事業に係る議案以外の議案に関しても、事前届出・事後報告は不要である（外為法27条1項、直投令3条1項12号、直投命令3条2項10号）。

⑨　居住者（法人に限る）からの事業の譲受け、吸収分割および合併による事業の承継（外為法26条2項8号）

⑩　上場会社の実質保有等議決権を保有する他の非居住者と共同して、当該上場会社の10%以上の実質保有等議決権を行使することについて、それらの非居住者から同意を得ること（外為法26条2項9号、直投令2条16項7号）

　上記①、③～⑧、⑩に記載された比率は、外国投資家たる投資ファンドの密接関係者（外為法26条4項、直投令2条19項1号～18号）の保有分も合算される。

（4）　事前届出とその免除制度

a　事前届出

　投資先が「指定業種」（直投命令3条3項の規定に基づき財務大臣および事業所管大臣が定める業種）に属する事業を営んでいれば、原則として対内直接投資等の事前届出が必要となる（外為法27条1項、直投令3条2項1号）。直接の投資先が「指定業種」を営んでいなくても、その子会社や一定のグループ会社が営んでいれば、事前届出が必要となる。事前届出を行うのは、取引または行為を行おうとする日の前6カ月以内に限られる（直投令3条2項2号）。提出先である財務大臣および事業所管大臣が日本の安全等に支障がないかを審査するため、届出から30日間は届け出た取引または行為は禁止されるが、その期間は短縮されうるとされ（外為法27条2項）、国の安全等の観点から審査期間の短縮が可能と判断されたものについては届出受理日から4営業日を経過した日までに短縮するよう努めることとされている。審査が完了し、日本銀行により取引または行為を行うことができる日が公示されれば、

その日以降、届出受理日から6カ月間の期間中、いつでも実行が可能である。

b 免除制度

取得時届出免除の対象は、株式、持分、議決権または議決権行使等権限の取得と、株式への一任運用であり、上記(3)①～⑤はいずれも対象となる。また、共同議決権行使同意（上記(3)⑩）も、取締役の選解任等一定の議案に係るもの以外であれば対象となる。

免除の内容は外国投資家の属性により以下のとおりとなる。

① 外国金融機関

ここでいう外国金融機関とは、日本の金商法等の業法に基づき規制・監督を受けているか、または外国において日本の業法に相当する法令に基づき規制・監督を受けている一定の金融機関をいう（直投令3条の2第2項3号イ、直投命令3条の2第4項）。投資運用業を行う金融商品取引業者および適格機関投資家等特例業務のうち自己運用を行う特例業務届出者は、これに該当する（直投命令3条の2第4項2号）[15]。

なお、投資ファンドが外為法26条1項4号の組合に該当しても、議決権等行使等権限を投資一任業者など第三者に委任すれば、届出義務も報告義務も負わないことについては、第11章10(3)参照。

この外国金融機関が以下の(i)～(iii)をすべて満たす場合、対内直接投資の事前届出義務が免除される。これを包括免除という。

(i) 外国投資家自らまたはその関係者が発行会社またはその子会社など一定のグループ会社の取締役または監査役に就任しないこと

(ii) 指定業種に属する事業の譲渡・廃止の議案を発行会社の株主総会に自らまたは他の株主を通じて提案しないこと

---

15 組合形態の投資ファンドについては、その形態によりどの外国投資家の類型に該当するかが異なるため、外国金融機関該当性の検討に際してもまずはどの外国投資家の類型に該当するかを先に検討する必要がある。

(ⅲ)　指定業種に属する事業に係る非公開の技術情報の取得その他の当該技術情報の流出につながるおそれのある一定の行為を行わないこと

　　ここで(i)は上記(3)⑦の行為として、(ii)は上記(3)⑧の行為として、それぞれ、それ自体が事前届出の対象となる行為であり、これらの行為について事前届出をして行うのであれば、基準の違反にはならない（外為法27条の2第1項、「外国為替及び外国貿易法第27条の2第1項の規定に基づき、財務大臣及び事業所管大臣が定める対内直接投資等が国の安全等に係る対内直接投資等に該当しないための基準を定める件」（令和2年内閣府、総務省、財務省、文部科学省、厚生労働省、農林水産省、経済産業省、国土交通省、環境省告示第6号）2条1号〜3号、3条1号、2号）。

②　上記①以外の外国投資家

　　上記①の(i)〜(ⅲ)の要件をすべて満たした場合、指定業種のうちコア業種（直投命令3条の2第3項の規定に基づき財務大臣および事業所管大臣が定める業種）以外について対内直接投資の事前届出義務が免除される。コア業種については、これらの要件に加え、以下の(ⅳ)および(ⅴ)を満たした場合、実質株式ベースの出資比率および実質保有等議決権ベースの議決権比率が密接関係者と合わせていずれも10％未満となる場合に限り、対内直接投資の事前届出義務が免除される。これらを一般免除という。

(ⅳ)　コア業種に属する事業に関し、取締役会または重要な意思決定権限を有する委員会に自ら出席し、または自らが指定する者を出席させないこと

(ⅴ)　コア業種に属する事業に関し、取締役会もしくは重要な意思決定権限を有する委員会またはそれらの構成員に対し、自らまたは自らが指定する者を通じて、期限を付して、回答・行動を求めて書面で提案を行わないこと（同告示2条4号）

　　上記①および②のいずれについても、過去に外為法違反で処分を受けた者、外国政府や認証を受けていないソブリン・ウェルス・ファンドなど、審

査実施の必要性が高い外国投資家は、事前届出の免除の対象とならない。

(5) 事後報告

　事前届出の義務がない場合であっても、密接関係者と合わせた実質株式ベースの出資比率または実質保有等議決権ベースの議決権比率が10％以上となる株式の取得は、取得のつど45日以内に事後報告が必要となる（外為法55条の5第1項、直投令6条の3第1項、直投命令6条の2、別表第三3）。事前届出を行って株式の取得や取得した株式の処分など一定の行為を行った場合も、実行後45日以内に実行報告を行う必要がある（外為法55条の8、直投令6条の5、直投命令7条1項）。事前届出免除制度を利用した場合については、当該比率が以下のときに、株式の取得につき45日以内の事後報告が必要となる。

① 上場会社の株式
　(i) 初めて1％以上となるとき
　(ii) 初めて3％以上となるとき
　(iii) 10％以上となる株式取得については、取得のつど
　　包括免除を利用する場合、(i)と(ii)のときは事後報告不要である。
② 非上場会社の株式または持分
　　一株・一持分の取得から事後報告が必要となる。

第 10 章

私募の取扱いに係る規制

① 自己募集と共通する規制

私募の取扱いは他者のために行う有価証券の取得勧誘であり、ファンド運営者が自ら有価証券の取得勧誘を行う自己募集とは主体に違いがあるものの行為については同様のものといえる。金商法も、私募の取扱いと自己募集について基本的に同様の規制をしており、上記第8章1〜10、13〜15、17〜20は私募の取扱いにも妥当する。私募の取扱いについて異なる規制となるのは2以下である。

なお、「投資運用業者が証券会社主催の投資セミナーに同席し、自己の個別商品の内容に言及する場合であっても、勧誘を証券会社等に委託するなどしていれば、追加の業登録（第二種金融商品取引業）は基本的に不要と解される」（平成20年2月21日金融庁証券取引等監視委員会「金融商品取引法の疑問に答えます」5頁）との関係で、第二種金融商品取引業者を同行させることによって、個別ファンドの勧誘をファンドの運営者等が業登録なしで行うことができるかのような誤解をしていることがある。しかし、日本の規制上、個別ファンドの勧誘を行う以上は業登録が必要となるのが原則であり、単に登録を受けた業者が同行していることをもってこの規制を免れることはできない。このようなアレンジを受けた業者は名義貸しの禁止（金商法36条の3）に抵触する可能性があり、勧誘を行ったファンドの運営者等は無登録営業（同法29条）に該当することになる。

② 契約締結前交付書面

（1） 記載事項等

第 8 章11参照。

（2） 相 手 方

　私募の取扱いとは、発行者と契約を締結し、発行者のために有価証券の取得の勧誘を行うことである。そのため、私募の取扱いを行う金融商品取引業者にとっての顧客は、文理上、発行者と考えることが素直であり、この場合は契約締結前交付書面の交付は不要とされている（金商法37条の 3 第 1 項ただし書、金商業等府令80条 1 項 5 号リ）。もっとも、金融庁は「顧客が誰であるかは、投資者保護の観点から個別事例ごとに実態に即して実質的に判断されるべき」との観点から、「金融商品取引業者等が私募の取扱いを通じて有価証券を取得させる行為については、その取得者が実質的な販売・勧誘の対象となることから、当該金融商品取引業者等は取得者に対しても契約締結前交付書面の交付義務を負うものと考えられます」（2007年金融庁パブコメ274頁・275頁16番〜20番）との見解を示している。たしかに、私募の取扱いが行われた場合に有価証券の取得者に契約締結前交付書面が交付されないという事態は、投資家保護の観点から望ましくない。この場合、だれに交付義務を負わせることがよいかといえば、私募の取扱いを行った金融商品取引業者と考えることに合理性は十分ある。とすれば、本来的には立法で手当てがなされるべきであり、行政解釈が拠り所となっているような状況は解消されるべきであるといえよう。金融庁の見解に立つと、取得者について契約締結前交付書面を交付する義務が生じることになる。

電子募集取扱業務に関する特則

　ウェブサイトや電子メールを利用して投資ファンドの持分の勧誘（電子募集取扱業務）を行うときは、一定の方法により、契約締結前交付書面に記載する事項のうち電子募集取扱業務の相手方の判断に重要な影響を与える一定の事項について、電子情報処理組織を使用する方法その他の情報通信の技術を利用する一定の方法により、これらの投資ファンド持分について電子募集取扱業務を行う期間中、相手方が閲覧することができる状態に置かなければならない（金商法43条の5、金商業等府令146条の2）。

取引残高報告書

　金融庁は、私募の取扱いも「その他の取引」に含まれるとの見解を示している（2007年金融庁パブコメ344頁46番、347頁60番）。私募の取扱いに関する法定帳簿である取引日記帳（詳細は下記5(1)参照）の記載では、委託者である顧客（金商業等府令159条1項2号）と相手方（同項8号）を区別しているため、この場合に報告書を交付すべき顧客については検討が必要となる。この点、私募の取扱いを行う金融商品取引業者が契約を締結する相手方は私募の取扱いを委ねる発行者であり、投資家ではない。金融庁は、投資家保護の観点から個別事例ごとに実態に即して実質的に判断という概念を用いて、契約の相手方だけでなく私募に応じる投資家も顧客と考えているものと思われる（2007年金融庁パブコメ274頁16番〜18番参照）。

　その他詳細については、第8章13参照。

⑤ 法定帳簿の作成および保存

(1) 取引日記帳

a 概　　要

　私募の取扱いを行う場合、その業務について取引日記帳を作成のうえ、保存しなければならない（金商法47条、金商業等府令181条１項２号イ、157条１項４号）。

b 記載事項

　取引日記帳の記載事項は以下のとおりである（金商業等府令159条１項）。

① 約定年月日

② 委託者である顧客の氏名または名称

③ 売付けもしくは買付けの別または募集もしくは売出しの取扱いもしくは私募もしくは特定投資家向け売付け勧誘等の取扱いもしくは解約もしくは払戻しの別

④ 銘　　柄

⑤ 数量（数量がない場合にあっては、件数または数量に準ずるもの）

⑥ 約定価格または単価および金額

⑦ 受渡年月日

⑧ 相手方の氏名または名称（有価証券の売買その他の取引等を取引所金融商品市場または店頭売買有価証券市場によらないでする場合に限る）

　なお、投資ファンドの持分の私募の取扱いについては、現先取引に関する金商業等府令159条１項９号に掲げる事項は記載不要と考えられる。また、金商業等府令159条１項10号～13号に掲げる事項は、デリバティブ取引に関する事項であるため、投資ファンド持分の私募の取扱いに関する記載事項としては不要と思われる。

c 作成時期等

　取引日記帳の記載事項のうち、募集もしくは売出しの取扱いもしくは私募もしくは特定投資家向け売付け勧誘等の取扱いまたは解約もしくは払戻しの別については、それぞれに区分して記載し（金商業等府令159条2項1号）、受渡年月日は、実際に受渡しを行った年月日を記載しなければならない（同項4号本文）。

　なお、委託者である顧客の氏名または名称および相手方の氏名または名称（金商業等府令159条1項2号および8号に掲げる事項）については、金商業等府令110条1項5号または6号の規定により契約締結時交付書面の交付を要しない顧客または相手方の場合であって、当該顧客または相手方と当該顧客または相手方の資産に係る運用指図者が異なるときは、運用指図者から受注し約定した売買取引について当該運用指図者を金商業等府令159条1項2号に掲げる顧客または同項8号に掲げる相手方とし、その旨を取引日記帳に表示しなければならない（同条3項2号）。

(2) 募集もしくは売出しの取扱いまたは私募の取扱いに係る取引記録

a 概　　要

　私募の取扱いを行う場合、その業務について募集もしくは売出しの取扱いまたは私募の取扱いに係る取引記録を作成のうえ、保存しなければならない（金商法47条、金商業等府令181条1項2号イ、157条1項8号）。

b 記載事項

　募集もしくは売出しの取扱いまたは私募の取扱いに係る取引記録の記載事項は以下のとおりである（金商業等府令163条1項）。

① 顧客の氏名または名称

② 銘　　柄

③ 募集もしくは売出しの取扱いもしくは私募もしくは特定投資家向け売付

け勧誘等の取扱いまたは解約もしくは払戻し（募集等）の別

④　受注数量（数量がない場合にあっては、件数または数量に準ずるもの）、受注単価および受注金額

⑤　約定数量（数量がない場合にあっては、件数または数量に準ずるもの）、約定単価および約定金額

⑥　受注日時

⑦　約定日時

c　作成時期等

　募集もしくは売出しの取扱いまたは私募の取扱いに係る取引記録の記載事項は、原則として募集等に係る申込みを受けたときに、速やかに作成し、約定不成立の場合にはその旨を表示する（金商業等府令163条2項1号、2号）。

　電磁的記録により作成する場合は、(i)上記⑤、⑦以外の事項について募集等に係る申込みを受けたときに電子計算機へ入力、(ii)募集等に係る申込みを電子計算機へ入力した日付および時刻が自動的に記録される形で作成しなければならない（金商業等府令163条2項3号）。

(3)　顧客勘定元帳

　第8章16(3)参照（金商法47条、金商業等府令181条1項2号イ、157条1項9号）。記載事項のうち、借方、貸方および残高は、自己募集の場合と異なり、単に私募の取扱いを行う場合は、顧客から金銭等を預かることがないため、該当なしになると考えられる。

(4)　特定有価証券等管理行為に係る分別管理の状況の記録

　特定有価証券等管理行為（定義府令16条1項14号に掲げる行為）を行う場合は、特定有価証券等管理行為に係る分別管理の状況の記録が必要となる（金商法47条、金商業等府令181条1項2号ロ）。形式等の規定はないため、分別管理の状況がわかるものであれば足りると考えられる。

⑥ 取締役等の兼職の届出

　有価証券の私募の取扱いは、「有価証券関連業」に該当する（金商法28条8項8号）。第一種金融商品取引業以外の有価証券関連業を行う金融商品取引業者の取締役または執行役は、当該金融商品取引業者の親銀行等もしくは子銀行等の取締役、会計参与、監査役もしくは執行役に就任した場合（当該親銀行等または子銀行等の取締役、会計参与、監査役または執行役が当該金融商品取引業者の取締役または執行役を兼ねることとなった場合を含む）または親銀行等もしくは子銀行等の取締役、会計参与、監査役もしくは執行役を退任した場合には、遅滞なく、金商業等府令31条の規定に従い、その旨を金融庁長官等に届け出なければならない（金商法31条の4第2項、194条の7第1項、金商法施行令42条2項4号、金商業等府令31条）。

第 11 章

投資一任に係る規制

① 自己募集・自己運用と共通する規制

投資一任は投資一任契約に基づいて他者のために行う投資運用行為であり、ファンド運営者がファンドのために投資運用行為を行う自己運用とは、行為についてかなりの部分で重なるものといえる。金商法も、投資一任と自己運用について同様の規制をしている部分が相当程度ある。また、投資一任契約に関する勧誘行為等は自己募集と重なる部分があり、自己募集と同様の規制に服する部分がある。そのため、前記第8章2、3、5〜7、14、第9章4、9、12、13は投資一任にも妥当する。投資一任について異なる規制となるのは2以下である。

② 権利者に対する義務

投資一任契約を締結して投資運用を行う場合、顧客に対する誠実義務（第8章1参照）に加えて、契約の相手方に対して忠実義務および善管注意義務を負う（金商法42条1項1号、2項）。つまり、ファンドの運営者との間で投資一任契約を締結する場合、ファンドの運営者に対して忠実義務および善管注意義務を負うことになる。

ファンドの運営者が投資一任契約を締結する場合は、金商法42条の3第1項の規定に基づく必要がある（第9章5参照）。そのため、ファンドの運営者との間で投資一任契約を締結する場合、ファンドの投資家に対しても忠実義務および善管注意義務を負うことになる（金商法42条の3第3項、42条1項3号、2項）。

忠実義務、善管注意義務の内容などについては、第9章1を参照。

③ 禁止行為

第9章記載の規制に追加して、以下の①〜④の規制が適用される。

① 投資一任契約の締結または解約に関し、偽計を用い、または暴行もしくは脅迫をする行為の禁止（金商法38条の2第1号）

② 投資運用業に関して顧客を勧誘するに際し、顧客に対して、損失の全部または一部を補てんする旨を約束する行為の禁止（同条2号）

③ 金銭または有価証券の預託の受入れ等の禁止（同法42条の5）

　　金融商品取引業者は、一定の場合（金商法施行令16条の9）を除き、その行う投資一任に係る投資運用業に関して、いかなる名目によるかを問わず、顧客から金銭もしくは有価証券の預託を受け、または一定の当該金融商品取引業者と密接な関係を有する者（金商法施行令16条の10）に顧客の金銭もしくは有価証券を預託させてはならない。当該金融商品取引業者がその行う投資運用業に関し、顧客のために金商法2条8項1号〜4号に掲げる行為を行う場合において、これらの行為による取引の決済のために必要なときは、この限りではない。

④ 金銭または有価証券の貸付け等の禁止（金商法42条の6）

　　金融商品取引業者は、一定の場合（金商法42条の6ただし書、金商法施行令16条の13）を除き、その行う投資一任に係る投資運用業に関して、顧客に対し金銭もしくは有価証券を貸し付け、または顧客への第三者による金銭もしくは有価証券の貸付けにつき媒介、取次もしくは代理をしてはならない。

　　この禁止規定は、投資ファンドの自己運用業務を行う場合には対象とならない。もっとも「金融商品取引業者等が（ファンド運営者等を相手方として）投資一任契約を締結し、これに基づき投資運用を行う場合には、金商法第42条の6の禁止規定の対象となり得ますが、当該投資一任契約の相手

方が特定投資家である場合は、当該禁止規定は適用除外されています（同法第45条第4号）」（2007年金融庁パブコメ442頁3番～5番）。

　適格投資家向け投資運用業の場合、権利者または権利者となろうとする者の属性の確認および権利者の有価証券の売買その他の取引の動向の把握その他の方法により、適格投資家以外の者が権利者となることを防止するための必要かつ適切な措置を講じることが追加的に求められる（金商法40条2号、金商業等府令123条1項13号の2）。

　具体的な方法としては、金商業者等監督指針において、以下の措置を講じることが例示されている（同指針Ⅵ－3－1－2⑶②）。

(i)　次に掲げる事項を社内規程として定めていること

　　ア　適格投資家向け投資運用業者が自ら販売する場合には、勧誘する顧客の属性を事前に確認するとともに、有価証券に転売制限が付されていることを顧客に説明すること

　　イ　第三者が販売する場合には、勧誘する顧客の属性を事前に確認するとともに、有価証券に転売制限が付されていることを顧客に説明する旨を確認すること

　　ウ　権利者の属性や転売制限の実施状況を継続的に確認すること（これに違反していることが判明した場合の事後対応を含む）

(ii)　上記の社内規程に従い、勧誘する顧客属性の事前確認や、転売制限が付されている旨の説明が行われていることを継続的に確認していること

(iii)　上記の社内規程に従い、実際の権利者の分布状況を継続的に確認していること

(iv)　上記の社内規程に従い、違反した場合の事後対応が適切に行われていること

(v)　上記(i)～(iv)の措置が適切に行われているかどうかを内部監査等により検証することとしていること

投資ファンドの運用行為の一任を
受けた場合

第4章2のとおり、自己運用に掲げる行為を金融商品取引業から除外するため、当該行為を行う者から投資ファンドのすべての運用権限の委託を受ける場合がある（金商法2条8項、金商法施行令1条の8の3第1項4号、定義府令16条1項10号）。

この場合は、金商法42条の3第1項の規定により委託を受ける場合と異なり、同法42条に定める義務について、金商法上、当該投資ファンドの投資家に対して直接負担することにはならない。金商法42条は金融商品取引業者が同条1項で定める権利者に対する義務を定めているのみであり、運用権限の委託を受けた金融商品取引業者が当該権利者に対する義務を直接負う旨を定めた同法42条の3第3項は、同条1項の規定により金融商品取引業者から委託を受けた場合のみを対象としているからである。

もっとも、この除外特例を定めた定義府令16条1項10号によれば、投資ファンドの組合契約および投資一任契約において、金商法42条で規定する義務を投資ファンドの出資者に対して直接負う旨を規定する必要がある（第4章2②参照）。

そのため、このような委託を受けた投資運用業を行う金融商品取引業者は、金商法ではなく、投資ファンドの組合契約および投資一任契約に基づき、出資者に対して直接義務を負担することになる。

この点、契約に規定する義務の内容について、金融庁は、「ご指摘の規定（定義府令第16条第1項第10号ロ⑴⑵）に定める忠実義務及び善管注意義務について、契約においてこれを緩和する旨の定めが置かれる場合には、当該規定に定める要件を満たさないこととなり、特例の対象とならなくなるものと考えられます」（2007年金融庁パブコメ87頁225番）との見解を示している。

なお、全部委託を行うファンド運営者が外国の投資ファンドの運営者である場合、組合契約や投資一任契約において忠実義務や善管注意義務という金商法の抽象的な法概念をどのように規定するかという問題がある。特に、投資ファンドに係る組合契約の準拠法が日本法以外の場合、日本法の概念を正確に規定できているか慎重に検討する必要がある。

⑤ 契約締結前交付書面

　第8章11⑵bに掲げる共通記載事項に加え、以下の①〜⑦を記載する必要がある（金商法37条の3第1項、同項7号、金商業等府令82条、96条）。

① 運用の基本方針

② 投資一任契約に基づき顧客のために行う当該顧客の資産に係る投資の方法および取引の種類

③ 投資一任契約に基づき顧客のために投資判断を行い、または当該投資判断を行うとともに、これに基づく投資を行う者の氏名

　発注のみを行い、投資判断を行わないトレーダーを記載する必要はない（2007年金融庁パブコメ317頁267番参照）。

④ 投資判断の一任の範囲および投資の実行に関する事項（権利者のために運用を行う権限の一部を金商法42条の3第1項に規定する者に委託をする場合における当該者の商号または名称（当該者が適格投資家向け投資運用業を行うことにつき同法29条の登録を受けた金融商品取引業者であるときは、その旨を含む）および当該委託の概要を含む）

　投資ファンドの運営者から投資判断の全部または一部の委託を受けている場合、委託を受けた権限の全部を再委託することは禁止されるが、一部を再委託することは可能である（金商法42条の2第7号、金商業等府令130条1項10号）。

⑤　投資一任契約に基づき権利者のために運用を行う者が適格投資家向け投資運用業を行うことにつき金商法29条の登録を受けた金融商品取引業者であるときは、その旨

⑥　当該金融商品取引業者等の財務または投資一任契約に係る業務に関する外部監査の有無

⑦　⑥の外部監査を受けている場合にあっては、当該外部監査を行った者の氏名または名称ならびに当該外部監査の対象および結果の概要

⑥　契約締結時交付書面

第8章12(3)aに掲げる共通記載事項に加えて、以下の事項を記載する必要がある（金商法37条の4第1項、金商業等府令99条1項、107条1項）。

①　投資判断の一任の範囲および投資の実行に関する事項（投資判断および投資の実行に係る権限の一部の委託をする場合における当該委託を受けた者の名称（当該者が適格投資家向け投資運用業を行うことにつき金商法29条の登録を受けた金融商品取引業者であるときは、その旨を含む）および当該委託の範囲を含む）

②　報酬の額および支払の時期

③　契約の解除に関する事項

④　損害賠償額の予定（違約金を含む）に関する定めがあるときは、その内容

⑤　契約期間

⑥　投資一任契約に係る顧客の資産の内容および金額

⑦　投資一任契約に基づき顧客のために投資判断を行い、または当該投資判断を行うとともに、これに基づく投資を行う者の氏名

⑧　投資一任契約に基づき顧客のために行う当該顧客の資産に係る投資の方

法および取引の種類

⑨　当該投資一任契約が代理媒介業者の代理または媒介により成立したものである場合にあっては、投資一任契約により生じた債権に関し当該代理媒介業者に係る営業保証金について他の債権者に先立ち弁済を受ける権利を有する旨

⑩　投資一任契約に基づき権利者のために運用を行う者が適格投資家向け投資運用業を行うことにつき金商法29条の登録を受けた金融商品取引業者であるときは、その旨

⑪　運用報告書を交付する頻度

なお、以下の①〜③を満たす場合、当該投資一任契約に基づく取引について契約締結時交付書面の交付は不要となる（金商法37条の4第1項ただし書、金商業等府令110条1項5号）。

①　書面または情報通信を利用する方法により、当該顧客からあらかじめ契約締結時交付書面の交付を要しない旨の承諾を得ること。

②　当該顧客に対し、金商業等府令100条1項に掲げる事項に準ずる事項その他当該投資一任契約に基づく有価証券の売買その他の取引またはデリバティブ取引等の内容を記載した書面を遅滞なく交付すること（書面または情報通信を利用する方法により、当該顧客からあらかじめ当該内容を記載した書面の交付を要しない旨の承諾を得た場合を除く）。

③　当該顧客からの個別の取引に関する照会に対して速やかに回答できる体制が整備されていること。

⑦　運用報告書

運用報告書の必要となる場面、交付義務の免除および届出義務については第9章9(1)、(3)および(4)のとおりである。記載事項については第9章9(2)に

加え、基準日における投資一任契約に係る運用財産にファンド持分などの一定の有価証券[1]（その保有額の当該運用財産の額に対する割合が３％[2]に満たないものを除く）が含まれている場合には以下の事項を追加的に記載しなければならない。

① 当該運用報告書の対象期間における運用財産の運用の経過（運用財産の額の主要な変動の要因を含む）

② 運用状況の推移

③ 当該金融商品取引業者等がその財務または投資一任契約に係る業務に関する外部監査を受けている場合において、当該運用報告書の対象期間において当該外部監査に係る報告を受けたときは、当該外部監査を行った者の氏名または名称ならびに当該外部監査の対象および結果の概要

以上に加えて、投資一任の場合は、基準日における当該運用財産にいわゆるファンドが含まれているときにおける運用報告書には、以下の④〜⑦を記載しなければならない。ただし、当該運用報告書の交付前１年以内に当該投資一任契約の相手方に対し交付した当該投資一任契約に係る契約締結前交付書面もしくは契約変更書面または運用報告書に当該事項のすべてが記載され

---

1 金商業等府令96条４項に規定する対象有価証券で、(i)投資信託または外国投資信託の受益証券、(ii)投資証券、新投資口予約権証券もしくは投資法人債券または外国投資証券、(iii)受益証券発行信託の受益証券のうち、投資信託の受益証券に類似するもの、(iv)外国または外国の者の発行する証券または証書のうち(iii)に類似するもの、(v)証券または証書の預託を受けた者が当該証券または証書の発行された国以外の国において発行する証券または証書で、当該預託を受けた証券または証書に係る権利を表示するものであって、(i)〜(iv)に掲げる有価証券に係る権利を表示するもの、(vi)これらの有価証券に表示されるべき権利であって、金商法２条２項の規定により有価証券とみなされるもの、(vii)金商法２条２項の規定により有価証券とみなされる同項５号または６号に掲げる権利をいう。

2 この割合は、運用報告書に記載すべき基準日における「有価証券の価額」（金商業等府令134条１項２号ロ）をもとに計算する（平成24年金融商品取引法等改正（１年以内施行）等に係る政令・内閣府令案に対するパブリックコメント「コメントの概要及びコメントに対する金融庁の考え方」（平成25年８月30日）４頁11番）。また、ここでいう運用財産は、顧客単位ではなく、投資一任契約単位で把握する（同５頁12番）。

ている場合は除く。

④　当該対象有価証券の名称、当該対象有価証券の価額の算出方法ならびに
　　当該対象有価証券に係る権利を有する者に当該価額を報告する頻度および
　　方法に関する事項

⑤　当該対象有価証券の発行者、当該対象有価証券に係る権利を有する者か
　　ら出資または拠出を受けた資産（ファンド資産）の運用に係る重要な業務
　　を行う者、ファンド資産の保管に係る重要な業務を行う者ならびにファン
　　ド資産の運用および保管に係る業務以外の価額の算出方法または当該価額
　　を報告する方法に関する事項に係る重要な業務を行う者（ファンド関係者）
　　の商号または名称、住所または所在地およびそれらの者の役割分担に関す
　　る事項

⑥　当該金融商品取引業者等とファンド関係者との間の資本関係および人的
　　関係

⑦　ファンド資産に係る外部監査の有無および当該外部監査を受ける場合に
　　あっては、当該外部監査を行う者の氏名または名称

 8　法定帳簿の作成および保存

(1)　投資一任契約の内容を記載した書面

投資一任契約の写しで足りると思われる（金商業等府令181条１項４号、157
条１項17号イ、金商法42条の３第１項１号）。

(2)　運用報告書の写し、運用明細書、発注伝票

第９章11参照。

⑨ 取締役等の兼職の届出

投資運用業を行う金融商品取引業者の取締役または執行役は、他の会社の取締役、会計参与（会計参与が法人であるときは、その職務を行うべき社員）、監査役もしくは執行役に就任した場合（他の会社の取締役、会計参与、監査役または執行役が金融商品取引業者の取締役または執行役を兼ねることとなった場合を含む）または他の会社の取締役、会計参与、監査役もしくは執行役を退任した場合には、金商業等府令31条の規定に従い、遅滞なく、その旨を金融庁長官等に届け出なければならない（金商法31条の4第1項、194条の7第1項、金商法施行令42条2項4号、金商業等府令31条）。

⑩ 金融商品取引法以外に遵守すべき事項

（1）投資一任契約

投資一任契約とは、当事者の一方が、相手方から、金融商品の価値等の分析に基づく投資判断の全部または一部を一任されるとともに、当該投資判断に基づき当該相手方のため投資を行うのに必要な権限を委任されることを内容とする契約のうち、登録投資法人と締結する資産の運用に係る委託契約以外の契約をいう（金商法2条8項12号ロ）。投資顧問契約（第12章9参照）と異なり、報酬の約束は要件とはならない。

投資一任といっても、何の基準もなく投資判断の全部を一任することはなく、顧客との間で少なくとも運用方針は確定しておく必要がある。具体的には、投資一任契約の一部として、運用の基本方針、投資対象の許容範囲、投資対象の選定基準、資産配分、運用成果の評価方法など運用に関する細則を

定めておくことが多いと思われる。顧客の投資方針からの逸脱を回避するために、これらの事項について投資一任契約の一部として明確に規定しておくことは有益である。明確な規定は業者の裁量を狭めるという考え方もあるが、不明確な規定を残すと、業者に対する責任追及の端緒となりやすいと思われる。

　投資一任契約に基づく裁量について、自己または顧客以外の第三者の利益を図る目的で投資判断を行った場合を「裁量権の濫用」、当時の客観的諸状況ならびに投資運用業者に与えられた法令および約定による規律に照らして明らかに合理性を欠く投資判断を行った場合を「裁量権の逸脱」と整理した裁判例がある（東京地判平9.12.17判タ982号181頁）。また、ガイドラインで指示されたアセット・ミックスから乖離する資産運用を行った場合に債務不履行責任を認めた裁判例がある（大阪地判平18.7.12判タ1233号258頁）。

(2)　個別の指示

　投資一任契約とは別に、たとえば不祥事のあったような銘柄を売却するよう年金基金等が顧客に個別に指示を行う場合がある。こうした個別の指示については、投資一任契約という形での合意はむずかしい場合があるが、文書などで別途合意しておくことが後のトラブルを避ける観点から重要である。

(3)　外 為 法

　投資一任を行う者が外為法上の「外国投資家」に当たる場合、顧客のために株式に投資すると「一任運用」として対内直接投資等に該当する可能性がある（第9章15参照）。一任運用が対内直接投資等に該当するのは、議決権その他の権利行使も含めて一任を受けた実質株式ベースの出資比率または実質保有等議決権ベースの議決権比率が1％以上となる場合である（外為法26条2項9号、直投令2条16項3号）。この比率の計算には、一任運用を行う者の密接関係者の保有分も合算される（直投令2条16項3号ロ(1)(2)）。

もっとも、一任運用を行う者が、投資運用業を行うものとして金商業登録していれば、包括免除の対象となり、対内直接投資等の事前届出が免除され、10％取得時の事後報告が必要となるのみである（第9章15⑷、⑸参照）。

　なお、投資一任を行う者が「外国投資家」に該当しなければ、顧客が外国投資家であっても、その者が対内直接投資等の届出義務・報告義務を負うことはない。この点、外為法には、「外国投資家以外の者（法人その他の団体を含む。）が外国投資家のために当該外国投資家の名義によらないで行う対内直接投資等に相当するものについては、当該外国投資家以外の者を外国投資家とみなして」事前届出等に関する規定を適用する旨の定めがあるが（外為法27条14項）、この規定が適用となるケースとしては、外国投資家がダミー等として国内の者を使用する場合や、運用権限は外国投資家が有する一方で、議決権等行使等権限については国内投資家が有する場合などが考えられ（対内直接投資等パブコメ23頁70番）、脱法的な場合や運用権限が一任されていない場合に限られるものと思われる。

　他方、投資一任を委託する顧客については、もし「外国投資家」であれば、投資一任業者による株式の取得が自らの対内直接投資等となる可能性はある。しかし、当該顧客が、株式に係る株主としての議決権その他の権利の行使権限またはその行使についての指図権限を投資一任業者に委任し、かつ、自らは株主としての議決権その他の権利を行使できない場合には、かかる株式の取得は対内直接投資等から除外され（外為法27条1項、直投令3条1項8号）、当該顧客は事前届出も事後報告も不要となる。

第 12 章

投資助言に係る規制

① 顧客に対する義務

投資助言業務を行う場合、顧客に対する誠実義務（第8章1参照）に加えて、顧客に対して忠実義務および善管注意義務を負う（金商法41条）。忠実義務および善管注意義務はそれぞれ投資運用業における義務と同義である（詳細は第9章1参照）。

もっとも、投資ファンドの運営者が金融商品取引業者と投資顧問契約を締結して投資助言を受ける場合、投資助言業務に係る法定の忠実義務および善管注意義務を負う相手先である顧客は、投資家ではなく、投資ファンドの運営者と考えられる。

なお、法定の義務に加えて、投資顧問契約に投資助言業者の義務を定めることは可能である。この場合も、通常は契約の相手方となる投資ファンドの運営者に対して義務を負うことになる。

② 名義貸しの禁止

第8章2参照。

③ 禁止行為

投資助言業務に関して、以下の①～⑬に掲げる行為をしてはならない。

① 顧客相互間において、他の顧客の利益を図るため特定の顧客の利益を害することとなる取引を行うことを内容とした助言を行うこと（金商法41条の2第1号）

ファンド間での取引禁止（第9章5(B)参照）と異なり、例外的に許される場合の具体的基準は規定されていない。もっとも、「他の顧客の利益を図るため特定の顧客の利益を害することとなる取引」と禁止される行為を限定している趣旨は、ファンド間での取引禁止の規定と同じと考えられる。

②　特定の金融商品、金融指標またはオプションに関し、顧客の取引に基づく価格、指標、数値または対価の額の変動を利用して自己または当該顧客以外の第三者の利益を図る目的をもって、正当な根拠を有しない助言を行うこと（同条2号）

③　上記①以外で、通常の取引の条件と異なる条件で、かつ、当該条件での取引が顧客の利益を害することとなる条件での取引を行うことを内容とした助言を行うこと（同条3号）

④　助言を受けた顧客が行う取引に関する情報を利用して、自己の計算において有価証券の売買その他の取引等を行うこと（同条4号）

⑤　その助言を受けた取引により生じた顧客の損失の全部または一部を補てんし、またはその助言を受けた取引により生じた顧客の利益に追加するため、当該顧客または第三者に対し、財産上の利益を提供し、または第三者に提供させること（同条5号）

　事故による禁止の例外および金商法39条における一般的な損失補てん等の禁止との関係については第9章4参照。

⑥　自己または第三者の利益を図るため、顧客の利益を害することとなる取引を行うことを内容とした助言を行うこと（金商法41条の2第6号、金商業等府令126条1号）

⑦　有価証券の売買その他の取引等について、不当に取引高を増加させ、または作為的に値付けをすることとなる取引を行うことを内容とした助言を行うこと（金商法41条の2第6号、金商業等府令126条2号）

⑧　関係外国法人等[1]が有価証券の募集または私募を行っている場合におい

て、当該関係外国法人等に対する当該有価証券の取得または買付けの申込みの額が当該関係外国法人等が予定していた額に達しないと見込まれる状況のもとで、当該関係外国法人等の要請を受けて、当該有価証券を取得し、または買い付けることを内容とした助言を行うこと（金商法41条の2第6号、金商業等府令126条3号）

⑨　投資顧問契約の締結または解約に関し、偽計を用い、または暴行もしくは脅迫を行うこと（金商法38条の2第1号）

⑩　投資助言業務に関し、顧客を勧誘するに際し、顧客に対して、損失の全部または一部を補てんする旨を約束すること（同条2号）

⑪　その行う投資助言業務に関して、顧客を相手方とし、または顧客のために金商法2条8項1号～4号に掲げる行為を行うこと（同法41条の3本文）

　　一定の例外があり（同条ただし書、金商法施行令16条の8）、そのうち投資ファンドに係る投資助言を行う業者については、第二種金融商品取引業として行う場合の例外（金商法施行令16条の8第1号）に該当する可能性がある。

⑫　その行う投資助言業務に関して、いかなる名目によるかを問わず、顧客から金銭もしくは有価証券の預託を受け、または一定の当該金融商品取引業者と密接な関係を有する者（金商法施行令16条の10）に顧客の金銭もしくは有価証券を預託させること（金商法41条の4）

　　一定の例外がある（同条、金商法施行令16条の9）が、投資ファンドに係る投資助言を行う業者についてはこれに当たらないのが一般的であろう。

⑬　その行う投資助言業務に関して、顧客に対し金銭もしくは有価証券を貸し付け、または顧客への第三者による金銭もしくは有価証券の貸付けにつき媒介、取次もしくは代理をすること（金商法41条の5本文）

　　一定の例外がある（同条ただし書、金商法施行令16条の11）が、投資ファ

1　金商業等府令32条3号に掲げる者であって、金商法施行令15条の16第1項各号または同条2項各号のいずれかに該当するものをいう。

ンドに係る投資助言を行う業者についてはこれに当たらないのが一般的で
あろう。

クーリングオフ制度

金融商品取引業者と投資顧問契約を締結した顧客は、当該契約に係る契約
締結時交付書面（金商法37条の4第1項に定める書面）を受領した日から起算
して10日を経過するまでの間、書面により当該金融商品取引契約を解除する
ことができる（同法37条の6第1項、金商法施行令16条の3）。当該解除は、当
該金融商品取引契約の解除を行う旨の書面を発した時に、その効力を生ずる
（金商法37条の6第2項）。

この場合、次の①〜③に対応する各金額を超えて当該投資顧問契約の解除
に伴う損害賠償または違約金の支払を請求することができない（金商法37条
の6第3項、金商業等府令115条）。投資顧問契約に係る対価の前払いを受けて
いるときは、次の①〜③に対応する各金額を超える部分を顧客に返還しなけ
ればならない（金商法37条の6第4項）。

以上に反する特約で顧客に不利なものは無効となる（同条5項）。

① 解除時までに投資顧問契約に基づき助言を行わなかった場合

投資顧問契約の締結のために通常要する費用の額に相当する金額。通常
要する費用とは、電話代、封筒代等をいい、旅費等は含まれない（金商業
者等監督指針Ⅶ−2−1−3(1)①参照）。

② 投資顧問契約により報酬の額を助言の回数に応じて算定することとして
いる場合（上記①を除く）

当該金融商品取引業者が解除時までに行った助言の回数に応じて算定し
た報酬の額（その額が当該金融商品取引業者の助言に対する報酬として社会通
念上相当と認められる額を超える場合にあっては、その超える部分の額を控除

した額）に相当する金額。

③　上記①および②以外の場合

投資顧問契約の契約期間の全期間に係る報酬の額を当該契約期間の総日
数[2]で除して得た額に、契約締結時交付書面を受領した日[3]から解除時ま
での日数を乗じて得た額[4]に相当する金額[5]。

 ## 損失補てんの禁止

第8章9参照。

 ## 契約締結前交付書面

第8章11(2) b に掲げる共通記載事項に加え、以下の①〜⑨の事項を記載す
る必要がある（金商法37条の3第1項7号、金商業等府令95条）。

①　当該金融商品取引業者が法人である場合にあっては、その資本金の額ま
たは出資の総額ならびにその役員および主要株主の商号、名称または氏名

②　顧客に対する投資顧問契約に基づく助言の業務の用に供する目的で金融
商品の価値等の分析または当該分析に基づく投資判断を行う者の氏名

③　助言の内容および方法

2　解除時において当該契約期間の終期が確定していないときは、当該契約期間の総日数
は365日であるものとみなす。

3　当該契約締結時交付書面の交付に代えて、当該契約締結時交付書面に記載すべき事項
を電磁的方法により提供された場合にあっては、金商業等府令95条1項5号イまたはロ
に掲げる場合の区分に応じ、同号イまたはロに定める日。

4　その額が当該金融商品取引業者等の助言に対する報酬として社会通念上相当と認めら
れる額を超える場合にあっては、その超える部分の額を控除した額。

5　1円未満の端数は、切り捨てる（金商業等府令115条2項）。

④　顧客に対する投資顧問契約に基づく助言の業務を行う者の氏名

⑤　クーリングオフに関する事項

　　金商法37条の６の規定が適用される場合にあっては、顧客は、契約締結時交付書面を受領した日から起算して10日を経過するまでの間、書面により当該金融商品取引契約の解除を行うことができる旨を記載する（金商業等府令95条１項５号）。

⑥　金商法37条の６第１項の規定による当該金融商品取引契約の解除は、金融商品取引契約の解除を行う旨の書面を発した時に、その効力を生じる旨

⑦　金融商品取引業者は、その行う投資助言業務に関して、顧客を相手方として、または当該顧客のために金商法２条８項１号～４号に掲げる行為を行ってはならない旨

　　第一種金融商品取引業もしくは第二種金融商品取引業を行う者、登録金融機関または金融商品仲介業者である場合、記載は不要となる（金商業等府令95条２項１号）。

⑧　金融商品取引業者は、いかなる名目によるかを問わず、その行う投資助言業務に関して、顧客から金銭もしくは有価証券の預託を受け、または当該金融商品取引業者と密接な関係を有する者に顧客の金銭もしくは有価証券を預託させてはならない旨

　　有価証券等管理業務を行う者、または登録金融機関である場合、記載は不要となる（金商業等府令95条２項２号）。

⑨　金融商品取引業者は、その行う投資助言業務に関して、顧客に対し金銭もしくは有価証券を貸し付け、または顧客への第三者による金銭もしくは有価証券の貸付けにつき媒介、取次もしくは代理をしてはならない旨

　　第一種金融商品取引業を行う者、金融商品仲介業者または登録金融機関である場合、記載は不要となる（金商業等府令95条２項３号）。

⑦ 契約締結時交付書面

第8章12(3) a に掲げる共通記載事項に加えて、以下の事項を記載する必要がある（金商法37条の4第1項、金商業等府令99条1項、106条1項）。

① 助言の内容および方法

② 報酬の額および支払の時期

③ 契約の解除に関する事項（金商法37条の6第1項〜4項の規定に関する事項を含む）

④ 損害賠償額の予定（違約金を含む）に関する定めがあるときは、その内容

⑤ 契約期間

⑥ 分析者等の氏名

⑦ 顧客に対して投資顧問契約に基づく助言の業務を行う者の氏名

⑧ 投資顧問契約により生じた債権に関し、金融商品取引業者に係る営業保証金について、他の債権者に先立ち弁済を受ける権利を有する旨

⑨ 金融商品取引業者は、その行う投資助言業務に関して、顧客を相手方として、または当該顧客のために金商法2条8項1号〜4号に掲げる行為を行ってはならない旨

　第一種金融商品取引業もしくは第二種金融商品取引業を行う者、登録金融機関または金融商品仲介業者である場合、記載は不要となる（金商業等府令95条2項1号）。

⑩ 金融商品取引業者は、いかなる名目によるかを問わず、その行う投資助言業務に関して、顧客から金銭もしくは有価証券の預託を受け、または当該金融商品取引業者と密接な関係を有する者に顧客の金銭もしくは有価証券を預託させてはならない旨

　有価証券等管理業務を行う者、または登録金融機関である場合、記載は

不要となる（金商業等府令95条2項2号）。

⑪　金融商品取引業者は、その行う投資助言業務に関して、顧客に対し金銭もしくは有価証券を貸し付け、または顧客への第三者による金銭もしくは有価証券の貸付けにつき媒介、取次もしくは代理をしてはならない旨

　　第一種金融商品取引業を行う者、金融商品仲介業者または登録金融機関である場合、記載は不要となる（金商業等府令95条2項3号）。

⑧　法定帳簿の作成および保存

（1）　締結した投資顧問契約の内容を記載した書面

　投資助言・代理業務を行う場合、作成のうえ、保存する必要がある（金商法47条、金商業等府令181条1項3号、157条1項16号イ）。投資顧問契約の写しで足りると考えられる。

（2）　投資顧問契約に基づく助言の内容を記載した書面

　投資助言・代理業務を行う場合、作成のうえ、保存する必要がある（金商法47条、金商業等府令181条1項3号、157条1項16号ロ）。投資顧問契約に基づき助言を行う場合、具体的な助言を書面にて行うことは、当該帳簿を別途作成する必要がなくなること、実際の助言内容と帳簿の内容に離齬が生じる危険がなくなることなど、便利であると考えられる。

（3）　クーリングオフを行う旨の書面

　投資助言・代理業務を行う場合、作成のうえ、保存する必要がある（金商法47条、金商業等府令181条1項3号、157条1項16号ハ）。

⑨ 金融商品取引法以外に遵守すべき事項

　投資助言業務は、投資顧問契約を締結し、当該投資顧問契約に基づき、助言を行うことと定義されているため（金商法2条8項11号）、顧客との間で締結した投資顧問契約を遵守することは金商法の要請といえる。

　投資顧問契約とは、当事者の一方が相手方に対して有価証券の価値等または金融商品の価値等の分析に基づく投資判断に関し、口頭、文書その他の方法により助言を行うことを約し、相手方がそれに対し報酬を支払うことを約する契約をいう（同号）。文書には、新聞、雑誌、書籍その他不特定多数の者に販売することを目的として発行されるもので、不特定多数の者により随時に購入可能なものは含まれない（金商業者等監督指針Ⅶ－3－1(2)参照）。報酬の支払が投資顧問契約の要素である点に留意する必要がある。なお、投資顧問契約において、忠実義務や善管注意義務に加え、助言の範囲や報酬に関する規定が定められることが多いと思われる。

第 13 章

投資一任契約、投資顧問契約の代理媒介に係る規制

他の行為形態と共通する規制

第8章1〜7、9、14は、投資一任契約、投資顧問契約の代理媒介にも妥当する。

② 禁止行為等

第8章8に掲げる禁止行為のほか、以下の①および②の規制がある。

① 投資運用業を行う金融商品取引業者等から投資一任契約の締結の媒介の委託を受けている場合において、その旨および当該金融商品取引業者等の商号または名称を顧客にあらかじめ明示せず、次に掲げる行為を行ってはならない（金商法38条7号、金商業等府令117条1項34号）。

(ⅰ) 投資顧問契約の締結の勧誘をすること

(ⅱ) 当該顧客との投資顧問契約に基づき、当該顧客が当該金融商品取引業者等と投資一任契約を締結する場合に当該金融商品取引業者等が運用として行うこととなる取引の対象に係る助言をすること

(ⅲ) 投資一任契約の締結の媒介を行うことを内容とする契約の締結の勧誘をすること

(ⅳ) 当該金融商品取引業者等を相手方とする投資一任契約の締結の媒介をすること

② 二以上の者から投資一任契約または投資顧問契約の締結の代理または媒介を受託する場合、事前に以下の事項を顧客に開示しなければならない（金商業者等監督指針Ⅶ−2−2−4(1)）。

(ⅰ) 顧客が支払うべき報酬の額と同種の契約につき他の者に支払うべき報酬の額が異なるときは、その旨

(ii)　顧客が締結しようとする契約と同種の契約の締結の代理または媒介を他の者のために取り扱っているときは、その旨

(iii)　顧客の求めに応じ、(ii)の同種の契約の内容その他顧客に参考となるべき情報

(iv)　最終的に顧客の取引の相手方となるものの商号

 ## 契約締結前交付書面

代理または媒介する契約書が投資一任契約の場合は第11章5参照、投資顧問契約の場合は第12章6参照。

 ## 契約締結時交付書面

代理または媒介する契約書が投資一任契約の場合は第11章6参照、投資顧問契約の場合は第12章7参照。

⑤　法定帳簿の作成および保存

「投資顧問契約または投資一任契約の締結の代理または媒介に係る取引記録」を作成のうえ、保存する必要がある（金商法47条、金商業等府令181条1項3号、157条1項16号ニ）。記載事項は以下の①〜⑤のとおり（金商業等府令169条）。

①　代理または媒介を行った年月日

②　顧客の氏名または名称

③　代理または媒介の別

④　代理または媒介の内容

⑤　代理または媒介に関して受け取る手数料、報酬その他の対価の額

第 14 章

その他金融商品取引業者に
関連する継続的な規制

① 二以上の種別の業務を行う場合の禁止行為

二以上の種別の業務を行う場合であっても、業務の種別ごとに担当部署を分け、部署間での情報共有を遮断することまでは、法令上求められていない。もっとも、異なる種別の業務間における弊害防止措置として、業務内容に応じた弊害防止に関する社内管理体制を整備するなどの適切な措置を講じる必要はある（金商業者等監督指針Ⅵ－2－5－3⑴）。

法令上、明示的に禁止されているのは、以下の①～③の行為である（金商法44条、金商業等府令147条）。

① 投資助言業務に係る助言を受けた顧客が行う有価証券の売買その他の取引等に関する情報または投資運用業に係る運用として行う有価証券の売買その他の取引等に関する情報を利用して、有価証券の売買その他の取引等の委託等（媒介、取次または代理の申込みをいう）を勧誘する行為

② 投資助言業務および投資運用業以外の業務による利益を図るため、その行う投資助言業務または投資運用業に関して運用の方針、運用財産の額もしくは市場の状況に照らして不必要な取引を行うことを内容とした助言または運用を行うこと

③ ①および②のほか、以下の(i)または(ii)に掲げる行為

(i) 投資助言業務に係る助言に基づいて顧客が行った有価証券の売買その他の取引等または投資運用業に関して投資ファンドの運用として行った有価証券の売買その他の取引等を結了させ、または反対売買を行わせるため、その旨を説明することなく当該顧客以外の顧客または当該運用財産の投資家以外の顧客に対して有価証券の売買その他の取引等を勧誘する行為

「結了させるため」と「反対売買を行わせるため」を並列的に規定している。金融庁は、ある取引を結了させるために行う取引の例として、

すでに成立している先物取引の決済に必要な有価証券を調達するために行う取引等をあげている（2007年金融庁パブコメ450頁6番参照）。たしかに、受渡決済型の先物取引について売りポジションをもつ当事者が原資産である現物を調達することは、決済にとって必要な行為である。しかし、現物を調達することで先物取引を結了させられるわけではない。つまり、原資産である現物を有しているかは、決済期日が到来した際に決済を行うことができるかという次元の問題であり、先物取引を結了させるか否かとは直接関係がないように思われる。したがって、金融庁の理解を前提にすると、「結了させるため」とはかなり広い範囲を含むことになるので、注意が必要と考えられる。

(ii) 投資助言業務または投資運用業に関して、非公開情報（有価証券の発行者または投資助言業務および投資運用業以外の業務に係る顧客に関するものに限る）に基づいて、顧客の利益を図ることを目的とした助言を行い、または投資家の利益を図ることを目的とした運用を行うこと（当該非公開情報に係る有価証券の発行者または顧客の同意を得て行うものを除く）

なお、金商業等府令147条3号、4号は、ファンド業者については通常適用がないと考えられる。

 ## ② 金融商品取引業以外のその他業務に係る禁止行為

金融商品取引業者またはその役員もしくは使用人は、金融商品取引業およびこれに付随する業務以外の業務（以下の②および③において「金融商品取引業者その他業務」という）を行う場合には、以下の①～③に掲げる行為をしてはならない（金商法44条の2）。

① 金商法156条の24第1項に規定する信用取引以外の方法による金銭の貸

付けその他信用の供与をすることを条件として有価証券の売買の受託等（委託等を受けることをいう）をする行為

　当該行為が例外的に許される場合として規定されている金商業等府令148条については、ファンド業者についてはその要件を満たさないと考えられる。

② 金融商品取引業者その他業務による利益を図るため、その行う投資助言業務に関して取引の方針、取引の額もしくは市場の状況に照らして不必要な取引を行うことを内容とした助言を行い、またはその行う投資運用業に関して運用の方針、運用財産の額もしくは市場の状況に照らして不必要な取引を行うことを内容とした運用を行うこと

③ 上記①および②のほか、以下の(i)または(ii)に掲げる行為（金商業等府令149条）

（i） 資金の貸付けもしくは手形の割引を内容とする契約の締結の代理もしくは媒介または信用の供与（金商法156条の24第1項に規定する信用取引に付随して行う金銭または有価証券の貸付けを除く）を行うことを条件として、金融商品取引契約の締結またはその勧誘を行う行為（金商業等府令117条1項3号に掲げる行為によってするものおよび同府令148条各号に掲げる要件のすべてを満たすものを除く）

（ii） 金融商品取引業に従事する役員または使用人が、有価証券の発行者である顧客の非公開融資等情報を金融機関代理業務に従事する役員もしくは使用人から受領し、または金融機関代理業務に従事する役員もしくは使用人に提供する行為

　ただし、以下のア〜ウに掲げる場合において行うものを除く。

ア　非公開融資等情報の提供につき、事前に顧客の書面による同意を得て提供する場合

イ　金融商品取引業に係る法令を遵守するために、金融機関代理業務に従事する役員または使用人から非公開融資等情報を受領する必要があ

ると認められる場合

ウ　非公開融資等情報を金融商品取引業を実施する組織の業務を統括する役員または使用人に提供する場合

③　親法人等または子法人等が関与する行為の制限

（1）　概　　要

　投資ファンドに係る金融商品取引業者またはその役員もしくは使用人に関する一般的な禁止行為は、以下の①～⑦のとおりである。ただし、公益または投資者保護のため支障を生ずることがないと認められるものとして内閣総理大臣の承認を受けたときは、この限りでない（金商法44条の3第1項、金商業等府令153条）。

①　通常の取引の条件と異なる条件であって取引の公正を害するおそれのある条件で、当該金融商品取引業者の親法人等または子法人等と有価証券の売買その他の取引または店頭デリバティブ取引を行うこと（金商法44条の3第1項1号）

②　当該金融商品取引業者との間で金商法2条8項各号に掲げる行為に関する契約を締結することを条件としてその親法人等または子法人等がその顧客に対して信用を供与していることを知りながら、当該顧客との間で当該契約を締結すること（同法44条の3第1項2号）

③　当該金融商品取引業者の親法人等または子法人等の利益を図るため、その行う投資助言業務に関して取引の方針、取引の額もしくは市場の状況に照らして不必要な取引を行うことを内容とした助言を行い、またはその行う投資運用業に関して運用の方針、運用財産の額もしくは市場の状況に照

らして不必要な取引を行うことを内容とした運用を行うこと（同項3号）

④　通常の取引の条件と著しく異なる条件で、当該金融商品取引業者の親法人等または子法人等と資産の売買その他の取引を行うこと（金商法44条の3第1項、金商業等府令153条1号）

⑤　当該金融商品取引業者との間で金融商品取引契約を締結することを条件としてその親法人等または子法人等がその顧客に対して通常の取引の条件よりも有利な条件で資産の売買その他の取引を行っていることを知りながら、当該顧客との間で当該金融商品取引契約を締結すること（金商法44条の3第1項、金商業等府令153条2号）

金融庁によれば「知りながら」の主体は、基本的に対象となる取引に関与している者であり、この規定によって当該対象となっている取引に関与している者に対して積極的な調査義務を課す趣旨ではないとのことである（2007年金融庁パブコメ457頁4番参照）。

⑥　金融商品取引業者が、その親銀行等または子銀行等とともに顧客を訪問する際に、当該金融商品取引業者がその親銀行等または子銀行等と別の法人であることの開示をせず、同一の法人であると顧客を誤認させるような行為を行うこと（金商法44条の3第1項、金商業等府令153条9号）

⑦　なんらの名義によってするかを問わず、上記①～⑥の禁止を免れること（金商法44条の3第1項、金商業等府令153条12号）

(2)　親法人等・子法人等の意義

a　親法人等

「親法人等」は、金商法31条の4第3項、金商法施行令15条の16第1項において厳密に定義されているが、おおむね以下の①～④のとおりである。

①　親会社等

②　親会社等の子会社等（自己ならびに親会社等および自己の子会社等を除く）

③　親会社等の関連会社等（子法人等に該当する者を除く）

④　特定個人株主（議決権の50％超を保有する個人をいう）に係る次の(ⅰ)、(ⅱ)に掲げる会社等

(ⅰ)　当該特定個人株主が議決権の50％超を保有する会社等（当該会社等の子会社等および関連会社等を含む）

(ⅱ)　当該特定個人株主が議決権の20％以上50％以下を保有する会社等

　　　ただし、財務上または営業上もしくは事業上の関係からみて他の会社等の意思決定機関を支配していないことが明らかであると認められるときは、この限りでない（金商法施行令15条の16第3項、金商業等府令33条1項）。

　　　また、以下のア～ウに該当する者は親法人等から除外される（金商法施行令15条の16第1項、金商業等府令32条）。

ア　もっぱら次の(ア)、(イ)に掲げるいずれかの者の金融商品取引業等または金融商品仲介業の遂行のための業務を行っている者

　(ア)　自己

　(イ)　自己およびその親法人等または子法人等

イ　もっぱら次の(ア)、(イ)に掲げるいずれかの者の業務（金融商品取引業等および金融商品仲介業を除く）の遂行のための業務（非公開情報（発行者または自己の行う金融商品取引業等もしくは金融商品仲介業の顧客に関するものに限る）に関連するものを除く）を行っている者

　(ア)　自己

　(イ)　自己およびその親法人等または子法人等

ウ　外国の法人その他の団体であって、国内に営業所、事務所その他これらに準ずるものを有していない者

　　　なお、議決権保有の判定は、金商法31条の4第5項、金商業等府令35条に定められている。

b　子法人等

　子法人等は、以下の①、②の者が該当する（金商法31条の4第4項、金商法

施行令15条の16第2項〜4項）。

① その子会社等

② その関連会社等

　ただし、親法人等の場合と同様の除外規定がある（金商法施行令15条の16第2項、金商業等府令32条）。

　また、議決権保有の判定が金商法31条の4第5項、金商業等府令35条に定められているのも親法人等の場合と同様である。

c　親会社等

　「親会社等」の意義は、金商法施行令15条の16第3項、金商業等府令33条1項に定義されているが、おおむね以下の会社等をいう。

① 議決権の50％超を自己の計算において保有する会社等

② 議決権の40％以上50％以下を自己の計算において保有し、次の(i)〜(v)に掲げるいずれかの要件に該当する会社等

　(i)　自己の保有する議決権と一定の関係者があわせて、議決権の過半数を保有すること

　(ii)　自己の役職員等が、取締役会その他これに準ずる機関の構成員の過半数を占めていること

　(iii)　当該他の会社等の重要な財務および営業または事業の方針の決定を支配する契約等が存在すること

　(iv)　当該他の会社等の資金調達額の総額の過半について当該会社等が融資等を行っていること（当該会社等と緊密な関係のある者が行う融資の額をあわせて資金調達額の総額の過半となる場合を含む）

　(v)　その他当該会社等が当該他の会社等の意思決定機関を支配していることが推測される事実が存在すること

③ 以下の(i)〜(iii)を合計して議決権の50％超を保有している会社等（自己の計算において議決権を保有していない場合を含む）であって、上記②(ii)〜(v)に該当する会社等

（i） 自己の計算において保有している議決権

（ii） 自己と出資、人事、資金、技術、取引等において緊密な関係があることにより自己の意思と同一の内容の議決権を行使すると認められる者の保有している議決権

（iii） 自己の意思と同一の内容の議決権を行使することに同意している者が保有している議決権

d 子会社等

「子会社等」とは、親会社等によりその意思決定機関[1]を支配されている他の会社等をいう。この場合において、親会社等および子会社等または子会社等が他の会社等の意思決定機関を支配している場合における当該他の会社等は、その親会社等の子会社等とみなされる（金商法施行令15条の16第3項）。

e 関連会社等

「関連会社等」の意義は、金商法施行令15条の16第4項、金商業等府令34条に定義されているが、おおむね以下の①～③の場合は、関連会社等に該当する。

① 会社等（子会社等を含む）が子会社等以外の他の会社等の議決権の20％以上を自己の計算において保有する場合

② 会社等（子会社等を含む）が子会社等以外の他の会社等の議決権の15％以上20％未満を自己の計算において保有し、次の(i)～(v)に掲げるいずれかの要件に該当する場合

（i） 役職員等が、その取締役もしくは執行役またはこれらに準ずる役職に就任していること

（ii） 重要な融資を受けていること

（iii） 重要な技術の提供を受けていること

（iv） 重要な営業上または事業上の取引があること

1　会社等の財務および営業または事業の方針を決定する機関（株主総会その他これに準ずる機関をいう）（金商法施行令15条の16第3項）。

(ⅴ) 財務および営業または事業の方針の決定に対して重要な影響を与える
ことができることが推測される事実が存在すること
③ 自己（子会社等を含む）と自己の一定の関係者が、当該子会社等以外の
他の会社等につき、あわせて議決権の20%以上を保有し、上記②(ⅰ)〜(ⅴ)に
掲げるいずれかの要件に該当する場合

④ 変更登録・届出

金融商品取引業者は、金融商品取引業の登録事項等に関して変更があった
場合には、以下のとおり登録または届出が必要となる（金商法31条）。

(1) 変更登録

金融商品取引業者の業務の種別に変更があったときは、変更登録を受ける
必要がある（金商法31条4項）。したがって、たとえば、自己募集と自己運用
を行うために第二種金融商品取引業と投資運用業につき金融商品取引業者と
しての登録をしていた者が新たに投資助言・代理業を開始したいと考える場
合には、変更登録が必要となる。

(2) 変更届出

その他の登録申請書記載の事項に変更があった場合には、事後届出で足
り、変更日から2週間以内に届け出ることとなる（金商法31条1項）。登録申
請書の記載事項は第6章5(2)のとおりであるが、たとえば、資本金の額また
は役員もしくは重要な使用人に変更がある場合には変更届出を行うこととな
る。

届出書には、変更の内容、変更年月日および変更の理由を記載する必要が
ある（金商業等府令20条1項柱書）。

また、届出書には、金商業等府令別紙様式第1号により作成した変更後の内容を記載した書面および当該書面の写し、ならびに変更を裏付ける書類として金商業等府令20条1項各号に記載する書類を添付する必要がある。

　業務方法書に記載した業務の内容または方法について変更があったときは、遅滞なく、その旨を届け出なければならない（金商法31条3項）。したがって、業務執行の方法や業務分掌の方法に変更があった場合には届出が必要となる。

　投資運用業のいかなる種別の業務を行うか等についても業務方法書の記載事項であるため、たとえば、業務の範囲を自己運用から投資一任に基づく運用に広げる場合には、届出が必要となる。

　届出書には、変更の内容、変更年月日および変更の理由を記載する必要がある（金商業等府令21条）。また、添付書類としては、金商業等府令8条各号の書類のうち、変更のあるものを添付しなければならない（同府令21条）。

(3)　管　　轄

　基本的に、投資運用業者については金融庁長官、投資助言業者および第二種金融商品取引業者については所轄財務局が、変更登録および変更届出について受理権限をもっている（金商法194条の7第1項、金商法施行令42条2項4号、5号、金融庁告示第90号）。

　なお、各権限の委任関係を定めた規定（金商法194条の7第1項、金商法施行令42条2項）により、各金融商品取引業者に関する変更登録および変更届出の受理権限は金融庁長官による個別指定による。実務上は、金融庁のウェブサイトに掲載されている「金融商品取引業者登録一覧」[2]の「管轄」の欄を確認することができる。

2　https://www.fsa.go.jp/menkyo/menkyoj/kinyushohin.pdf

5 届出義務

----

(1) 定期的な届出

以下の①および②の書類の提出が求められる。

① 事業報告書

　事業年度ごとに、事業報告書を作成し、事業年度経過後3カ月以内に提出しなければならない（金商法47条の2）。事業報告書の様式は金商業等府令において定められている。用語の使い方などが特殊な場合があるため、作成に際しては各項目の注意書きをよく読む必要がある。関東財務局がウェブサイトに掲載しているQ&Aなども大変参考になる。実務上は、金融庁業務支援統合システムを利用して事業報告書様式の入手および事業報告書の提出を行うことが原則となるため、十分な準備期間を確保し、セキュリティーキーの発行依頼を含めパソコンの利用環境の整備が必要となる。

② モニタリング調査表

　ファンドの募集等またはファンドの運用を行う場合には、モニタリング調査表の提出が必要となる（金商業者等監督指針Ⅱ－1－4(1)、金商法56条の2第1項)。

(2) イベント発生時の届出

　上記4の記載のほか、ファンド業者に対して、金商法の届出義務が発生する事項はおおむね次のとおりである。なお、金融庁のウェブサイトに届出事項およびフォームの一覧が掲載されているため、適宜そちらを参照すると便利である。

a　組織・財産に関する事項

① 定款の変更（金商法50条1項8号、金商業等府令199条6号）

② （投資運用業を行う者について）純財産額が5,000万円に満たなくなった場合（金商法50条1項8号、金商業等府令199条11号イ、金商法29条の4第1項5号ロ、金商法施行令15条の9第1項、15条の7第1項3号）

③ （投資運用業を行う者について）純財産額が資本の額に満たなくなった場合（金商法50条1項8号、金商業等府令199条11号ロ）

④ （第二種金融商品取引業を行う個人および投資助言・代理業のみを行う者について）営業保証金の供託を行ったことまたは営業保証金が不足した場合に追加供託を行ったこと（金商法31条の2第5項、第8項、金商業等府令25条1項、2項）

b　業務に関する事項

① 金融商品取引業を休止、再開または廃止した場合（金商法50条1項1号、2号、50条の2第1項2号）

② （投資運用業を行う者について）兼業として届出業務（金商法35条2項、金商業等府令68条）を行うこととなった場合（金商法35条3項、金商業等府令69条）

③ （投資運用業を行う者について）兼業（届出業務または承認業務（金商法35条4項））を廃止した場合（金商法35条6項、金商業等府令69条）

④ みなし有価証券に係る金融商品取引契約の締結の勧誘を行う場合（金商法37条の3第3項、金商法施行令16条の2）

　　第8章11(4)参照。

⑤ 一定の投資運用業について、運用報告書を作成した場合（金商法42条の7第3項、金商法施行令16条の14、金商業等府令135条）

　　第9章9(4)参照。

⑥ （投資運用業を行う者について）外国において駐在員事務所を設置または廃止した場合（金商法50条1項8号、金商業等府令199条11号チ）

⑦　（投資運用業を行う者について）一定の登録拒否事由に該当することとなった場合（金商法50条1項8号、金商業等府令199条1号、金商法29条の4第1項1号イ、ロ、4号）

⑧　（投資運用業を行う者について）金融商品仲介業者に業務の委託を行った場合または業務の委託を行わなくなった場合（金商法50条1項8号、金商業等府令199条11号ト）

⑨　（投資運用業を行う者について）委託した金融商品仲介業者が一定の訴訟もしくは調停（金融商品仲介業に係るものに限る）の当事者となったことを知った場合もしくは当該訴訟もしくは調停が終結したことを知った場合または委託した金融商品仲介業者もしくはその役職員に法令等に反する一定の行為があったことを知った場合およびその詳細が判明した場合（金商法50条1項8号、金商業等府令199条11号ニ、ホ、ヘ）

⑩　適格機関投資家特例業務を行う場合（金商法63条の3第1項、金商業等府令244条）

⑪　適格機関投資家特例業務を行う場合、その業務を休止、再開、廃止等した場合（金商法63条の3第2項、63条の2第3項、金商業等府令246条）

⑫　行う適格機関投資家特例業務が、適格機関投資家特例業務に該当しなくなった場合（金商法63条の3第2項、63条6項、金商業等府令245条）

c　倒産に関する事項

①　破産手続開始、再生手続開始または更生手続開始の申立を行った場合（金商法50条1項7号）

②　破産手続開始、再生手続開始または更生手続開始の申立が行われた事実を知った場合（金商法50条1項8号、金商業等府令199条5号）

d　合併・組織変更等に関する事項

①　他の法人と合併した場合（合併により消滅した場合を除く）（金商法50条1項3号）

②　分割により他の法人の事業（金融商品取引業等に係るものに限る）の全部

もしくは一部を承継した場合（同号）

③　他の法人から事業（金融商品取引業等に係るものに限る）の全部もしくは
　一部を譲り受けた場合（同号）

④　分割により事業（金融商品取引業等に係るものに限る）の全部または一部
　を承継させた場合（同法50条の2第1項6号）

⑤　事業（金融商品取引業等に係るものに限る）の全部または一部を譲渡した
　場合（同項7号）

⑥　（投資運用業を行う者について）株式会社（取締役会および監査役または委
　員会を置くものに限る）でなくなった場合（金商法50条1項8号、金商業等府
　令199条11号イ、金商法29条の4第1項5号イ、金商法施行令15条の8）

e　関係会社に関する事項

①　（第二種金融商品取引業として私募の取扱いを行う者について）銀行等の議
　決権の過半数を取得または保有した場合（金商法50条1項4号）

②　（第二種金融商品取引業として私募の取扱いを行う者について）議決権の過
　半数を保有する銀行等について議決権の過半数を保有しないこととなった
　場合、または当該銀行が合併、解散もしくは業務の全部を廃止した場合
　（同項5号）

③　（投資運用業を行う者について）議決権の過半数が他の一の法人その他の
　団体に保有されることとなった場合（同項6号）

④　他の法人等が親法人等もしくは子法人等[3]または持株会社[4]に該当し、
　または該当しないこととなった場合（金商法50条1項8号、金商業等府令
　199条3号、4号）

⑤　一定の訴訟もしくは調停の当事者となった場合または当該訴訟もしくは
　調停が終結した場合（金商法50条1項8号、金商業等府令199条9号）

3　親法人等（金商業等府令1条3項14号）および子法人等（同項16号）の意義について
　は第14章3(2)参照。
4　前掲第6章注5参照。

⑥　金融商品取引業（投資助言・代理業を除く）を廃止し、合併（当該金融商品取引業が合併により消滅する場合の当該合併に限る）をし、合併および破産手続開始の決定以外の理由による解散をし、分割による事業（金融商品取引業に係るものに限る）の全部もしくは一部の承継をさせ、または事業（金融商品取引業に係るものに限る）の全部もしくは一部の譲渡をしようとするときの公告をした場合（金商法50条の2第7項）

⑦　（投資運用業を行う者について）個人の主要株主（原則20％の議決権。持株会社の主要株主を含む）が一定の登録拒否事由に該当することとなった事実を知った場合（金商法50条1項8号、金商業等府令199条11号ハ、金商法29条の4第1項5号ニ）

⑧　（投資運用業を行う者について）法人の主要株主（原則20％の議決権。持株会社の主要株主を含む）が一定の登録拒否事由に該当することとなった事実を知った場合（金商法50条1項8号、金商業等府令199条11号ハ、金商法29条の4第1項5号ホ）

f　人員に関する事項

①　（投資運用業を行う者について）取締役または執行役が、他の会社の取締役、会計参与、監査役もしくは執行役に就任した場合（これらの役職にある者が当該金融商品取引業者の取締役、執行役を兼ねることとなった場合を含む）またはこれらの役職から退任した場合（金商法31条の4第1項、金商業等府令31条）

②　役員または重要な使用人が一定の登録拒否事由に該当することとなった事実を知った場合（金商法50条1項8号、金商業等府令199条2号、金商法29条の4第1項2号イ～ト）

③　役職員に法令等に反する一定の行為があったことを知った場合およびその詳細が判明した場合（金商法50条1項8号、金商業等府令199条7号、8号）

6 説明書類の縦覧

　金融商品取引業者は、事業年度ごとに、事業報告書の写しまたはそこに記載の一定事項を省略した説明書類（金商業等府令別紙様式第15号）を、事業年度経過後4カ月を経過した日から1年間、すべての営業所もしくは事務所に備え置いて公衆の縦覧に供するか、またはインターネットの利用その他の方法により、投資者が常に容易に閲覧することができるよう公表しなければならない（金商法47条の3、金商法施行令16条の17、金商業等府令183条）。実務上は、事業報告書を提出後、プリントアウトしそれを備え置く方法が簡単な方法である。なお、金商法47条の3でいう「営業所若しくは事務所」は金商法29条の2第1項10号の「営業所又は事務所」と同じであり、金商業を行うためでない駐在員事務所、連絡事務所などでは説明書類の縦覧は不要である（2007年金融庁パブコメ519頁金商法47条の3に関する1番）。

7 個人情報保護法

　第6章7⑷の記載に加え、以下の⑴〜⑸について留意する必要がある[5]。

⑴　漏えい等報告および本人への通知

　個人情報取扱事業者は、その取り扱う個人データの漏えい、滅失、毀損その他の個人データの安全の確保に係る事態であって個人の権利利益を害するおそれが大きいものとして個人情報保護委員会規則で定めるものが生じたときは、個人情報保護委員会規則で定めるところにより、当該事態が生じた旨

5　個人情報保護法およびその関係政令・規則については、出版時に未施行の内容（2022年4月1日施行）を含んでいる。

を個人情報保護委員会に報告しなければならない。ただし、当該個人情報取扱事業者が、他の個人情報取扱事業者から当該個人データの取扱いの全部または一部の委託を受けた場合であって、個人情報保護委員会規則で定めるところにより、当該事態が生じた旨を当該他の個人情報取扱事業者に通知したときは、この限りでない（個人情報保護法22条の2第1項）。この場合、個人情報取扱事業者（通知をした者を除く）は、本人に対し、個人情報保護委員会規則で定めるところにより、当該事態が生じた旨を通知しなければならない。ただし、本人への通知が困難な場合であって、本人の権利利益を保護するため必要なこれに代わるべき措置をとるときは、この限りではない（個人情報保護法22条の2第2項）。

(2) 訂 正 等

　個人情報取扱事業者であるファンド業者は、本人から、当該本人が識別される保有個人データの内容が事実でないという理由によって当該保有個人データの内容の訂正、追加または削除（訂正等）を求められた場合には、その内容の訂正等に関して他の法令の規定により特別の手続が定められている場合を除き、利用目的の達成に必要な範囲内において、遅滞なく必要な調査を行い、その結果に基づき、当該保有個人データの内容の訂正等を行わなければならない（個人情報保護法29条2項）。訂正等を行ったとき、または訂正等を行わない旨の決定をしたときは、本人に対し、遅滞なく、その旨（訂正等を行ったときは、その内容を含む）を通知しなければならない（同条3項）。この場合、理由を説明するように努めなければならない（同法31条）。

(3) 利用停止等

　個人情報取扱事業者であるファンド業者は、本人から、①当該本人が識別される保有個人データが利用目的による制限（個人情報保護法16条）に違反して取り扱われているという理由、②適正な取得（同法17条）に違反して取

得されたものであるという理由、または③不適正な利用の禁止（同法16条の
２）に違反して利用されたという理由によって、当該保有個人データの利用
の停止または消去（利用停止等）を求められた場合であって、その求めに理
由があることが判明したときは、違反を是正するために必要な限度で、遅滞
なく、当該保有個人データの利用停止等を行わなければならない（同法30条
２項本文）。ただし、当該保有個人データの利用停止等に多額の費用を要す
る場合その他の利用停止等を行うことが困難な場合であって、本人の権利利
益を保護するため必要なこれに代わるべき措置をとるときは、利用停止等を
行う必要はない（同項ただし書）。第三者提供の制限（同法23条１項、24条）
に違反した第三者提供について停止の請求があったときで、その請求に理由
があることが判明した場合も同様となる（同法30条３項、４項）。加えて、①
本人が識別される保有個人データを利用する必要がなくなった場合、②漏え
い、滅失、毀損その他の個人データの安全の確保に係る事態であって個人の
権利利益を害するおそれが大きいものとして個人情報保護委員会規則で定め
るものが生じた場合、または③その他当該本人が識別される保有個人データ
の取扱いにより当該本人の権利または正当な利益が害されるおそれがある場
合にも、個人データの利用停止等または第三者提供の停止を請求でき、その
請求に理由があることが判明したときは同様となる（同条５項、６項）。利用
停止等もしくは第三者提供の停止を行ったときまたは利用停止等もしくは第
三者提供の停止を行わない旨の決定をしたときは、本人に対し遅滞なく、そ
の旨を通知しなければならない（同条７項）。

(4)　苦情の処理

　個人情報取扱事業者であるファンド業者は、個人情報の取扱いに関する苦
情の適切かつ迅速な処理に努めなければならず、この目的を達成するために
必要な体制の整備に努めなければならない（個人情報保護法35条）。

⑸ 「企業が反社会的勢力による被害を防止するための指針」との関係

「企業が反社会的勢力による被害を防止するための指針」2⑵において、「取引先の審査や株主の属性判断等を行うことにより、反社会的勢力による被害を防止するため、反社会的勢力の情報を集約したデータベースを構築する。同データベースは、暴力追放運動推進センターや他企業等の情報を活用して逐次更新する」との対応が示されている。このように反社会的勢力に関する個人情報を保有および利用することは、反社会的勢力の排除には効果的といえると思われるが、個人情報保護法との関係で整理が必要となる。

これについては、「企業が反社会的勢力による被害を防止するための指針に関する解説」の「⑾個人情報保護法に則した反社会的勢力の情報の保有と共有」に詳しい整理がされている。その概要は、反社会的勢力の情報について①取得、②利用、③提供、④保有の各段階に分けて、それぞれ個人情報保護法18条4項1号および2号（①）、同法16条3項2号（②）、同法23条1項2号（③）、同法2条4項および個人情報保護法施行令3条1項1号（④）の規定により、各段階での法定手続が不要となりうるというものである。

 反社会的勢力排除条項

金商業者等監督指針Ⅲ－2－11および各都道府県のいわゆる暴力団排除条例の制定を受けて、各種契約において相手方が反社会的勢力でないこと、反社会的勢力と関係がないこと、反社会的勢力と疑われる場合に契約を解除することができることなどを定めた反社会的勢力排除条項を定めることが一般的である。

第 15 章

主要株主に関する規制
（投資運用業）

① 概　　要

投資運用業を行う金融商品取引業者が行う業務の重要性を考慮して、登録後も、経営に影響力を及ぼしうる主要株主から一定の不適格者を排除することで最低限の資質を確保することを目的とする規制である。規制の内容は、主要株主（金商法29条の4第2項）と特定主要株主（同法32条4項）の二段階に分けて、各々以下のように規定されている。

(1)　主要株主

主要株主とは、会社の総株主等の議決権の20％（以下の①～⑤の場合は15％）以上の数の対象議決権を保有している者をいう（金商法29条の4第2項、金商業等府令15条）。ここでいう対象議決権とは、社債、株式等の振替に関する法律147条1項または148条1項の規定により発行者に対抗することができない株式または持分に係る議決権を含み、信託財産として保有する場合など一定の態様で保有する議決権を除いたものをいう（金商法29条の4第2項、金商業等府令15条の2）。

① 役員もしくは使用人である者またはこれらであった者であって会社の財務および営業または事業の方針の決定に関して影響を与えることができるものが、当該会社の取締役もしくは執行役またはこれらに準ずる役職に就任していること。

② 会社に対して重要な融資を行っていること。

③ 会社に対して重要な技術を提供していること。

④ 会社との間に重要な営業上または事業上の取引があること。

⑤ その他会社の財務および営業または事業の方針の決定に対して重要な影響を与えることができることが推測される事実が存在すること。

主要株主に該当する場合、(i)対象議決権保有の届出義務（金商法32条1

項)、(ⅱ)欠格事由に該当する場合に、主要株主でなくなるための措置等をとるよう命令を受ける可能性があり（同法32条の2第1項、194条の7第1項）、(ⅲ)金融庁長官による報告・資料の提出命令、または書類その他の物件の検査対象となる可能性がある（同法56条の2第2項、194条の7第1項）。

(2)　特定主要株主

特定主要株主とは、会社の総株主等の議決権の50％超の対象議決権を保有している者をいう（金商法32条4項）。特定主要株主に該当する場合、①特定主要株主の届出義務（金商法32条3項）、②金融庁長官からの措置命令等の対象となり（同法32条の2第2項）、③措置命令等に違反した場合に主要株主でなくなるための措置等を命令される可能性がある（同条3項）。

欠格事由

投資運用業の場合、主要株主等について以下に該当する場合、登録は拒否される（金商法29条の4第1項5号ニ〜ヘ）。登録拒否事由に該当する場合、登録の取消、業務の停止命令の対象となることから（同法52条）、これらは登録申請時だけでなく登録後も維持する必要がある。なお、登録申請者が持株会社[1]の子会社であるときは、当該持株会社の主要株主についても、登録拒否事由がないことが必要とされる。

a　登録申請者が内国法人である場合

① 個人である主要株主のうちに次の(ⅰ)、(ⅱ)のいずれかに該当する者がいる場合（外国法人を除く）

(ⅰ) 精神の機能障害により金融商品取引業に係る業務を適正に行うにあ

1　前掲第6章注5参照。

たって必要な認知、判断および意思疎通を適切に行うことができない者であって、その法定代理人が第6章2(2)aのいずれかに該当する者

(ii) 第6章2(2)a②〜⑦のいずれかに該当する者

② 法人である主要株主のうちに次の(i)〜(iii)のいずれかに該当する者がいる場合（外国法人を除く）

(i) 第6章2(2)b①または②に該当する者

(ii) 第6章2(2)b③に規定する法律の規定またはこれらに相当する外国の法令の規定に違反し、罰金の刑（これに相当する外国の法令による刑を含む）に処せられ、その刑の執行を終わり、またはその刑の執行を受けることがなくなった日から5年を経過しない者

(iii) 法人を代表する役員のうちに第6章2(2)a①〜⑦のいずれかに該当する者のある者

b 登録申請者が外国法人である場合

主要株主に準ずる者が金融商品取引業の健全かつ適切な運営に支障を及ぼすおそれがない者であることについて、外国の当局による確認が行われていない場合。

「外国の当局による確認」として何が必要とされているかについては必ずしも明らかではなく、当該国の法制度に照らし個別に検討されるため、登録申請前に金融庁または財務局に対する確認が必要になると考えられる。また、この登録拒否要件については、該当しないことを証する書面の提出が必要となるが（金商業等府令10条1項3号ハ）、金融庁は「「主要株主（に準ずる者）」自身の誓約書等を提出することも、一律に妨げられるものではありません」「「特定の国で設立された法人が形式的に添付書類を用意することができないために金融商品取引業の登録が受けられないと言うことにならないよう」、配慮して参ります」とするなど柔軟な態度を示している（2007年金融庁パブコメ164頁・165頁67番）。

対象議決権保有届出書の提出

　外国法人を除く投資運用業を行う金融商品取引業者の主要株主となった者は、対象議決権保有届出書（金商業等府令別紙様式第8号）を、居住者であれば管轄財務局長宛、非居住者であれば関東財務局長宛に提出することで、遅滞なく、金融庁長官に提出しなければならない（金商法32条1項、194条の7第1項、金商業等府令36条）。対象議決権保有届出書には、一定の書類を添付する必要がある（金商法32条2項、金商業等府令38条）。

　非居住者の添付書類については、一般的に特別の事情により日本語で記載することができない場合に該当するため、訳文を付したうえで提出することになる（金商業等府令2条本文）。非居住者が法人の場合、登記事項証明書に代わる書面（同府令38条2号）として、定款などを提出することになると考えられる。英語で記載された定款であれば、概要の訳文を付すことで足りる（同府令2条ただし書）。

 主要株主でなくなった旨の届出

　外国法人を除く投資運用業を行う金融商品取引業者の主要株主は、主要株主でなくなったときは、遅滞なく、その旨を金融庁長官に届け出なければならない（金商法32条の3、194条の7第1項）。

⑤　**違反の効果**

主要株主および特定主要株主に関する規制は、金融商品取引業者に対する

規制ではなく、金融商品取引業者の株主に対する規制であり、違反行為には罰則もある（金商法205条9号、200条13号、198条の6第10号、11号、208条5号）。

■ 事項索引 ■

ファンドビジネスの法務【第4版】

2022年2月14日　第1刷発行
2024年6月27日　第3刷発行

2009年10月26日　初版発行
2013年8月8日　第2版発行
2017年8月18日　第3版発行

著　者　伊　東　　　啓
　　　　本　柳　祐　介
　　　　内　田　信　也
発行者　加　藤　一　浩

〒160-8520　東京都新宿区南元町19
発　行　所　一般社団法人 金融財政事情研究会
企画・制作・販売　株式会社きんざい
出版部　TEL 03(3355)2251　FAX 03(3357)7416
販売受付　TEL 03(3358)2891　FAX 03(3358)0037
URL https://www.kinzai.jp/

※2023年4月1日より企画・制作・販売は株式会社きんざいから一般社団法人
金融財政事情研究会に移管されました。なお連絡先は上記と変わりません。

校正：株式会社友人社／印刷：法規書籍印刷株式会社

ISBN978-4-322-13982-2